大夏书系·全国中小学班主任培训用书·"魅力班会课"系列丛书

高中
主题教育28课

丁如许◎主编

上海
著名商标市

华东师范大学出版社
ECNUP　　全国百佳图书出版单位

图书在版编目（CIP）数据

高中主题教育 28 课／丁如许主编 .—上海：华东师范大学出版社，2015.9
ISBN 978-7-5675-4168-9

Ⅰ.①高 ... Ⅱ.①丁 ... Ⅲ.①班会—高中—教学参考资料　Ⅳ.① G635.5

中国版本图书馆 CIP 数据核字（2015）第 238002 号

大夏书系·全国中小学班主任培训用书·"魅力班会课"系列丛书

高中主题教育 28 课

主　　编	丁如许
策划编辑	李永梅
审读编辑	卢风保
封面设计	戚开刚

出版发行	华东师范大学出版社
社　　址	上海市中山北路 3663 号　邮编　200062
网　　址	www.ecnupress.com.cn
电　　话	021 - 60821666　行政传真　021 - 62572105
客服电话	021 - 62865537
邮购电话	021 - 62869887　地址　上海市中山北路 3663 号华东师范大学校内先锋路口
网　　店	http://hdsdcbs.tmall.com

印 刷 者	北京东君印刷有限公司
开　　本	700×1000　16 开
插　　页	1
印　　张	14.5
字　　数	252 千字
版　　次	2015 年 11 月第一版
印　　次	2022 年 11 月第六次
印　　数	14 101—16 100
书　　号	ISBN 978 - 7 - 5675 - 4168 - 9/G · 8694
定　　价	35.00 元

出 版 人	王　焰

（如发现本版图书有印订质量问题，请寄回本社市场部调换或电话 021-62865537 联系）

序一 主题教育课大有可为

张万祥[①]

从 20 世纪 80 年代至今，丁如许先生"咬定青山不放松"，专心致志地研究班会课，成果丰硕，享誉全国。他的矢志不渝的精神让我敬佩。可以说，他不仅是"上好班会课的高手"，而且是"全国研究中小学班会课第一人"。如今，丁如许先生主编的又一本新作即将问世，他嘱我写序，盛情难却，我遵嘱完成这项任务。

首先，请允许我谈一个认识。我认为主题教育课是一项综合性很强，最能体现班主任的素质、班主任的学识、班主任的教育理念以及班主任专业化水平的活动。

要想上好主题教育课，应该做到以下几点：一是班主任要有较为完善的设计和指导方案，要有充分的准备，这个设计必须有创意，新颖，有吸引力，有"延伸力"；二是学生要全力投入，有主体能动性，有需要，有活动，有效益；三是扣紧班级工作计划；四是有明确的教育主题，要体现直接的教育性和潜移默化的教育性；五是要形成系列，环环相扣，前后衔接。

其次，请允许我作个比较。1986 年，为了让主题教育不空泛不杂乱，我编写了《中学班主任系列讲话稿》，16 万字，共 40 个主题教育点，即 40 讲。

看到这本书有 28 篇文章，也就是 28 节课，立即产生了似曾相识的感觉。二者有许多相同相近的选题，不过这本书集三十几位老师的思考实践，是集思广益之作，又由大家丁如许先生设计指点编辑，在各方面都超过了我当年探索和思考的广度、深度。而且，这本书形式更为丰富多彩。

主题教育课的意义是多元的，主题教育课研究的内容也是极其丰富的。班主任开展任何教育，尤其是主题教育，都必须把培育良好的思想品德作为主要内容。班主任要引导青少年了解、继承中华民族的传统美德。

这里我想强调的第一点是主题教育课一定要具有系统性。不能"蜻蜓点水"，不能"打一枪换一个地方"。丁如许先生的成名作是《初中班（队、

---

① 德育特级教师，享受国务院政府特殊津贴专家。

团）全程系列活动》，这本书突出了"系列"，后来他的一系列关于班会课的著作，也都突出了"系列"这一特点。

我想强调的第二点是要高度重视创新。创新是主题教育课的灵魂。有新意才会有生命力，才能发挥德育的实效。首先，在活动内容上要与时俱进，要随着班集体的发展，随着客观形势的变化，以及根据青少年在新时期新的需求，不断丰富和充实主题教育课的内容。主题教育课内容不能总是"老和尚念经——天天一套"，这样的内容别说入心，就连入耳也是不可能的。同样是立志、爱国这样的教育内容，如果还用陈旧的老材料，就很难在青少年的心中激起火花。其次，从活动的形式上看，再好的内容，若不是用青少年喜闻乐见的形式呈现，也不会达到预期效果。主题教育课不能照猫画虎，不能老生常谈，不能固步自封，不能千篇一律。要保持高吸引力，要获得最佳效果，就必须创新，就必须张扬个性，贴近时代，回归生活，凸显体验，方式多样，并采用现代手段。

《班主任工作创新艺术100招》是我的成名作，用百度搜索，就有超过22万条信息，这本书深受青年班主任的厚爱就在于创新。我想，青年班主任朋友们一定会高擎创新的大旗，在主题教育课的创新上承前启后，继往开来，谱写出新的乐章。一定会超越我，超越丁如许先生。

丁如许先生在享有盛名的"魅力班会课"系列丛书题为"打造精品课，共享资源库"的后记里写道："班级活动如何设计与实施才能满足学生的要求？如何在班级活动的设计与组织实施中体现自主创新理念？班会课设计原则、基本方法、模式建构，以及在设计和实施中常见问题的分析与解决方法是什么？"这些问题应该成为我们长期研究的课题。

主题教育课内容的研究，是一片广袤的天地，需要我们时时创新，也值得潜心研究、精心探索。

主题教育课大有可为！主题教育课，任重而道远。

2015年8月于津门

序二　怎样上好主题教育课

丁如许

许多老师将主题班会分为活动式和讲述式两大类型，我赞同这样的分法。

活动式的主题班会因形式多样、重在体验，受到许多班主任和学生的喜欢。但近年来因准备时间比较长、升学压力大，老师未能进行较好的准备；同时有些班会课又存在着"过分准备"的情况，以致学生机械地照着发言稿读，缺乏真情的交流和思想火花的碰撞，而这一现象也为不少学生和班主任所诟病。因此，越来越多的班主任开始关注讲述式的主题班会。

讲述式的主题班会又被称为主题教育课，是近年来发展迅速的主题班会的新课型，是班主任根据工作布置和班级情况来主持、主讲、主导（"引导"）的专题教育活动。

主题教育课选题广泛，学习、理想、纪律、诚信、环保、安全、劳动、感恩、网瘾、惜时、节约等班主任工作涉及的众多话题，皆可入题。

主题教育课形式多样，虽以班主任主讲为主，但辅以师生对话、小组讨论、观看视频、情境（情景）思辨、活动体验等多种形式，班主任可以像学科老师那样精心备课，精心实施，从而走进学生的内心世界。

主题教育课有助于学生提高认识，开阔视野，陶冶情操，增强综合素质。

下面我从三个方面谈谈自己对主题教育课的认识和理解。

一、主题教育课的特点

在实践中，人们认识到成功的主题教育课具有两大特点。

1. 计划性

主题教育课是班主任根据人的发展需要、学生的特点，遵循教育规律，有目的、有计划、有步骤地对学生开展的专题教育课。

长期以来，我们的班会课究竟该怎样上困扰着许多班主任。实践中，许多班主任认识到必须加强教育的"基础工作"。精心设计的系列主题教育课，不但可以教给学生做人的道理，播下理想的种子，而且能培养学生良好的生活、学习习惯，使学生提高辨别力，加强自控力，增强免疫力。班主任要改变工作中"头痛医头，脚痛医脚"、零打碎敲、被动应付的局面。

2. 有效性

主题教育课的特点可以用"动之以情，晓之以理，导之以法"这十二个字加以概括。

班主任要着眼于学生的成长需要，认真分析班情，精心做好上课准备。主题教育课虽以班主任讲述为主，但应是师生平等的对话。班主任只有事先认真选择话题和充分考虑预设，准确把握学生的生命脉搏，才能为学生释疑解惑，指点迷津。有不少班主任还认识到上主题教育课要特别在"导之以法"上下功夫，这种关注问题解决的做法受到学生的欢迎，也得到了更多班主任的赞同。

事实证明，主题教育课操作简便，是解决班级问题的有效途径和加强主动教育的有力举措。

二、怎样上好主题教育课

要上好主题教育课，实践启发我们要做好以下几点。

1. 主题鲜明，材料充实

上主题教育课，如何选题，如何立意，如何布局，都要下一番功夫。具体如下：

（1）主题鲜明。主题的选择、确立非常重要。主题的提炼、确立首先跟选材有关。当今社会，多元的思潮、多元的价值观必然会对学生产生多方面的影响，再加上中小学生涉世未深，人生观、世界观、价值观正在逐步形成的过程中，因此主题班会课的选题要恰当，要有及时性和针对性。

所谓及时性，即班主任要因时而动，根据社会的发展和人的成长规律来进行选题。我建议班主任在电脑内建一个专题文件夹，收集党和国家、教育部和地方教育行政部门的重要文件，并认真学习，从而把握工作的重点。需要说明的是，我们不要求老师们对文件内容倒背如流，但应在需要的时候找出文件，查一查，看一看，学一学，以把握工作的要点。当然，我更建议学校在校园网上设置"政策导航"栏目，以便于每一位班主任学习、研究。

所谓针对性，即班主任一定要认真研究班情，思考本班的长处和存在的问题，比如：学生主动学习的能力如何？学生是否自觉遵守纪律？学生爱读书吗？学生爱锻炼身体吗？班主任要关注学生的思想动态，针对班级中的热门话题、难点问题，及时上好有针对性的主题教育课，这样的课将具有吸引力和实效性。

（2）材料充实。主题确定后，班主任要围绕主题多层面、多角度筛选材料，力争材料充实。这个"充实"，可以理解为材料要丰富、典型、新鲜、生动。班主任平日要注意收集材料，做好充分准备。

2. 立足教育，形式多样

顾名思义，主题教育课重在"教育"。主题教育课不仅要力求主题鲜明，而且要运用形式多样的教育手段，增强教育的针对性和实效性。实践证明，以下教育手段有实效：

（1）师生对话。我们要变"说教"为"对话"。要组织好"对话"，话题上选择学生感兴趣的，形式上老师不能居高临下，而要平等地、和颜悦色地与学生互动交流。

班主任设计话题时要做到小、实、多，注意话题的递进性。如夏洁老师在上《四季有常，不可逾越》主题教育课时，开展了课前调查，选取了"什么是早恋？""老师家长通常都反对孩子早恋，但除了影响学习之外，早恋到底还有哪些不利的影响？""遇到感情问题，如何正确处理？""怎样做可以与异性保持一种合适的距离？"等话题，层层递进，让学生有话可说。

班主任更要关注在主题教育课的课堂上生成的问题。随机生成的话题需要老师相机引导。生成的话题有时比预设的话题更有讨论的必要。

（2）小组讨论。师生对话是老师与学生的交流，小组讨论则是生生对话，这是学生自我教育的重要形式。

小组讨论的形式是多样的，可以是同桌讨论，可以是四人小组讨论。一般说来，同桌讨论的话题比较简单，四人小组讨论的话题比较复杂。

在四人小组讨论时，班主任要明确谁是组长，指导各小组紧扣话题进行讨论，注意讨论的实效。

在小组讨论时，我们提倡学生要做到"三学会"，即"学会倾听，学会发言，学会小结"。所谓"学会小结"，是指在全班交流时，小组成员要认真听组长代表本组作的小结，是否到位，是否需要补充。这样在生生对话中，学生可以得到更多的收获和提高。

（3）情境（情景）思辨。情境（情景）思辨是体现道德认知的重要形式。班主任要巧设情境（情景），用文字、图片、录像等媒介引导学生思考、辨别，甚至辩论（编制正方题、反方题），从而调动学生参与的积极性。

（4）课堂活动。主题教育课也可以开展课堂活动，这种课堂活动简便易行，不需要学生事先做准备。比如"人"字游戏、"生命进化"、竞猜书名等课堂活动都寓教育于活动之中。

由于主题教育课以班主任讲授为主，因此班主任一定要提前制作好课件。课件文字要精练，图片要丰富，同时可以配视频、音频等材料来增强讲授的效果。

使用视频材料时，要注意选择，保证视频贴近主题，可以做适当的剪辑，力求视频画面清楚、声音清晰。如果自拍视频，建议多拍一点特写镜头。总之，使用视频一定要考虑视频的质量和播放的效果，不能为了有视频这一形式，而随意下载或粗制滥造，滥竽充数。

3. "三主"为主，互动交流

主题教育课上，班主任要担负起"三主"的重任，即做好主持、主讲、主导工作。

所谓主持，指班主任是主题教育课的主持人。作为主持，班主任应眼观六路，耳听八方——学生细小的反应，如皱眉、撇嘴、嘀咕、会心一笑等，都应该重视；作为主持，班主任还应起到穿针引线、承上启下的作用；作为主持，班主任要善于调节气氛，把握节奏，最后还要总结全课。

所谓主讲，指班主任要精心设计，广泛选材，合理取舍，科学构架全课，使课程内容由浅入深、由表及里、由现象到本质，并旁征博引，娓娓道来，晓之以理，动之以情。班主任在讲述时要设身处地，贴心贴肺，使学生入情入境，入心入脑。

所谓主导，指班主任要加强学习，研究班情，直面学生的学习生活，关注学生的困惑，走近学生，抓住学生存在的问题或思而不解的问题，给予积极的引导。如学生学习缺乏动力、心理存在障碍等，班主任应动之以情，晓之以理，导之以法，真正解决学生的实际问题，使学生有所触动，有所感悟，有所进步，进而内化为自己的行动，收到实效。但"主导"不是"硬导"，不是"我说你就要听"，而是重在"引导"，以理服人，以语言的魅力打动学生，以人格的魅力感动学生。

主题教育课要走进学生心里，一定要体现师生的互动，组织学生积极参与讨论，让学生思想的火花迸发、碰撞、升华。

主题教育课虽然要做到"三主"，但要避免老师的"一言堂""独角戏"，可以用问卷调查、回答问题、小组讨论、情境（情景）思辨等形式调动学生参与的积极性，使班会课气氛活跃。根据实践经验，一节成功的主题教育课至少应有三四次大的互动交流环节，这样才能把课堂氛围不断地推向高潮。

三、编写《高中主题教育28课》

怎样上好主题教育课，知易行难。

在实践中，许多老师跟我说，他们想上好主题教育课，但苦于没有教材。有时为了寻找资料，他们花费了很多精力，很是辛苦。

我在一线工作过，深知班主任的辛苦，于是便有了为班主任编写主题教育课参考用书的想法。我们首先编写的是《初中主题教育36课》，于2013年11月顺利出版。我们接着编写的是《小学主题教育36课》，于2014年11月顺利出版。这两本书都得到了许多老师的欢迎。

有了《初中主题教育36课》《小学主题教育36课》的编写经验，我们又开始了《高中主题教育28课》的编写。高中版改为28课，是考虑到高中阶段，学生的自我教育能力提高了，以学生活动为主的活动式主题班会应更多一点，同时高中班级事务繁多，班级例会的形式可能更多一点。而小学、初中、高中三个学段我们编写的主题教育课相加，正好是100节。

我在"丁如许的博客"和"走遍中国"的讲学活动中发布征稿消息，广泛征集志愿者。非常感谢全国各地的班主任积极响应，寄来稿件。

其时，我已加盟上海新纪元教育集团，主持丁如许工作室。在丁如许工作室里，四川广元外国语学校、重庆中山外国语学校的老师承担了两篇教案的写作。而工作室则对所有的选题进行了多次认真、细致的讨论。

非常感谢我讲课时去过或结识的学校，河南省济源一中、江苏省常州中学、四川省德阳五中、湖北省赤壁一中、山东省青岛一中、上海市曹杨中学、广东省湛江一中、广东省佛山市高明区纪念中学、山东省青岛十六中、山东省潍坊七中、四川省绵阳中学实验学校等许多学校的老师都非常积极地投入到研课活动中。

非常感谢参加全国班会课专题研讨会的老师们。2012年10月，北京创新国基教育咨询中心在陕西西安举办了首届全国中小学班会课专题研讨会。其后，每学期我们都举办一届全国中小学班会课专题研讨会，河南济源、江苏常州、重庆云阳、湖北武汉，每届研讨会，现场上的班会课都赢得了代表的好评。《人同此心，心同此理》(常州会议)、《心怀梦想，快乐成长》(云阳会议)等精彩课例也当然入选了本书。

非常感谢的，还有上海市普陀区丁如许德育特级教师工作室的学员和晋元高级中学的老师们。我带领的这个区工作室，创造了在四年内高质量地编写出7本全国中小学班主任培训用书的纪录，书的总发行数正向20万册迈进。在研修期间，我们举办了20多次面向全国的班会课研讨活动，其中有 10 多次是研讨主题教育课。学员的智慧加深了我对许多问题的认识。而我在晋元高级中学担任了 9 年的德育主任。打造优质课是我们工作的重点。《高中生活应当这样起航》《清明的缅怀》《四季有常，不可逾越》《奔跑吧，高二》都是我工作室和晋元高级中学的老师当年开课的成功之作。这次编选入书，老师们又字斟句酌，认真地进行了修改。

非常感谢的，还有《班主任》《班主任之友》《福建教育·德育》等杂志的编辑。他们慧眼识珠，《高中生活应当这样起航》《四季有常，不可逾越》《奔跑吧，高二》（原题为"与时间赛跑"）等教案得到了他们的首肯，相继发表。他们的支持坚定了我们的信心，鼓舞我们大步向前。

非常感谢的，还有我的许多好朋友。全国优秀青年班主任杨兵总是在百忙中拨冗惠稿，他有 7 篇文章入选"魅力班会课"系列丛书，是"魅力班会课"系列丛书的主力作者；郭玉良、贾高见、谢晓虹、陈晓君、王星、黄文继、李金财、黎强等，他们中有全国优秀教师、有全国优秀青年班主任、有市区优秀园丁、有市区校工作室领衔人，面对我有时"近乎苛刻"的修改建议，他们不厌我烦，认真修改。佛山市高明区纪念中学黎强老师来信说："又让您费神了！到此已是第六稿，您的严谨治学的精神可见一斑！在您一稿又一稿的修改意见中，我们真的学到很多东西，本以为到这一稿已是很不错了，但接着又看见您为我们打开的另一扇窗户，让我又看到更多深远的东西，我不禁想起了颜渊那句名言：'夫子循循然善诱人，博我以文，约我以礼，欲罢不能。'感谢您对我们的引导帮助！"其实帮助是互相的。感谢这么多优秀班主任的积极参与，他们的智慧点燃了我的思考，他们的激情也激励我认真地思考。

非常感谢的，还有为本书投稿却未被选用的教案作者，由于这样那样的原因，他们的文章未能入选，但他们的参与也为本书提供了许多有益的参考。我相信，只要坚持，成功指日可待。

非常感谢的，更有我的老朋友张万祥先生。我们在 20 世纪 80 年代就相知相识。先是在《河南教育》《班主任》等杂志上"以文相识"，后是在天津市德育工作研讨会议上"相谈甚欢"，接着在讲学活动中、在网络上，我们的交流越来越多。非常感谢德高望重的张万祥先生，在百忙中挥毫成文，不仅对我的研究多加赞誉，而且将他多年潜心研究的丰硕成果与我们分享。他登高一呼"主题教育课大有可为"，将推动全国中小学主题教育课的深入研究和广泛普及。

非常感谢的，更有大夏书系的编辑团队。他们一直关心这一系列选题，给予了许多具体的指导。从选题定稿、版面设计到发行策划，我们邮件往来，电话联系，大夏书系的编辑团队倾心倾力，推动了本书的编写。

说了这么多，想表达的不仅是感激之情，我还想说明的是，这一节一节课，不是空穴来风，不是闭门造车，而是在实践中精心打造的，是集体智慧的结晶。

非常感谢他者们的认真付出，每位老师都展现出自己的聪明才智，许多设计令人拍案叫绝，特别是结合了实践经验，作了进一步的修改完善。在这样的基础上，我为每一篇教案写了点评。一篇教案，一篇点评。点评既紧扣每篇教案的特点，又围绕这一特点作必要的拓展，形成上好主题教育课的一个要点。这样，28 篇教案，28 篇点评，又形成了"怎样上好主题教育课"的系列指导文章。需要说明的是，有些点评的话题与小学、初中版中的相同相近，这说明它们属基本问题、基本认识，有必要在不同学段均作强调。当然我们也会补充新的认识，分享新的思考。

28 篇教案，原则上按年级编排。但"运用之妙，存乎一心"，班主任可以根据班级实际情况，选择专题教育的内容。

上课贵在变化，教育贵在创新。如果本书能为班主任做好工作助一臂之力，那将是我和作者们所期盼的。

《高中主题教育 28 课》将以教案选的形式加入华东师范大学出版社着力打造的"魅力班会课"系列丛书，与《打造魅力班会课》（方法论）、《魅力班会课》（小学卷、初中卷、高中卷）（案例卷）、《班会课 100 问》（对策集）、《小学主题教育 36 课》与《初中主题教育 36 课》（教案选）形成丰硕的班会课研究成果，为全国各地班主任的专业成长提供有力支撑。

为中国班主任学的发展尽全力，为班主任的幸福人生献计谋，为学生的健康成长作贡献，一直是我的追求，也是我主编本书的宗旨。

希望您喜欢这本书，希望您喜欢这套丛书，也真心期待您的指点！

2015 年 8 月于上海

Contents

1 高中生活应当这样起航（入学教育话题）　　　　　王　华　1
【点评】着眼长远，助推发展　　　　　　　　　　　　7

2 心怀梦想，快乐成长（理想话题）　　　　　　　　王　磊　9
【点评】提高语言技巧　　　　　　　　　　　　　　16

3 习惯造就卓越（习惯话题）　　　　　　　袁连芬　张　龙　18
【点评】班会课应制定好目标　　　　　　　　　　　24

4 知书达礼奠基础（文明礼仪话题）　　　　　　　　杨　武　26
【点评】加强对教育文件的学习　　　　　　　　　　33

5 积极归因铸成功（学习认知心理话题）　　　　　陈晓君　34
【点评】构建校本的班会课课程体系　　　　　　　　41

6 人同此心，心同此理（同理心话题）　　　　　　　杨　兵　42
【点评】设计精彩的课堂活动　　　　　　　　　　　48

7 揭开考试的面纱（考试话题）　　　　　　　　　王龙美　49
【点评】尊重学生的主体地位　　　　　　　　　　　55

8 清明的缅怀（缅怀先辈话题）　　　　　　　　　张金玲　56
【点评】课的容量要大　　　　　　　　　　　　　　61

9 四季有常，不可逾越（青春期男女生交往话题）　　夏　洁　63
【点评】要挑战生活中的难题　　　　　　　　　　　71

10 自信的力量（自信话题）　　　　　　　　　　　王向前　73
【点评】导入要精彩　　　　　　　　　　　　　　　79

11 "微"时代的选择（新媒体话题） 汪思翔 80

【点评】重视情景思辨题的设计 86

12 擦亮诚信的名片（诚信教育话题） 任军涛 87

【点评】"老师常谈"要出新 93

13 让"法"为成长护航（法制教育话题） 王 星 94

【点评】用好名人名言 102

14 青春在奉献中闪光（志愿者服务话题） 钟俊刚 103

【点评】教学生以方法 109

15 认清自我，规划人生（生涯规划话题） 侯志强 110

【点评】作好调查 118

16 寻找最美的青春（审美话题） 方 平 119

【点评】用好视频 125

17 奔跑吧，高二（时间管理话题） 朱洁文 126

【点评】要写好教案 132

18 让我们走得更远（自律话题） 李洪宇 133

【点评】研究班会课的结构 139

19 永远的感恩（感恩话题） 陈济林 涂柳琴 140

【点评】要向课外延伸 146

20 心之宽容海之大（宽容话题） 谭洁玲 黎 强 147

【点评】学校要组织研课 154

21 青春让运动承载（体育锻炼话题） 欧明星 156

【点评】加强与任课老师的合作 162

22 我们的责任（责任话题） 董汉坤 163

【点评】提纲挈领，要点分明 169

㉓ 青春的"悦"读（读书话题）　　　　　　　　刘海霞　170
　　【点评】班主任应成为杂家　　　　　　　　　　　177

㉔ 我的大学我的梦（目标话题）　　　　　　贾高见　杨　迅　179
　　【点评】班主任要成为故事大王　　　　　　　　　185

㉕ 向着阳光（挫折话题）　　　　　　　　　谢晓虹　韩　光　187
　　【点评】重视发挥家长的作用　　　　　　　　　　193

㉖ 我的情绪我做主（心理调适话题）　　　　　　郭玉良　194
　　【点评】要紧扣学情　　　　　　　　　　　　　201

㉗ 行百里者半九十（高三坚持话题）　　　　　　黄文继　203
　　【点评】拟好课题　　　　　　　　　　　　　209

㉘ 决战高考（高考动员话题）　　　　　　　　　李金财　210
　　【点评】让班会课充满魅力　　　　　　　　　216

高中生活应当这样起航
（入学教育话题）

上海市晋元高级中学　王　华

设计背景

《国家中长期教育改革和发展规划纲要（2010—2020年）》第二章"战略目标和战略主题"指出，"坚持以人为本、推进素质教育是教育改革发展的战略主题，是贯彻党的教育方针的时代要求"，强调要"坚持德育为先"，"坚持能力为重"，"坚持全面发展"。这是对素质教育作出的具体阐释，体现了党和国家在人才培养方面的战略规划。

高一学生步入新的学校，既有着对新学校的憧憬，也有着如何适应新生活的迷茫。班主任应通过主题班会课指导他们根据党和国家在人才培养方面的战略规划，思考、制订自己的新学期计划，规划自己的美好人生，帮助他们思考如何确立明确的目标，如何提升学习能力、独立生活能力、人际交往能力和创新能力，如何夯实基础、发展特长，从而引导他们迈好高中第一步。

教育目标

·通过具体事例，指导学生树立正确的奋斗目标。
·指导学生思考怎样在文化学习、班级活动、学校生活中增强学习能力、独立生活能力、人际交往能力和创新能力。
·指导学生思考如何夯实基础，发展特长。

课前准备

·搜集生活中有关明确目标、提高能力、夯实基础、发展特长的名人的论述及典型事例。

·搜集开学以来学生军训和活动的图片资料以及励志歌曲。

·召开班委会，讨论班级开学以来存在的问题，并请学习委员、劳动委员、生活委员等有关同学做好发言准备。

·将全班分成四个小组，进行如何提高学习能力、独立生活能力、人际交往能力和创新能力的讨论，准备发言。每组发言时间不超过 3 分钟。

·准备与主题相关的视频，制作课件。

教育过程

一、导入

师：同学们，你们经过幼儿园、小学、初中多年的学习，今天终于走进了高中的校园。渐渐强健的身体告诉我们，我们长大了；日渐成熟的心理告诉我们，我们长大了；父母期待的眼神告诉我们，我们长大了！

高中是我们进入大学前的一个重要阶段，也是我们走向社会的准备阶段，它对我们成长的意义非同一般。那么，我们的高中生活应该怎样开始？我们的理想之船应该如何起航呢？今天我给大家几点建议。

我认为，高中开始阶段，同学们要做好以下三个方面：（1）要确立明确的人生目标；（2）要努力提升各种能力（如学习能力、独立生活能力、人际交往能力、创新能力等）；（3）要夯实基础，发展特长。

二、要确立明确的人生目标

1. 介绍哈佛大学的经典调查"目标与成功"

师：我想问一个问题："为什么高中伊始，就要确立目标？"

（预设：学生回答，开头很重要；明确目标，才有方向；等等。）

师：说得有道理。现在我想与同学们分享一个调查报告，那就是哈佛大学的经典调查"目标与成功"。（出示课件）

哈佛大学有一个非常著名的跟踪调查。调查对象是一群智力、学历、环境等条件都差不多的年轻人。

起初的调查为：27% 的人，没有目标；60% 的人，目标模糊；10% 的人，有比较清晰的短期目标；3% 的人，有十分清晰的长期目标。

25 年的跟踪调查发现，他们的生活状况令人惊讶：

那 3% 的人，25 年来不曾更改过自己的人生目标，他们始终朝着同一个方向不懈地努力，几乎都成了社会各界顶尖成功人士，他们中不乏空手创业者、行业领袖、社会精英。

那 10% 的人，大都生活在社会的中上层。他们的共同特点是，那些短期目标不断地达成，生活质量稳步上升，他们成为各行各业的专业人士，如医生、律师、工程师、高级主管等等。

那 60% 的人，几乎都生活在社会的中下层，他们能安稳地生活与工作，但都没有什么特别的成绩。

剩下的 27% 的人，几乎都生活在社会的最底层，他们生活得很不如意，常常失业，靠社会救济，并且常常在抱怨他人，抱怨社会。

调查者因此得出结论：目标对人生有巨大的导向性作用。成功在一开始仅仅是一个选择：选择什么样的目标，就会有什么样的成就，就会有什么样的人生。

什么是成功？成功就是达成既定的有意义的目标。没有目标，就无所谓成功。所以我们说：成功从确定目标开始。

2. 如何制定目标

师：既然目标如此重要，那么，我们应该怎样制定目标呢？研究告诉我们：

（1）目标要明确。诸如"我想考上大学""我希望过幸福的生活"此类的目标都是不明确的。你究竟想考什么样的大学？重点大学还是普通大学？如果是重点大学，是北京大学还是复旦大学？什么样的生活才算是幸福的生活？这些必须弄清楚。目标越明确，执行越容易。

（2）目标要合理。确定目标一定要符合自己的实际水平，可以略高于自己的能力，作为努力的动力，但不能过高，超出能力范围，根本做不到，等于没定。

（3）目标要形象。你可以把你的目标用文字、图片的形式表现出来，比如你的目标是考取复旦，你不妨给自己写个口号："杀进复旦！"还可以将有关复旦校园风景的图片，贴在墙壁上或桌子上，天天看一看。

（4）要形成计划。如果没有一个切实可行的计划，你的目标只能是空中楼阁、海市蜃楼。

（5）目标要落实。要严格执行计划，每日检查计划的落实情况，并要鼓励自己：做好了今天的事，我又向目标靠近了一步！

三、努力提升各种能力

师：仅仅有目标还不够，要实现目标，还要有我们的能力作为支撑。我们在高中生活中，需要提升哪些能力呢？我认为主要提升以下几种能力：学习能力、独立生活能力、人际交往能力和创新能力。课前我将全班分成四个小组，你们进行了讨论。现在我们进行全班交流。

1. 如何提高学习能力

师：这是第一小组的讨论题。现在请第一小组同学发言。

（第一小组同学发言。略。）

师：听了第一小组的发言，我感到大家有不少思考。对高中生如何提高学习能力，我首先想和大家分享爱因斯坦的成功公式：$A = X + Y + Z$。A 代表成功，X 代表艰苦劳动，Y 代表正确方法，Z 代表少说废话。这个公式指明了事业成功的三要素。对于学业来说，成功也有三要素：学习成功＝心理素质＋学习方法＋智能素质。

（1）提高心理素质。

要明确学习的动机，提高学习的兴趣，培养学习的情感、意志和态度。只有动机明确了，才能有端正的学习态度以及对学习的热爱，才会调动你的热情，促使你发奋学习。

（2）掌握科学的学习方法。

比如要掌握预习、听课、作业、复习、考试的有效方法。

（说明：班主任可邀请本班成绩优秀的同学作简要的介绍，或举本班同学的典型事例。）

（3）发展智力，提高能力。

要发展观察力，提高记忆能力，发展思维能力，发展想象能力，培养自学能力。

2. 如何提高独立生活能力

师：这是第二小组的讨论题。现在请第二小组同学发言。

（第二小组同学发言。略。）

师：听了第二小组的发言，我想强调的是：

（1）独立的重要性。

易卜生曾经说过："世界上最坚强的人就是独立的人。"陶行知也说过："滴自己的汗，吃自己的饭，自己的事自己干，靠人靠天靠祖上，不算是好汉。"这类名言都说明了人要学会自立。因为总有一天我们会长大，许多事情都要自己解决，自己面对。我们不能事事依赖他人，因为不自立就会被社会淘汰。

一个学生走出家庭，离开父母时，他必须面对他人，必须学会融入社会，必须学会照顾自己，学习自立自强。我们学校是一所寄宿制高中，许多家长选择寄宿制高中，培养孩子独立生活、自立自强的能力常常是重要的一点。

（2）如何培养独立生活能力？

①从思想上增强责任意识。

责任感就是把自己的事做好的担当。一个人的责任感强烈与否，很大程度上决定着他的独立生活能力的强弱。只有树立强烈的责任感，一个人才能敢于面对生活的挑战，独立地承担责任，并很好地生存、生活下去。

现在我们男生寝室内务不太好，我请一位女生寝室长谈谈，她们是如何取得周"双佳"的好成绩的。

（一女生寝室长作简要介绍。）

②在生活中培养劳动本领。

师：劳动观念不是一朝一夕就能形成的。我们要从点点滴滴的小事中逐步培养。不管是在学校里，还是在家中，我们都要做一些力所能及的体力劳动，感受劳动的艰辛和劳动成果的来之不易。现在请劳动委员谈谈我们班值日工作中出现的问题，并提出解决的方法。

（预设：劳动委员谈班级值日工作中出现的问题，并提出解决的方法。）

③在学习中培养独立思考的能力。

独立思考问题，是独立解决实际问题的前提条件。一个人如果不善于独立思考问题，那么他面对许多新问题将一筹莫展，束手无策。独立生活要求我们要善于独立地思考问题。当然，独立思考并不等于刚愎自用，而是要独立对问题作出分析，作出正确的判断和选择。现在请学习委员谈谈我们班在学习方面存在的问题及解决方法。

（学习委员谈班级学习方面存在的问题及解决方法。）

3. 如何加强人际交往能力

师：这是第三小组的讨论题。现在请第三小组同学发言。

（第三小组同学发言。略。）

师：听了第三小组的发言，我想强调的是：

（1）人际交往能力的重要性。

曾经有一则报道：1986 年 3 月 28 日，日本著名的科学城筑波，又有多位科技人员自杀，短时间内，有十几名科技人员在筑波自绝于世。是什么原因呢？经过调查人们发现：这个完全现代化的科学城，每座楼房都被绿茵环抱，彼此隔绝，而且科技人员们人人杰出，不屑与人合作，人与人之间的感情交流几乎被降到了最低限度。加上一年一度的科技成果报告会，人们为了各自的"尖端"，彼此封闭，老死不相往来。这是筑波城自杀增多的原因所在。所以为了创造一个和谐的生存环境，人们需要建立良好和谐的人际关系。

大量研究表明，人际关系影响人生业绩，良好的人际关系是成功者取得成功的重要因素之一。

（2）高中生处理人际关系的方法。

师：高中阶段是学习人际交往的重要阶段。我希望同学们要热情待人，要学会尊重他人，要以诚相待，有矛盾时要学会换位思考，宽容谅解他人，消除依赖感，等等。

4. 如何提高创新能力

师：这是第四小组的讨论题。现在请第四小组同学发言。

（第四小组同学发言。略。）

师：听了第四小组的发言，我想强调的是：

知识激增，需要新一代不断学习；科技革命，需要新一代革新创造；实现中国梦，需要新一代开拓前进。

有人说，高中生很难进行创新。其实我们的创新并不一定要惊天动地，重要的是创新意识的培养、创新能力的培养。现在我想请同学们观看我校头脑奥林匹克队获得世界冠军的录像剪辑。

（播放我校头脑奥林匹克队获得世界冠军的录像剪辑。这个剪辑记录了校头脑奥林匹克队勇于创新，勇夺世界冠军的历程。）

师：我想请同学们谈谈你的感受。

（预设：学生回答，很受鼓舞，我们要做得更好，等等。）

我还想说的是，培养创新能力还是有方法的——

（1）在学习生活中，要培养自己自主、进取、勇敢和独立的人格。

（2）要有好奇心、自信心、想象力和表达欲。比如，要大胆发言，勤思考，多讨论，大胆质疑，逢事多问一个"为什么""怎么样"，自己拿主意，自己作决定，不依附，不盲从。

（3）积极加入学校开设的"创新实验课程"、头脑奥林匹克队、机器人队等团队组织，利用这些方式，来开阔我们的视野，拓展我们的思维等。

四、夯实基础，发展特长

师：同学们，"万丈高楼平地起"，学习也同样如此。知识、能力、心理历来是影响考生应试成绩的三大因素。其中知识又是重中之重，因为如果基础知识不扎实，能力再强，心理素质再过硬，也只能是"巧妇难为无米之炊"。没有基础知识，学习就成了无源之水、无本之木。

但基础知识的积累是为了将来开展更深入的研究，因此应在此基础上发展自己的特长。发展特长是自身全面发展的重要内容，也能为以后规划职业生涯和走向社会奠定基础，在高中时期我们应未雨绸缪，发展自己的特长。毕竟只有本领过硬，才能立足于社会。

那我们应该怎样夯实基础，发展特长呢？

第一，书本是高中学习期间积累基础知识的重要来源之一，吃透每个知识点，是达到"水滴石穿"的基石。当积累达到一定程度之后，通过梳理就可以形成一套知识系统。

第二，"兴趣是最好的老师"，特长是由兴趣决定，然后根据社会发展需要和个人发展需要而选择的。因此应注重调动和培养自身兴趣并顺着兴趣发展。

第三，选择特长之后，还需要有坚定的信念，这样才能为达成目标去努力奋斗。

五、总结全课，布置作业

师：说起来容易，做起来难。今天这节班会，我们探讨了高中伊始，我们就应该做的三件事：确立人生目标；努力提升能力（如学习能力、独立生活能力、人际交往能力、创新能力等）；夯实基础，发展特长。希望同学们在今后的学习生活中，知行合一，努力实践，不断进取！

最后请同学们回去完成随笔《走进高中的思考》，我们下周交流。

点评

着眼长远，助推发展

一个优秀的班主任要善于为学生的发展作谋划，作指导。

高中生不同于初中生。他有了更多的实践，有了更多的思考。但高中生毕竟还是学生，还是未成年人。来到一所新的学校，他也许踌躇满志，也许有所失落，也许有点迷茫。在新的起点上，班主任要为学生的成长解惑释疑，指点迷津，要帮助学生着眼长远、明确目标、明确学习的重点，助推学生的发展。

《高中生活应当这样起航》就是成功之作。

在多年认真研究高一学生入学教育的基础上，着眼于学生高中三年的发展、今后人生发展的需要，王老师从三个方面对学生进行指导。首先，引导学生树立明确的奋斗目标。目标是前进的航标，是成长的动力。一个有着明确目标的人，他的人生将是精彩的。迈入高中，就要明确具体的奋斗目标。其次，指导学生思考怎样在文化学习、班级活动、学校生活中增强学习能力、独立生活能力、人际交往能力和创新能力。知识可能遗忘，能力却是终身的。这四个方面的能力是学生实现奋斗目标的重要保证。最后，指导学生思考如何努力夯实基础，发展特长。这是鼓励学生紧扣奋斗目标，实现个性化发展的务实举措。

这三个方面也将构成高中学习生活的蓝图，为学生的发展指明成长路径。教案设计中，王老师引经据典，娓娓道来。而为了增强说服力，王老师还特意多次安排学生交流，开展小组讨论，并在学生交流、讨论的基础上再作点拨、提升。

这样的主题班会课，王老师做了充分的准备。"良好的开端，意味着成功了一半。"班主任要着眼整个高中，着眼学生今后的发展，综合考虑班会课的设计，让一节又一节精彩的班会课引领孩子们不断成长。

（※点评人：丁如许。下同。——编者注）

心怀梦想，快乐成长
（理想话题）

河南省济源一中　王　磊

设计背景

　　习近平主席在参观《复兴之路》展览时强调每个人都有理想和追求，都有自己的梦想，我们国家也有自己的伟大梦想，那就是"中国梦"。实现中华民族的伟大复兴，是全体中国人的夙愿。国家的梦想能否实现，取决于我们每一个人的梦想能否实现。

　　高一学生来到新的学校，在新的征程开始之际，我们应唤起学生心中的美好梦想，让他们对学习、对高考有更清晰的认识，为高二、高三做好准备，让他们明白"梦想并非遥不可及"，"梦想其实触手可及"，勇敢地追逐梦想，坚定地行动，鼓励他们用非凡的努力实现梦想、成就人生！

教育目标

・唤醒学生心中的美好梦想，激发学生实现梦想的动力。
・让学生懂得"年轻无极限"，增强学生实现梦想的信心。
・指导学生初步体会"表现原理"与"积极心理学"在逐梦中的作用。

课前准备

・印制"梦想调查表"，初步了解学生的少年梦。
・搜集整理资料，制作课件。

教育过程

　　师：梦想是一盏明灯，照亮人生的路；梦想又是满天的繁星，点亮了黑夜；有时候梦想就是一杯暖暖的茶，想起她就会热血沸腾，从而甩掉疲惫，继续前行……

（动画导入主题"心怀梦想，快乐成长"，背景为正在茁壮成长的幼芽。）

一、唤醒梦想

师：（播放精心挑选的孩子的照片，背景音乐为班得瑞的《童年记忆》。老师深情朗诵，引起学生的回忆，产生共鸣。）

17年前，呱呱落地的我们发出了第一声啼哭，我们用特殊的方式向全世界宣告，我们来了……

那时，我们喜欢依偎在妈妈的怀里，甜甜地安静地进入梦乡……

梦中，我们和许许多多的小伙伴一起幸福地玩耍，累了，就依偎在一起，享受着幸福。

梦中，我们长出了金色的翅膀，醒来后就能像鸟儿一样在蓝天上飞翔！

梦中，我们置身于花的海洋，周围弥漫着淡淡的花香。

儿时的我们经常睁大眼睛，憧憬未来，我们以为可以一直这样无忧无虑地健康成长。

我们甜甜地睡着了，我们梦见，自己很快就长大了，成了一名科学家，成了一名音乐家，我们开着大飞机满天飞——儿时的梦想啊！

就这样，我们在爸爸妈妈的呵护下，在伙伴们的陪伴下，一天天地长大了！我们学会了走路，我们学会了 A、B、C……

梦——却越做越少了。

梦——都去哪儿了？

人生如果没有了梦想，也就没有了方向，我们就会迷失在成长的路上！

新的生活是从选定方向开始的！

二、分享梦想

师：想起了一首歌，《你快回来》。

梦想——没有你，世界寸步难行！你快回来，生命因你而精彩！下面请同学们完成小调查：

（1）我曾有梦：年幼时，亲人们问你长大后要做什么，自己经常回答的答案是什么？

（2）我仍敢梦：描述一下自己40岁时的工作、家庭、生活状态。

（学生用两分钟在"梦想调查表"上写出答案，然后请三位同学分享梦想。）

师：下面，我和大家分享一位伟人的梦想故事：

毛泽东在湖南第一师范读书时，他未来的岳父大人、杨开慧的父亲杨昌济是他的老师。修身课上，杨先生说："三军可夺帅也，匹夫不可夺志也。人无志，则没有目标，没有目标，修身就成了无源之水。所以，凡修身，必先立志，志存高远而心自纯洁！诸君，你们的志向是什么呢？"

轮到毛泽东时，毛泽东站了起来，犹豫了一下，茫然地回答："我不知道。这个问题我想过，经常想。可是，我找不到答案。能不能问您一个问题？您的志向是什么？"杨昌济默而不语，转身在黑板上写下两行大字：自闭桃源称太古，欲栽大木柱长天！杨昌济用极为平和但却坚定的语调说："昌济平生，无为官之念，无发财之想，悄然遁世，不问炎凉，愿于诸君之中，得一二良材，栽得参天之大木，为我百年积弱之中华撑起一片自强自立的天空，则吾愿足矣。"

欲栽大木柱长天！——这句话激起了毛泽东的远大抱负！我为什么就不能成为一棵大木呢？我为什么就不能做一个顶天立地的人撑住中国的天呢？

正是这个大木的梦想，让他写下了："问苍茫大地，谁主沉浮？"写下了："数风流人物，还看今朝！"也正是这个大木的梦想，激励毛泽东克服了难以想象的困难，将无数的不可能变成了可能。几十年后，他真的撑起了中国的天，建立了新中国！

1957年11月17日，毛泽东主席在苏联莫斯科大学接见中国留学生，他热情洋溢地说："世界是你们的，也是我们的，但归根结底是你们的。你们青年人朝气蓬勃，正在兴旺时期，好像早晨八九点钟的太阳。希望寄托在你们身上！"

我想毛主席在说这番话时，应该也想到了自己波澜壮阔的一生正是从当年那个大木的梦想开始的。

他大概也会想到17岁时的他，远离父母，离家上学，年纪虽小，壮志满怀。他写了一首诗《咏蛙》："独坐池塘如虎踞，绿荫树下养精神。春来我不先开口，哪个虫儿敢作声。"

霸气吧？年轻人就要有这种霸气！

三、明确梦想

师：同学们，你们可能会想，老师你谈毛泽东，他和我有什么关系呢？他是天，我是地；他是太阳，我连个小星星都算不上。

我谈毛泽东的目的并不是让大家都成为毛泽东，而是告诉大家梦想的力量是多么的强大！我们无须成为别人，我们只要成为最好的自己就行了！

如何才能成为最好的自己呢？

1. 癞蛤蟆与千里马

我们来看两张图片（出示课件）。

师：左边一只癞蛤蟆，右边一匹千里马，真的是这样吗？（课件变化）癞蛤蟆变成了千里马，千里马变成了癞蛤蟆，为什么会这样呢？

（预设：学生回答，转动了，观察的角度不同，等等。）

师：因为人类最大的思维习惯是直立地看世界。

你是癞蛤蟆，还是千里马？如果你在心里就认为自己是一只癞蛤蟆，那么你就会变得越来越像癞蛤蟆；如果你在心里坚定认为自己是一匹千里马，那么你就会表现出越来越多千里马的素质，最后你可能就真的成为一匹千里马。人总是不知不觉地向着自己认定的方向前进的。

改变自己，先要改变自我期望。

我们没有理由，不对自己充满期待。我们没有理由，不做千里马。年轻人要有实现美好梦想的愿望。

2. 人生时钟

师：如果我们把零点当成出生的时刻，人的平均寿命为 80 岁，相当于一天的 24 小时，也就是 1440 分钟，那么一年就相当于 18 分钟。

我们现在的人生时钟是几点呢？（学生计算，师出示课件。）

16 岁，18 分 ×16 ＝ 288 分＝ 4 小时 48 分钟（清晨 4 点 48 分）（太阳还在睡觉呢）

18 岁，18 分 ×18 ＝ 324 分＝ 5 小时 24 分钟（清晨 5 点 24 分）（太阳即将升起）

30 岁，18 分 ×30 ＝ 540 分＝ 9 小时 （上午 9 点）

40 岁，18 分 ×40 ＝ 720 分＝ 12 小时 （中午 12 点，如日中天）

未来很漫长，我们很年轻，年轻就是我们最大的资本！因为年轻意味着无限可能，无限精彩！（出示图片：俄罗斯国家马戏团驯兽师骑雄狮跨越障碍。）敢想敢做才会有奇迹！下面这段话，是 1944 年马丁·路德·金的母校莫尔豪斯学院院长本杰明·梅斯博士赠送给他的。正是这段话成就了马丁·路德·金非凡的人生。（学生全体起立，齐声诵读。）

怀疑你的梦想无法实现并不是灾难，
但是没有梦想的确是灾难。
不能抓住理想并不是不幸，
不幸的是没有理想去抓住。
没有触碰到星星并不可耻，
但可耻的是没有星星去触碰。
不是失败，而是低的目标让人可悲。
你有梦想，大的梦想，不可能的梦想，
那些可以带来改变的梦想。
活出一种传奇，
并且让那些梦想成为你人生的作品，
是你来到这个星球的目的。

师：孩子们，谁都不能剥夺我们梦想的权利。梦要海阔天空地做，路要脚踏实地地走！那么，我们到底要树立什么样的志向呢？

（预设：学生回答，大的志向、远大的梦想等等。）

师：几年前，我曾经问过我的学生：为了什么而学习？

其中一个学生的答案，我现在仍然清晰地记得，他说：现在家里贫困不是我的责任，但20年后，家里如果还是这样贫困，那是我不可推卸的责任！他的回答赢得了全班同学热烈的掌声。我觉得我们的最低梦想就是要承担起家庭的责任、承担起自我成长的责任！

3. 我们的梦——中国梦

师：习近平主席提出了中国梦！中国梦，是面向全体中国人说的，包括你们，也包括我。

中国梦并不遥远，中国梦是要由我们去实现的。

个人梦、家人梦、国家梦是和谐统一的！

我们今天奋力拼搏，考上心仪的大学，学有所成、业有所精，走上工作岗位后，立足本职、有所贡献，我们就实现了我们的梦，也为中国梦的实现作出了贡献。

同学们，时光飞逝，历史重任即将落在你们的身上。当责任和使命到来之时，不要怕，也不能躲！我们要有勇气作出承诺，我们要发自内心地用舍我其谁的霸气喊出——这是我们的时代！

好，全体起立，我喊一二，大家就从"少年强"开始，用最坚定的语气、最饱满的热情、最大的声音，喊出我们的心声。一二！（学生全体起立，齐声朗读。）

少年强则中国强——这是我们的时代！

今日之责任，不在他人，全在我少年。

少年智则国智，少年富则国富；少年强则国强，少年独立则国独立；少年自由则国自由，少年进步则国进步；少年胜于欧洲则国胜于欧洲，少年雄于地球则国雄于地球。

美哉我少年中国，日新月异，与天不老！

壮哉我中国少年，前途似海，与国无疆！

中国，爱你在心中，爱你在行动！

我们的梦，中国梦！

四、梦想起航

师：未来是今天的延续，今天是未来的历史。说今天的时候，我们必须带着对未来的憧憬；说未来的时候，我们必须留下今天的足迹。

1. 解决两个困惑

师：我们要解决两个困惑。一是我们为什么要学习？四人小组讨论。

（学生讨论，然后请小组代表表达本组观点。）

师：生命的价值就在于成长发展。一旦一个人不学习了，那么他就不成长了，生命就会枯萎。

学习不仅仅意味着一所好大学，不仅仅意味着一份好工作，一种好一点的物质生活，学习也不仅仅是为了满足父母的心愿，更重要的是所学的知识会作用于我们的身心，我们在潜移默化中改变生存状态，提高能力，提升修养，升华境界。在学习过程中培养起来的品质——勤奋、不怕失败、勇于挑战、自信阳光、精益求精等等，将成为我们扫平人生路上障碍的利器。学习不是生命的全部，但生命的价值在于渴求学习，不断成长。

现在我们讨论第二个话题：高考的积极意义有哪些？

（学生讨论，然后请小组代表表达本组观点。）

师：高考为青春年少的我们提供了一次挑战自己生命潜能的机会；高考是撬起辉煌人生的最省力点；战胜高考，人生就会留下一段难忘的拼搏记忆；经历就是财富，高考就是成人礼！

2. 如何才能实现梦想

（1）表现原理——塑造成功品质。

师：这是一个神奇的原理，心理学家对这一原理深信不疑、津津乐道。简单来说，我们一直以来都认为思想支配行动，但事实上行动也会影响思想。

有人说因为高兴，所以才笑；但心理学的实验已经证明，人们往往因为脸上先有了微笑的表情，内心才有了喜悦的情绪。当人们微笑时，会感到快乐；当人们皱眉时，会感到难过。我们也经常见到有的小朋友，就因为一件开心的事，他可以笑个不停，这是为什么呢？因为他笑的表情强化了他内心开心的情绪，让他越来越开心，达到无法控制的程度了。同样，我们也能看见有的小朋友，因为一件事，受了委屈，就会哭个不停。同理，他哭的表情强化了他内心的感受，让他感到越来越委屈，哭就停不下来了。

让我们亲身感受一下表现原理吧！请全体同学积极参与，我们相邻的两个同学，请大胆地转过头去，朝对方笑一下，不要害羞，笑得越甜越好，笑得越美越好，笑得越动人越好。然后你们友好地看着对方的眼睛，如果是同性就拥抱一下，异性就友好地握握手。（学生活动）

师：怎么样，感觉还不错吧？感觉到和对方的心理距离是不是近了一点？是不是感觉到了愉快和温馨？

你想具备什么样的品质，并持续地表现出来，最终你就会具备那种品质；你羡慕什么样的性格，并要求自己表现出来，最终你就会获得那种性格。你表现得开朗，你就会变得乐观；你表现得阳光，你就会充满活力。你要成为什么样的人，就持续地表现得像那样的人。

一种认识只有在一遍又一遍地重复之后，才能成为·种信念，如果仅尝试一次，便以失败为理由放弃努力，认识就永远不可能转变为信念。我们要运用表现原理，塑造成功的品质。

（2）积极思维——阳光心态。

师：思维方式决定了一个人的幸福程度。（出示林黛玉和毛泽东的照片）林黛玉是"一年三百六十日，风刀霜剑严相逼"，毛泽东是"不管风吹浪打，胜似闲庭信步"。不同的思维，不同的感受。

下面是我的一位名叫王恒飞的学生周记中的一段话，他在 2013 年以裸分 677 分考入清华大学。这段话值得我们分享：

在题海中乘风破浪是一种幸福，
在运动中挥汗如雨是一种幸福，
跑操跑出和谐的节奏是一种幸福，

喊口号把嗓子喊破喊哑是一种幸福，

与同学一起唱一首自己喜欢的歌是一种幸福，

在下课铃响后冲进食堂也是一种幸福。

名次上升，是幸福，因为付出有了回报；

名次下降，也是幸福，因为我们又获得了一次激发潜能的机会！

幸福如此简单，只要我们换个角度思考，一切都是那么美好！

同学们，脑袋长在我们自己的脖子上，我们完全可以调控自己的情绪。

如果遇到一件事，你心里特别难受、沮丧，那你就一定要意识到，自己的思维方向出了问题，及时地刹车！转变思维的方向，朝着能够让我们快乐的方向去思考问题！不断地训练积极思考问题的能力，让积极思考问题成为习惯，你就能把前进路上的阻力变为动力，你就能让生命的每一天都充满欢声笑语，收获幸福的人生。

五、携梦远行

师：加油吧，同学们！成长路上，与梦为伴，携梦远行！用我们非凡的努力，实现我们非凡的梦想，成就我们非凡的人生！

我们无法延长生命的长度，但我们可以扩展生命的宽度。

衷心祝愿我们每一位同学，在未来的日子能够勇敢地追梦，坚定地行动，不断超越，成就自己的美丽人生！

（背景音乐《世界是你们的》响起。）

点评

提高语言技巧

王老师的这节课在成都、云阳、佛山等不少地方都借班上过。这节课得到了许多老师的好评。其中老师们对王老师的语言表达予以了充分的肯定。

主题教育课，班主任要想成功地引导学生，语言艺术就显得尤为重要。《心怀梦想，快乐成长》这节课中，王老师的语言就很出彩。

生动形象。如课的导入阶段："梦想是一盏明灯，照亮人生的路；梦想又是满天的繁星，点亮了黑夜；有时候梦想就是一杯暖暖的茶，想起她就会热血沸腾，从而甩掉疲惫，继续前行……"生动形象的话语，激起同学们对梦想的思考，迅速进入本课特设的情景。而语言的生动形象借助于比喻、排比、反复等修辞手法的综合运用。在课程的推进、总结阶段，我们都能感受到王老师生动形象的话语。

准确有力。在讨论"我们为什么要学习"时，王老师指出："学习不仅仅意味着一所好大学，不仅仅意味着一份好工作，一种好一点的物质生活，学习也不仅仅是为了满足父母的心愿，更重要的是所学的知识会作用于我们的身心，我们在潜移默化中改变生存状态，提高能力，提升修养，升华境界。在学习过程中培养起来的品质——勤奋、不怕失败、勇于挑战、自信阳光、精益求精等等，将成为我们扫平人生路上障碍的利器。学习不是生命的全部，但生命的价值在于渴求学习，不断成长。"这一番话，贴近学生生活，准确地阐述了学习的意义，掷地有声，发人深省。准确有力的语言源自教师对生活的认识，对阐述事理的自信。

富有激情。从开场到结语，通观全课，我们为王老师富有激情的语言所感动。在师生对话中，情感的交流是非常重要的，而情感的交流首先是通过语言来表达的。怎样的语言能感动学生？应该是基于学生立场的真实告白，老师要研究学生，从学生角度观察世界、分析问题。怎样的语言能感动学生？应该是关注学生发展的真切指导，老师要思考未来，着眼学生明天，晓以利害，导以方法。这样才能引起共鸣，走入学生的内心。

应该说，每位老师的语言特色是不同的，有的幽默，有的细腻，有的富有哲理，但冷淡、粗暴、敷衍是绝对不行的。

在班主任专业化发展的背景下，班主任要不断提高自己的语言表达技巧。当然，提高语言技巧并非一日之功，需要不断地学习、借鉴。主题教育课就是班主任学习实践的用武之地。王老师的学科背景是物理，作为班主任和物理老师，他非常重视语言技巧的学习。字斟句酌，反复推敲，抑扬顿挫，真情流露，他的实践值得我们借鉴和学习。

习惯造就卓越

（习惯话题）

四川省德阳五中　袁连芬　张　龙

设计背景

叶圣陶先生曾说，教育就是培养习惯。习惯一旦形成，便成为一种潜意识行为，对学业、生活、人生起着长久的作用。良好的习惯就像是人存放在自身银行中的"道德资本"。"道德资本"越多，你享受的"利息"也就越多。

高一年级是学生成长的重要阶段，多数学生清楚哪些是好习惯，哪些是坏习惯，但在习惯对一个人的一生将产生怎样的深远影响和如何养成好习惯这两个方面认识不足、方法不多、意志力不强，认知与行动脱节。本节主题班会旨在让学生充分认识好习惯在成长中的重要作用，深刻理解习惯造就卓越的内涵，激发学生用行动形成好习惯的热情。

教育目标

· 让学生认识好习惯对成长的重要作用。

· 让学生思考自己有哪些好习惯和坏习惯。

· 让学生明白习惯造就卓越的内涵，从小事做起，努力在学习生活中养成良好习惯。

课前准备

· 收集有关习惯的名人故事、名人名言。

· 指导学生排演情景剧《两种人生》。

· 课前印发职烨的《花开不败》。

· 制作课件。

教育过程

一、游戏导入

师：在生活中，有这样一位伙伴，它可能是我们的好帮手，也可能是我们沉重的羁绊。它能推动我们向前，也能置我们于落后。它是什么呢？请同学们说一说。

（预设：多数同学会说金钱。）

师：现在让我们在《我是小小书法家》的游戏中寻找答案。我来宣布游戏规则（出示课件：请同学们在空白的作业纸上，工整、漂亮地写下你们的座右铭。时间两分钟。）好，准备，计时，开始。

（音乐起，同学们写座右铭。）

师：还有五秒，5、4、3、2、1，时间到，请同学们停笔。（音乐止）

（预设：学生由于事先没有准备，两分钟内肯定花样百出。有找不到合适的纸和笔的，有不知该写什么的，有书写凌乱的，当然也有胸有成竹、书写漂亮的。老师有意展示两位同学的作品，作简要的点评。）

师：原来，这位伙伴就是习惯。小小的写字比赛，不单单是书法的较量，更是习惯的较量。习惯较好的同学胸有成竹，习惯较差的同学手忙脚乱。

二、两种习惯，两种人生

师：人生其实就是一场好习惯与坏习惯的拉锯战，好习惯和坏习惯对人生究竟会产生怎样的影响？我们班几位同学准备了情景剧《两种人生》。让我们到情景剧中去发现。（表演情景剧的同学上场）

第一幕

时间：一天早晨。

地点：教室。

人物：A、B、C。

道具：一张桌面整洁的桌子和一张桌面凌乱的桌子。

（A正在桌面整洁的桌子上大声朗读，B在桌面凌乱的桌子上不停地找着东西。）

B：（一边找，一边抱怨）"天哪，才发的试卷怎么不见了？真麻烦！"

A：（好心提醒）"你把桌子好好收拾一下吧，肯定在。"

B：（站起来）"你以为你是谁呀，凭什么管我？"

A：（无奈叹气）……

（幕后音：一个勤快，一个懒散……）

C：（一脸焦急）"怎么办？怎么办？D同学的病又发作了，谁和我陪他去医院？"

A：（迅速将书放好，焦急）"走，我和你去，他严重吗？"

B：（不耐烦地将书随便一放）"我可还有一堆事没有做呢，哪有工夫？"

（幕后音：一个热心，一个冷漠……）

第二幕

时间：十年后的一天。

地点：某公司招聘办公室。

人物：应聘人员A、B，公司老总。

A：（礼貌地走进办公室，双手将自荐书递给老总，微笑着）"这是我的自荐书，请多指教。"

老总：（翻看自荐书）"好的，你对我们公司了解吗？对自己的岗位有怎样的期盼？"

A："我对贵公司有一定的了解。工作岗位的安排，服从公司的需要。当然能发挥我的特长最好。这些在我的求职意向书中都有说明。请您指教。"

老总：（微笑）"好的，有结果会通知你。"

A：（恭敬地）"谢谢您！"

B：（气喘吁吁跑进办公室）"对……对不起，路上堵车，我迟到了！"（匆忙地将自荐书递给老总，由于太忙乱，自荐书散落在地上）"对……对不起！"

老总：（严肃地）"对不起，年轻人，我们已有人选了。"

B：（惊讶）"啊……"

师：公司老总究竟会录用谁，每个人心中都已有答案。"两种习惯，两种人生"带给我们怎样的思考呢？

（预设：学生回答，原来习惯的魔力如此巨大；一个人的习惯是无法装扮出来的；如果我不改掉坏习惯，十年后四处碰壁的人就是我；等等。）

师：是啊，十年后小A备受欢迎，缘于他懂礼貌、注重细节的好习惯。俗话说，细节决定成败，习惯影响未来。拥有好习惯，收获卓越人生；养成坏习惯，终将碌碌无为，难以成大事。

三、好习惯的作用

1. 我有好习惯吗？

师：同学们究竟有多少好习惯呢？下面我们针对大家的学习习惯做一个调查，请同学们如实填写"中学生学习习惯调查表"。（课件展示调查表）

1. 每天写日记的习惯。

A. 有　　　　B. 没有　　　　C. 时有时无

2. 每天课外阅读的习惯。

A. 有　　　　B. 没有　　　　C. 时有时无

3. 每天思考学习任务的习惯。

A. 有　　　　B. 没有　　　　C. 时有时无

4. 先复习再做作业的习惯。

A. 有　　　　B. 没有　　　　C. 时有时无

5. 建立错题集的习惯。

A. 有　　　　B. 没有　　　　C. 时有时无

6. 阶段性归类整理的习惯。

A. 有　　　　B. 没有　　　　C. 时有时无

7. 完成作业有时间要求的习惯。

A. 有　　　　B. 没有　　　　C. 时有时无

8. 抓紧零碎时间背记单词的习惯。

A. 有　　　　B. 没有　　　　C. 时有时无

A 答案的数目：（　　　）个。

师：A 答案在 4 个以上的请举手？

（预设：举手的学生寥寥可数。学生选 A 答案的较少，选 C 答案的多。）

师：大家比较多地选择了什么？

（预设：学生回答，C。）

师："时有时无"就意味着大家还未养成这些好习惯。在前行的路途中，由于每一个好习惯对人生不会产生立竿见影的作用，所以许多人忽略了好习惯的培养。但面对高考的沟壑、社会的考验，我们正需要用这一个个好习惯奠定基石，以跨越沟壑、经受住考验继续前行。

2. 好习惯会带来什么？

师：我想给大家讲一个故事。（出示课件）

她，职烨，2005年毕业于复旦大学，现任上海《申报》新闻部记者。她中学阶段就梦想考入复旦大学，但是高一时也同大部分同学一样，懒散、迷茫、缺乏好习惯。高二结束时成绩排名仍然是年级第290名，这样的成绩与复旦大学相距遥远。但在高三前的一次家长会上，她彻底醒悟了，经过一年的努力，她终于如愿以偿地考上了她梦想中的大学——复旦大学，考上大学后，她把自己的这段经历写了出来，取名《花开不败》。

同学们在课前阅读了这篇文章，下面请你说说她醒悟后做了些什么。

（预设：学生回答，床头贴上了一张"杀进复旦"的特大标语，每天早起后和入睡前都大喊几遍，以增加自己那点少得可怜的信心；面对家长、老师的质疑，固执地抱着"每考一次，前进50"的念头不放弃；深夜12点强迫自己坐在桌前背长得饶舌的"人民民主专政"的涵义；算时间做卷子、订正、分析，根据错题再做练习，反反复复；每天清晨，第一个气喘吁吁地冲进教室埋头读书；等等。）

师：这些做法展示出职烨哪些好习惯？

（预设：学生回答，明确奋斗目标的习惯，勤学好记的习惯，抓住零碎时间高效学习的习惯，等等。）

师：逐步养成的好习惯让一个遥不可及的梦想成真了。职烨是幸运的。哲人如是说：最初是你造就了你的习惯，最终是你的习惯造就了你。我希望大家能比较早地养成良好的习惯。下面老师再与大家分享两个小故事，看看名人是怎样走向卓越的。（出示课件）

李红，国际奥委会驻中国首席代表。她6岁开始跑步，即使在最累的时候，仍不停下脚步。她喜爱运动、坚持跑步的习惯成就了她的人生。用她自己的话说，"自己是一路'跑'进国际奥委会的"——她从天津跑到清华，又从清华跑到哈佛，最终跑向神圣的奥运殿堂，既收获了梦想与成功，又收获了一个幸福的家庭。

俞敏洪，新东方创始人。他有着这样的好习惯：无论工作多么繁忙，每天睡觉以前，都要安排好自己第二天的工作、学习、读书和运动的时间。没有特殊情况，决不轻易改变计划。

师：面对名人的成功，面对这些好习惯，你最想说的一句话是什么？

（预设：学生回答，卓越的人都拥有良好的习惯；成功没有捷径可走，做习惯的主人；我的命运习惯做主；等等。）

师：同学们说得真好！亚里士多德曾说："卓越不是单一的举动，而是习惯。"好习惯成就卓越人生。

四、我要拥有好习惯

1. 解决恼人的难题

师：下面，我们来解决一个恼人的难题。请看大屏幕。（出示课件）

小A是一名高中生，周末回家前，他告诫自己回家要认真复习，争取考上好大学。可是一回到家，看到电脑心就痒起来，心里展开了争斗。

一个声音说："好好复习不能玩，以后玩的时间多。"一个声音说："学了一周好累，玩一会儿吧。"这时手机响起，原来是同学约他网上对战。他犹豫了一下，还是打开了电脑，开始打自己最爱的游戏。

小A开始还提醒自己，只玩一会儿。谁知越打越兴奋，将复习抛之脑后。晚上睡觉前他又告诫自己："没关系，明天早上5点起床，把浪费的时间补回来。"

谁知，第二天闹钟响起时，他一下子就关掉了，蒙头大睡。一觉睡到11点，许多作业来不及做。

返校后，看到几个同学正打球，他扔下书包加入其中。

晚自习时他可忙了，拼命抄着作业。他心里很不是滋味。

但小A经常重复着这样的故事。

师：你是否有着小A类似的经历？

（预设：学生沉默或点头。）

师：小A有哪些坏习惯？

（预设：学生回答，自制力太差；奋斗目标不明确；缺乏恒心；不能坚持；等等。）

师：下面同学们前后排组成四人小组，实施"小A拯救计划"，说说你将运用的方法以及理由。过一会儿我们全班交流。

（预设：学生的拯救计划为，下决心改正，写座右铭来约束自己；写日记来反思自己；等等。）

师：看来同学们都是智多星。拯救方法：（1）树立明确的人生奋斗目标；（2）交往好朋友；（3）多看励志书籍；（4）写座右铭来提醒约束自己；（5）坚持写日记来反思自己。了解了这些方法，只要切实行动起来，不断重复，就可以养成一个个好习惯，使小A以及和小A有着类似经历的我们脱胎换骨。

2. 追求卓越我行动

师：有了名人的激励，有了改变坏习惯的好方法，咱们拿起手中的笔，签订"追求卓越我行动"的契约书，让我们与坏习惯永远地 say good-bey。

（分发契约书，学生现场书写。）

"追求卓越我行动"契约书

1. 你认为目前阻碍你进步的最严重的陋习是：
2. 这个习惯可能会对你的人生产生什么影响：
3. 克服时间段： 第一阶段： 第二阶段： 第三阶段： 克服方法： 　　　　　　　　　　　　　　　　　　　　承诺人： 　　　　　　　　　　　　　　　　　　　　　年　月　日

师：现在请同学们将"追求卓越我行动"契约书张贴在"习惯造就卓越"的宣传板上（班会前制作好），让全班师生成为你告别陋习的见证人！本学期结束的班级总结会上，我们将表彰取得显著进步的同学。

心理学家认为，只要坚持，短短的 21 天，你就可以养成一个好习惯；短短的 21 天不断积累，你将拥有别样精彩的人生。这个过程中，或许你会遇到种种困难，但只要坚定地挥舞行动这一支笔，我相信你就是王者。

五、总结全课

师：天下大事必作于细，天下难事必作于易。播种一个行动，收获一种习惯；播种一个习惯，收获一种命运。拥有良好的习惯，我们将笑靥如花，我们的明天会更美好！（音乐《明天会更好》响起）

点评

班会课应制定好目标

班会课应有明确的目标，而且目标要具体、实在。

教育目标怎样制定呢？在实践中，可以选用这样三种写法：

1. 知识目标、情感目标、行为目标

班会课首先要聚焦知识目标，即通过班会课，学生获得了哪些知识。这是班主任首先要关注的问题。其次是情感目标，即通过班会课，学生有怎样的情感体验。最后是行为目标，即通过班会课，学生的行为会有哪些改变、提高。

2. 知识与能力目标、过程与方法目标、情感态度与价值观目标

教育目标的另一种写法是，将目标分为知识与能力目标、过程与方法目标、情感态度与价值观目标。这一写法更多地应用于主题班会课。

3. 数字1、2、3

有些班主任喜欢用数字来表示，如1、2、3，也是可以的。但所列项不要太多，一般2~3个。要做到目标集中、明确，便于操作，利于实现。

列数字时，因为没有限定语，目标之间可能有交叉。班主任拟目标时，要避免交叉。

在制定教育目标时，关键要用好动词。同时要注意目标的适切度，可操作性，力求"小""实""可达成"。本课在教育目标的制定上就做到了这三个方面。

现在有老师上班会课时，开始就让全班同学一起朗读本课目标，进入"亮标"环节。我不赞同这样的做法。著名教育家马卡连柯曾说："在开展活动的时候，教育的意图愈隐蔽，教育的效果愈好。"也就是要寓教育于活动之中。上班会课时，我们没有必要直白地告诉学生我们的教育意图是什么，要达成什么目标，而是让学生在教育活动中体验、交流、感悟，最终水到渠成地达成目标。同时我想补充的是，班主任在设计班会课的时候，教育的目标愈清楚，教育的效果愈好。班主任要思考本课要通过哪些环节、哪些途径，来达成我们的教育目标。

这里顺带说明，有些老师将"教育目标"称为"教学目标""教学目的"。我认为因为班会课有别于文化课，所以提"教育目标"为好；至于"目的"与"目标"的区别，一般认为，目的比较抽象，是某种行为活动的普遍性的、统一性的、终极性的宗旨或方针，目标则比较具体，是某种行为活动的特殊性的、个别化的、阶段性的追求。某一行为活动目的的最终实现有赖于许多具体的行为活动目标的实现。所以称"目标"为妥。

至于活动式的主题班会，有老师将"教育目标"称为"活动目标"，我认为是可以的。

知书达礼奠基础

（文明礼仪话题）

重庆市中山外国语学校　杨　武

设计背景

　　《中小学文明礼仪教育指导纲要》中明确指出，在高中阶段要"让学生了解礼仪的渊源和内涵，掌握做人做事的原则和方法，提高合作、参与、交往的能力，培养乐观、豁达、积极向上的性格，形成对家庭、社会和国家的责任感，树立社会主义公民意识"。该纲要还进一步指出，要掌握各种场合介绍和自我介绍、各种场合握手、演讲和辩论的礼仪要求等，以及掌握基本涉外礼仪。

　　礼仪是一个人的道德水平、文化修养、交际能力的外在表现，是一个国家文明程度、道德风尚和生活习惯的综合反映。我们的高中生应该知书达礼，但是由于过去缺乏系统的礼仪教育，不少高中生认为"礼仪不重要，成绩最重要"或者认为"小学生才要讲礼仪，我们早就懂了"。所以，我们必须让学生掌握基本的礼仪知识，特别在高一年级夯实基础，明礼知行，并且能在生活中很好地应用。

教育目标

- ·进一步了解基本的个人礼仪知识和人际交往礼仪。
- ·学习人际交往的原则和技巧。
- ·引导学生在生活中很好地应用礼仪。

课前准备

- ·剪辑百家讲坛《金正昆谈现代礼仪》的视频。
- ·调查高中生对个人礼仪知识和人际交往礼仪的掌握情况。

·准备相关课件。

一、明星照片导入，引出礼仪话题

师：同学们，2012年年底上映了一部叫作《人再囧途之泰囧》的电影，这部在泰国取景拍摄的小成本贺岁片，创造了12亿票房的神话，更让泰国旅游火了一把。

因此，2013年3月13日，在该片中同时担任导演、编剧以及领衔主演的徐峥以及摄制组工作人员，在泰国总理府受到时任总理英拉的接见。英拉感谢该电影全体工作人员的努力，为泰国旅游业做了一次很好的宣传。电影内出现的旅游景点也因这部电影而名声大振。

今天，我们不谈电影，我们来看一张导演徐峥和英拉合影的照片，请你们根据你们所了解的礼仪常识对徐峥和英拉的着装进行点评。

（出示徐峥和英拉的合影：英拉总理一身优雅套裙示人，端庄大方，而徐峥则以衬衫、休闲裤的随性打扮亮相，而且还挽起了袖口。）

（预设：学生发言，英拉的穿着具有国家领导人的风范；徐峥的穿着太随意；英拉的着装是符合礼仪的；徐峥的着装不适合出现在这种比较正式的场合；徐峥是艺术家，可以随便穿，这是他的风格；等等。）

师：同学们各抒己见，你们的观点有相似性，也有争议性。我尊重你们的观点，那么，徐峥的穿着究竟有没有问题呢？我们来看几天后亚洲通讯社社长徐静波发的微博。（出示课件）

即使你是名导，见一国之首相，尤其是女首相，能否绅士点，学会尊重人家，把自己好好收拾一下。徐峥，你以《泰囧》创造了12亿票房的神话，但是，在最基本的礼仪上，输得一塌糊涂。不知泰国这位美女总理，如何看待这帮中国男人？

师：徐静波的这条微博一发，不到一天时间，就被转发评论逾两万条。网友们也是各执一词，公说公有理，婆说婆有理。当然，我们看这张照片，徐峥的着装明显是不当的。

作为高中生，我们也要了解一个高中生应该如何着装得体，符合礼仪规范，因为着装是个人礼仪的一个重要方面。

二、高中生个人礼仪指导

师：接下来，请同学们讨论一下，高中生的着装要注意哪些方面？

（预设：学生发言，高中生不能穿奇装异服；不要盲目追求名贵服饰；女同学不能穿高跟鞋；女同学不得在公共场合穿露背装、露脐上装、超短裤、超短裙和过分暴露的衣服；不能穿拖鞋出入公共场合；高中生应该按照学校要求在校期间统一着装校服；男同学穿衬衫不要敞胸露怀；等等。）

师：是的，同学们说得很好，着装礼仪是一门重要的礼仪，它传达的情感与意蕴不是语言所能替代的。着装既要自然得体、协调大方，又要遵守某种约定俗成的规范。着装不但要与自己的具体条件相适应，还必须注意客观环境、场合，也就是说，着装要优先考虑时间、地点和目的三大要素，并努力使穿着打扮与三个要素保持协调一致。作为一个高中生，在很多公共场合都可以穿校服。其主要好处有以下几点：

（1）校服可以使学生在身份感上区别于社会其他人，有利于提升自身的约束力，更有集体意识、团队精神、使命感和荣誉感，更懂得遵纪守法、文明礼貌，也能增强其对学校的自豪感和对同学的友情。据统计，穿校服的学生比不穿校服的学生犯错的概率要低很多。例如，打架现象比较常见，不穿校服时，那些打架的学生往往表现得无所顾忌；而穿着校服，往往会有所收敛，因为他们至少知道打架会影响学校和班级的声誉。所以校服可以提醒我们自己的身份和责任。

（2）校服还可以产生一种平等感。穿一样的服装，让家庭生活条件不同的学生减少攀比。一个学校的学生穿一样的服装，同学之间容易相互认同、相互尊重。

（3）穿校服还有利于对学生的身份识别，有效保护学生安全。在西方一些国家法律禁止学生出入某些娱乐场所，禁止向学生销售烟酒及成人用品读物等等，校服就可以让售卖者识别购买者身份而拒绝售卖。在我国，穿着校服也可以让一些黑网吧、KTV等经营者在向学生提供服务时有所收敛。

总之，高中生在学校期间要以穿校服为主，在其他场合的穿戴也要整洁、得体、大方。

接下来我们来看一个默剧。请大家一边看，一边思考，这个默剧里的主人公的个人礼仪哪些方面不合适，并结合这个默剧谈谈高中生的个人礼仪除了着装礼仪，还有哪些方面。

（学生表演默剧：一学生走进教室，头发乱糟糟的，脸上挂着汗珠，嘴角还粘着油渍，一边走，一边嚼着口香糖，坐到自己的座位上后，将自己的脚搭在前排同学的椅子上，还不断地摇晃着。）

（预设：学生发言，他头发乱糟糟的，看上去很久没有清理了，高中生应该注意个人卫生，要经常洗头；他嘴角粘着油，吃东西后没有擦嘴，要注意个人形象；他将脚搭在前排同学的椅子上，不断地摇晃，这样不好；不能当着众人的面剔牙齿、挖鼻孔、嚼口香糖等；高中生还不得染头发、戴耳环；高中生要坐有坐相，站有站相；等等。）

师：同学们说得非常好，刚才同学们所说的，就是我们个人礼仪中的仪容仪表礼仪。我们要注意高中生的身份，只有这样，我们才能在人际交往中展示出自己的美好形象。

三、高中生人际交往礼仪指导

1. 如果是你，你会怎么办？

师：同学们，除了个人礼仪，我们还要懂得人际交往礼仪。接下来，我们来看一段视频，请思考：如果是你，你会怎么办？

（播放视频《金正昆谈现代礼仪·电话礼仪》片段。视频简介：金正昆教授在百家讲坛上讲人际交往的礼仪，提出的问题为打电话时谁先挂——我们在比较正式的场合和别人通电话，你也别管是座机还是手机，请问打电话时谁先挂？）

师：同学们，如果是你和别人通电话，你会怎么办？

（预设：学生发言，接电话的人先挂；打电话的人先挂；如果我和老师通电话，老师先挂；如果和同学通电话，随便哪个先挂都行；等等。）

师：刚才，同学们众说纷纭，那么遇到这种情况究竟怎么办会更好呢？我们接着听金正昆教授的讲解。

（播放视频《金正昆谈现代礼仪·电话礼仪》片段。视频简介：金正昆教授讲解了在人际交往中挂断电话的三个注意事项。一是晚辈和长辈通话，长辈先挂；二是下级跟上级通话，上级先挂；三是地位一样相同者通话，被求的人先挂。）

2. 高中生人际交往的原则和技巧

师：那么，同学们，高中生的人际交往礼仪，你觉得还有哪些方面值得注意呢？

（预设：学生发言，见面问好的礼仪；和同学交往的礼仪；听演讲的礼仪；看晚会的礼仪；去老师办公室的礼仪；等等。）

师：同学们刚才说的这些，都是我们高中生要注意的事项。我们来做个

小测试。（学生动笔做测试题）

礼仪测试题

请判断下面关于礼仪的表达是否正确。

1. 与他人交谈时，可看着他人的双眉到鼻尖的三角区域内。

2. 有人问路可以用手指指示方向。

3. 行握手礼时，与多人同时握手时，可以交叉握手。

4. 要想在社会中增强竞争能力，不但要掌握一定的专业技能，还要有良好的礼仪修养。

5. 个人礼仪是一个国家文化与传统的象征。

6. 在进出门、上下楼梯时与老师相遇应主动打招呼，但不必让其先行。

7. 与同学发生争执时应先冷静，理智面对。如果解决不了应及时寻求帮助与协调。

8. 在国际交往中，对不了解婚姻情况的女子称女士。

9. 进出门、上下车时男生不必谦让女生。

10. 享用自助餐时，应遵守的基本原则是"多次少取"，还要注意不要围在餐台边进食。

现在我公布答案，第3、6、9句是错误的，其余的全正确。看看你答对了多少？

（学生计算正误，老师相机表扬。）

师：今天，我在这里还为大家总结了四条交往原则和四条交往技巧：

（1）交往原则。

① 真诚原则。

真诚首先表现在相互理解和信任上，表现在对别人的坦率、尊重上，还体现在忠诚守信上。

② 宽容原则。

宽容意味着对别人要克制忍让，能体谅别人，对别人要宽厚大度，不强求别人和自己一致，能真心为别人喝彩，能坦然地接受生活中的挫折和苦难，直面生活。

③ 尊重原则。

对同学不要分三六九等，要公平对待；不要做对不起同学的事情，尊重每个人正当的权利，不打听、不传播同学的隐私，不干涉同学的私事，尊重同学的家人和朋友。

④ 热情原则。

主动关心朋友，帮助朋友，尤其是朋友遇到困难和挫折时，要主动帮助。同时，热情有度，有分寸。多站在别人的角度考虑问题，理解别人。

（2）交往技巧。

① 给人留下良好的第一印象。

心理学家戴尔·卡耐基在《怎样赢得朋友及影响别人》一书中，根据大量来自实际生活的成功经验，总结出给人留下良好第一印象的六条途径：微笑；多提别人的名字；做一个耐心的听众；鼓励别人多谈自己；谈符合别人兴趣的话题；以真诚的方式让别人感到他自己很重要。

② 笑出一道亮丽的风景。

微笑可以帮助你镇定，微笑是一张常出常赢的牌，微笑可以去除对方的不安和拘谨，微笑可以表示你的歉意。

③ 让你的眼睛会说话。

相互接触的目光表示对对方的注意，目光接触可以实现各种情感的交流，目光可以传达肯定或否定、提醒监督等信息。

④ 善于倾听。

他人讲话时，要善于倾听，不要轻易插嘴打断。即使要发表个人意见或进行补充，也要等对方把话讲完，或征得对方同意后再说。

四、情景思辨，共同探讨

师：接下来，请大家看以下三道情景思辨题，你们一起来探讨一下，看他们是否符合礼仪规范。先看第一题：

情景思辨题一：清明节到了，高一（9）班组织全班同学去烈士墓扫墓。小红起来晚了，从衣柜里拿了一件红色的外套就穿上了。

（预设：学生发言，不符合礼仪规范，红色太艳了；没有关系的，这只是一种活动，不管怎么穿都行；等等。）

师：祭扫烈士墓是庄重的集体活动。从礼仪的角度讲，应该穿校服或者素色的衣服。所以小红穿红色的衣服是不恰当的。再看第二题：

情景思辨题二：晚上，小蒋吃着面包到学校礼堂去听高三学长作励志演讲。小蒋到会场时，讲座已经开始了。他迅速地由前排跑到了最后一排。正吃着面包，谁知手机响了，原来是同学小王打来的，他赶忙接听起来。

（预设：学生发言，小蒋的做法是不符合礼仪的，在听讲座的时候是不能吃东西的；他还迟到了，这样不好，不尊重演讲者，也不尊重其他听演讲的同学；听演讲时是不能接听电话的，手机最好关机或者调为震动；要接电话到外场；等等。）

师：同学们回答得很好，听演讲的话，最好提前 10 分钟到会场，这是一种尊重；尽量从后排进场；在会场上不要随便讲话，必要时还要做笔记；如果带了手机，请记得关机或调为静音，如有重要电话到场外接听；讲座结束后记得带走身边的垃圾；一般等演讲者离开后再离场。

师：交谈，不仅仅是语言的艺术，更是一个人综合素质的全面反映，因为语言是内心世界的表现，一个人的教养和为人在交谈中会自然流露出来。所以，在交流的时候要态度诚恳，表情要自然，目光要专注。如果是多人交谈，就应该不时地用目光与众人交流，以表示交谈是大家的，彼此是平等的。再看第三题：

情景思辨题三：小华和同学去商场。乘坐电梯的时候，正好遇到了一个老外，他们俩很是兴奋，盯着人家上看下看，谁知老外竟用生硬的中国话对他们说"你好！"小华和同学一时慌张，只是冲老外笑了笑。小华还假装掏出手机打电话，偷偷拍了一张老外的照片。

（预设：学生发言，小华不能偷拍老外的照片；老外向他们打招呼的时候，小华他们应该回答；在电梯遇到老外，不能盯着别人看；等等。）

师：同学们说得很好。补充一点，在电梯里的时候，眼睛最好的关注点是看电梯上下的楼层数字。

五、总结全课

师：同学们，2000 多年前，荀子在《荀子·修身》中说道："人无礼则不生，事无礼则不成，国家无礼则不宁。"中国素以"礼仪之邦"著称于世，讲"礼"重"仪"是中华民族的优良传统，懂得礼仪是当代公民必备的基本素质，是做人的基本要求。同学们，就让我们学习礼仪，践行礼仪，做一个知书达礼、优雅大方、豁达乐观、明礼诚信的合格公民，为我们的幸福生活奠定坚实的基础。

加强对教育文件的学习

我在许多专题讲座中都建议，班主任应在自己的电脑里建一个文件夹，叫"政策夹"，以便收集有关文件，加强学习，提高认识，做好工作。

在日常工作中，班主任上班会课时常根据上级的工作布置来选题，这是一个有效做法。但我主张班主任要学会主动选题。一是根据班情主动选题；二是认真学习党和国家的教育方针，认真学习教育部和地方教育行政部门的有关文件，思考工作的重点，积极、主动地考虑怎样上好班会课。

也许有人认为这样对班主任有点苛求。但你要明白，班主任肩负重要的时代使命——培养合格公民，这是班主任的神圣使命和光荣职责，应成为班主任的自觉意识和积极行动。在时代迅猛发展的大潮中，班主任对培养目标的认识应该是明确、清晰的，应该与时俱进。

具体到这节课，我们在讨论时，有老师认为，高中生礼仪教育是需要的，但究竟将什么作为重点不清楚。杨武老师则认真学习了《中小学文明礼仪教育指导纲要》。其中"高中文明礼仪教育的主要内容"明确指出：

（一）个人礼仪
· 了解礼仪的功能与作用，理解礼仪的内涵与实质。
· 理解礼仪与自身素养的关系。
· 掌握不同场合谈吐和仪容仪表的原则与艺术。
（二）交往礼仪
· 掌握各种场合介绍和自我介绍的礼仪要求。
· 掌握各种场合握手的礼仪要求。
· 掌握演讲、辩论的礼仪要求。
· 做到在排队、乘用电梯等公共场合与人保持适当的距离。
· 掌握基本涉外礼仪。

他结合班情确定重点，形成了本教案，实际操作后收到了很好的效果。

班主任工作很忙。我建议班主任在百忙中要"抬头看方向"，"要上接天线"。如果班主任加强学习，明确工作重点，认真落实本学段的教育任务，我们的教育就会形成由低到高、由浅入深的螺旋式上升的系列教育格局。

在这方面，学校也需要加强学习、加强指导。有学校在校园网上开设了"政策导航"栏目，便于老师们学习，这是扎扎实实的工作，值得提倡。

积极归因铸成功

（学习认知心理话题）

广东省湛江一中　陈晓君

　　美国心理学家伯纳德·韦纳认为，一个人对成功和失败的归因，会对其以后的行为产生重大的影响。如果一个人把考试失败归因为缺乏能力，那么以后考试还会预期失败，因为能力是一个稳定性的原因；如果把考试失败归因为运气不佳，那么以后考试就不一定预期失败，因为运气是一个不稳定性的原因。作为对成就需要理论的一个补充，归因理论特别强调成就的获得有赖于对过去工作是成功还是失败的不同归因。教师可以利用这一理论，指导学生对自己学习或考试的成绩进行积极归因，以提高学生的学习动机。

　　学业是高中生的首要任务，提高成绩是每一个学生的愿望，但不少学生苦于找不到有效的方法，在经历多次考试失败后便丧失了学习信心和兴趣。如果我们能够在高一的第一次重大考试后对学生进行积极归因训练（也适用于高中各年级的重要考试之后），即教育学生相信努力与不努力，结果是天壤之别，并在以后的教育工作中长期坚持心理性原则、针对性原则、发展性原则，就会大大提高学生的学习动机，不仅使他们收获学业的成功，还会对其人生发展产生积极的影响。

教育目标

　　·通过小组讨论和阅读材料，认识考试成败的原因，了解自己的归因类型。

　　·通过学习经验交流，学会积极归因。

　　·通过互动交流，深化理解积极归因。

·班主任分析考试情况，了解班内学生归因的情况。

·班主任精选三名学习成绩处于不同层次的具有代表性的学生认真做好经验交流的准备，对其发言内容进行指导。

教育过程

一、导入话题

师：同学们都很熟悉联想电脑吧？但大家知道联想的发展历程及其成功的原因吗？（出示课件）

联想从 1984 年开始在中关村打拼，到 2000 年分拆，再到 2004 年年底至 2005 年年初大张旗鼓成功收购 IBM 的 PC 机业务，开启进军国际化的旅程，成为全球领先的电脑公司之一。现在联想控股有联想集团、神州数码、联想投资、融科智地、弘毅投资五个子公司。可以说，联想成长发展的每一步都凝结着创始人柳传志这个教父似的人物的心血。被誉为"时代领跑者——新中国成立以来最具影响的劳动模范""全球 25 位最有影响力的商界领袖"（美国《时代周刊》2001 年）的柳传志先生重视人才培养，着力于在联想打造出一支出色的人才队伍，使企业保持旺盛的发展后劲。其中，积极归因理论和领导归因理论被深入运用于联想员工的培训，员工信服领导，深信努力工作会带来自身事业的发展，铸就企业的成功。

师：同学们听了联想的发展故事，是否想了解什么是归因理论，以及如何运用归因理论促进我们取得进步呢？

归因理论是一种成就需要理论，特别强调成就的获得有赖于对过去工作是成功还是失败的不同归因。

同学们，期中考试（或其他重要考试）刚刚结束，你们出现了不同的情绪反应，有同学说是自己前期不够努力，有同学说是自己太笨了，有同学说是试卷太难了，还有的同学则说是自己运气不太好，遇着的"尽是不会做的"，众说纷纭。这种对学习成败原因的解释，就是心理学上所说的"归因"。我们今天的班会课就来对本次考试进行归因分析，期待大家有所收获。

首先请同学们根据本次考试情况进行小组讨论，相互交换对本次考试各学科成绩的看法。可从以下两方面讨论：（1）我满意的学科及获得理想成绩的原因；（2）成绩不理想的学科及原因。

（教师巡视教室，注意记录典型的积极归因或消极归因的讨论内容。）

师：同学们讨论得很热烈，对自己各学科近阶段学习的进退原因有一定的认识。聪明、勤奋、能力、运气、题目难易等都影响着我们的成绩，我们应该如何科学调控这些因素来促进我们的学习进步呢？这就是今天班会课的研讨内容。

二、研读材料，开展讨论

师：现在请同学们阅读下面的材料，然后分析材料中四位学生对成功的认识及考试成绩优劣的原因。（发放资料，同步出示课件。）

牛顿的苹果

思远："牛顿发现了万有引力，是因为苹果恰好那么幸运地砸到了牛顿的头上——如果砸到了我头上，说不定幸运的就是我了。"

敏睿："那是因为牛顿勤于思考，否则就是下苹果雨，砸他千遍万遍也没有用。"

志明："勤于思考的人千千万万，为什么只有牛顿的脑袋才发现地球跟苹果有这种暧昧的关系呢？——还不是因为他特聪明？！"

晓源："聪明的勤于思考的人同样不计其数，为什么就要到牛顿的时候才发现它呢？正如牛顿所说'我是站在巨人的肩膀上而已'，外部基础和环境才是主要原因吧。"

期中考试的英语成绩出来了。学习成绩一向名列前茅的志明考了全班的最高分92分。她并没有太大喜悦，反而觉得自己努力学习，方法得当，取得好成绩是理所当然的。

学习成绩一向平平的敏睿，这次考了87分，这让她高兴万分。心里暗想经过这段时间的努力，终于有了大的进步，真是"苦心人，天不负，卧薪尝胆，三千越甲可吞吴"，证明自己还是有能力的。但后来一想，是不是这次的题目太浅了呢？先前的快乐又减了几分。

晓源则考了个70分。原本成绩不错的他无疑大受打击了。满脸不高兴的他心里想，这次的题目出得这么偏，难怪自己考不好了。

思远和晓源差不多，才考了71分。但他并不在意。思远兴趣广泛，体育成绩好，足球踢得特棒，还是校乐队的主唱，学习成绩也不错，深受同学的欢迎。"这次没考好，不就是运气不好嘛！"他想。所以放学后他还若无其事地拉晓源去踢了场足球。

师：同学们阅读完材料了，下面我们一起来谈谈这四位学生对成功的认识和他们考试成绩优劣的原因吧！

（预设：学生回答，思远认为牛顿的成功靠运气，因此他将自己考试成绩不理想的原因也归结为运气不佳；晓源认为外部基础和环境是成功的关键，他将考得不好的原因归结为题目太偏；敏睿认为勤于思考是牛顿成功的原因，她将自己取得好成绩的原因归结为自身努力和学习能力强的同时，也认为可能是题目太浅的缘故；志明觉得头脑聪明使牛顿成功，她平时学习努力，方法得当，因此总能取得好成绩；等等。）

三、介绍归因理论

师：同学们认真思考，分析得也在理。思远等同学在面对考试成绩时产生了不同的心理活动，他们都在寻找自己取得好成绩或考砸的原因。正如同学们所指出的，志明将取得好成绩归因为自身的努力和自己的能力；敏睿则将取得好成绩归因为自身努力的同时，也认为这可能是题目太浅的缘故；晓源则将考得不好归因为题目太偏；而思远则认为是运气不好。

其实每个人在面对成功和失败时都会有意无意地去寻找背后的原因，这就是"归因"。归因是一种普遍的心理现象，它可以简单地理解为推想别人或觉察自己社会行为的原因的一种知觉。美国心理学家韦纳认为，人们通常会根据能力高低、努力程度、任务难易、运气好坏四种情况来归因。他从认知心理学的角度把成功和失败的原因归纳为"三维度模式"，帮助人们对成就行为的原因进行分析。（教师讲解时可采取与学生问答交流的方式，并板书以下关键词——）

	内部的	外部的		
三维度	稳定的	不稳定的		
	可控的	不可控的		
四因素	能力高低	努力程度	任务难易	运气好坏

一是归因为自身的稳定的不可控因素，如能力的高低。就像志明一样，将自己取得好成绩的原因归结为自己能力强，将牛顿发现万有引力的原因

归结为他的聪明。这样归因的人在获得成功时往往信心十足，而失败时则认为自身能力低下，会丧失信心，一蹶不振。

二是归因为内部不稳定的可控因素，比如努力程度。就像敏睿一样，将好成绩归结为自身努力的结果，将牛顿的发现归结为其勤于思考的结果。这样归因的人会将成功归结为自身努力的结果，为了获得成功，他就会鼓励自己努力争取成功；而当他认为自己失败是不努力造成的，他也会相信自己通过努力也能争取成功。不过敏睿还需要增强自信心。

三是归因为外部稳定的不可控因素，如任务难易。就像晓源一样，将成绩不好归因为试题太偏，将牛顿的发现归因为外部环境的支持。如此归因的人会将失败的原因归结为客观因素，并将获得成功寄希望于外部环境的改善（如试题难度降低）。

四是归因为外部不稳定的不可控因素，如运气好坏。就像思远一样，将成绩不好归因为运气不好，怪苹果没有砸到自己的头上，才让牛顿占了先。如此归因的人容易将命运寄托给运气，希望自己能好运常在。买彩票的人往往就会怀有这种心理，没中就自认倒霉，中了就高兴，并希望以后也能吉星高照。

四、指导学生进行归因

师：如果把考试成功归因为运气和个人努力，信心满怀，下次还会努力迎考；如把成绩差归因为内部因素和努力不够，则会接受教训和帮助，奋起直追；如果认为是内容太难和自己运气不佳，则会失去努力的愿望和良好的考试动机，不愿作意志上的努力。从归因角度来看，能对自己工作、学习成功的原因作出正确判断，并采取有效措施的人，能巩固成绩，不断进步；而成绩差、行为差的学生，倘若能找出自己学习、行为失败的原因，正确判断并采取有效的措施，也能改变落后的现状，后来者居上。

现在请同学们反思：自己的归因方式属于何种类型？自己该如何调整归因方式？（给学生三分钟思考、对照的时间。）

五、学习经验交流，强化积极归因

师：同学们刚才都思考了自己之前的归因方式和该如何调整的方法，现在让我们来听听三位同学的学习进步心得，请大家注意思考他们对学习的成败是如何归因的，他们又是怎样获得学习进步的。现在有请第一位介绍经验的同学。大家掌声欢迎。

（预设：学生1介绍——原先数学成绩比较差，很感谢老师及时帮助，使我找到问题所在。其实考试的许多题目是平时做过或是讲过的，但平时疏于记笔记，而且有抄作业的习惯。老师问了三个问题："你觉得你懒惰的性格是受别人的影响还是你本性就是如此？你觉得能否改变懒惰的性格？你觉得除了读书之外，在其他事情上是否也一样懒惰？"三个问题使我意识到了懒惰是导致成绩不佳的根本原因。因此这一个月来，我认真上课，认真完成作业，不懂的知识及时请教老师和同学。偷懒时，就回想老师问的三个问题，终于战胜了自己的懒病，这次考试取得了比较大的进步。）

师：他的发言很精彩！相信大家和我一样很佩服他能够及时意识到自己的归因偏差，作出积极调整。请同学们说说他发现自己学习落后是何原因？

（预设：学生回答，懒惰。）

师：回答正确，在老师的指导下，他发现自己成绩不佳不是因为能力差而是因为懒惰，而他之前以自己能力差为借口不愿付出努力。正确归因后，他每天努力按时完成学习任务，坚持抵制自己的懒惰，所以进步很大。如果他把成绩不佳一直归因为"能力差"这个稳定的和不可控制的原因，他就会丧失信心，无法坚持学习。事实上大多数学生的智力水平相差无几，关键是学习兴趣、学习方法和学习态度的差异导致了学习成绩的差异。我希望我们班成绩暂时不理想的同学能从这几方面找准原因，努力学习，并且持之以恒，相信你们也一定会收获学习的硕果！老师期待着！

第二位介绍经验的同学最近的进步我们有目共睹，听听她的心得。

（预设：学生2介绍——初中以来，学习都比较勤奋，但成绩总处于中等，觉得自己不聪明。上高中后，学习难度加大了，虽然更加勤奋，但总感觉力不从心，认为自己学习能力挺差的，感到很沮丧，情绪一度跌入了低谷，幸好我想到求助于老师。老师的指导犹如醍醐灌顶，我发现问题在于没有及时转换学习观念，还停留在简单的死记硬背上。于是，我注意根据各学科的特点调整学习方法、安排好相应的学习时间，现在各科学习成绩明显进步了。方向明确，方法得当，一分耕耘，一分收获，很开心的是我发现原来自己的能力还是比较强的。）

师：她是我们班的纪律标兵，总是安安静静地埋头苦学，大家以为她是轻而易举获得好成绩的，没想到她也经历了一番曲折的学习探索的心理历程。勤奋学习却收效甚微，导致怀疑自己的学习能力，但又不甘心学业停滞甚至退步，这是许多刚上高中的同学都会经历的心理挣扎过程。因此，如果你上高中后，学习成绩不如初中那么优秀了，不要觉得自己"能力差"，而应像她那样，审视自己是否找到了适合高中的学习方法和学习时间安排，要思考如何提高"努力"的有效性。坚持努力，一定会成功！

现在请出的第三位介绍经验的学生是班级的"学霸"，大家一定都想知道他学习成功的秘密。

（预设：学生 3 介绍——在小学、初中阶段学习都挺优秀的，我一直都很努力。不过听说上了高中，很多曾经优秀的"学霸"都会掉队。但上高中后，我的各科测验成绩都比较好，我就产生了自满、骄傲的情绪，觉得自己的脑袋瓜很好用，于是就放松了学习，热衷于过多的课外活动，直到上次月考成绩直线下降才猛然惊醒，意识到高中学业仅凭聪明是远远不够的，努力永远是取得优秀成绩的根本。因此，我重新规划自己的学习时间和课外活动时间，继续勤奋学习，注意改进学习方法，现在学习成绩趋于稳定，保持在了前列。）

师：作为我们班的"学霸"，同学们都羡慕他很聪明，很自信，以为他不用很努力也照样能考出好成绩。今天他分享了他的学习心得，才知道他曾经将自己学习成绩优秀归因为自己的"聪明""天赋"，放松了努力，结果上次月考"翻船"了。这告诉我们：天才就是 99% 的汗水加上 1% 的灵感。有天分和能力，不努力也会导致学习后劲不足；稳定优秀的成绩的取得源于努力与能力有机结合。如今天我们所学的韦纳归因理论所指出，我们要对每一次考试结果进行理性的归因，努力使自己的内外因维度、稳定性维度、不可控性维度都处于良好的状态，这样才能使自己在"优"的基础上更"优"，更上一层楼，增强可持续发展力。

三位同学学习的经验让我们获益匪浅，同学们可以就归因方式与这三位同学交流一下。

（互动交流视实际情况而定，班主任相机点拨。）

师：在过去的实践里，我就在自己当班主任的班里指导同学们学习积极归因理论，运用于平时学习中，同学们普遍形成了积极归因意识，整个班集体积极乐观、信心十足，虽然是普通中学生源，但在高考中取得了可与重点中学相媲美的成绩。（出示有关资料）

六、总结全课

师：通过讨论、分享和交流，大家已经发现我们学习成绩的优劣，与对学习成败原因的认识息息相关，不同的认识可以导致不同的学习行为，从而产生不同的学习效果。正确的积极的归因可使优生更优，使差转好，逐步向优发展。刚才介绍经验的三位同学的学习进步足以证明这一理论。

积极归因，对个人成长有着非常重要的作用，甚至对一生的发展都起到推进作用。不同的归因方法可以反映出一个人的性格特点、自信心和认知水平。积极归因能使我们善于分析失败的原因，面对挫折时能够保持一种乐观的心态，继续努力去获得成功。正如普希金所说："忧郁的日子里需要镇静：相信吧，快乐的日子将会来临。"

请大家课后将自己对积极归因的认识和感悟写在周记本里，然后和好朋友交流，互相鼓励，争取共同进步。请大家相信：太阳总会有黑子，但光芒终究要将它掩盖——只要你散发出足够的热量。

点评

构建校本的班会课课程体系

2014年7月13日，我应邀去广东湛江讲课。那天因台风航班取消。但主办方说，当地的老师们很积极，很期待。于是第二天再飞。15日在广东省湛江一中的校园里，我向老师们汇报了我的实践和研究。

报告结束后，我非常惊喜地收到了陈晓君老师送给我的一本书。原来是她所在的湛江一中培才学校编的班会课校本教程班会教案选。这本校本教程收录了该校从初一到高三93节班会课教案。

长期以来，班会课存在着"随意性""碎片化"的弊病。要提高德育的有效性，就应该加强德育工作系统化、体系化的建设。班会课既需要灵活的机动性，及时处理有关问题，又需要长计划、巧安排，着眼于学生的发展，开展有准备的教育活动。课程体系建设便迫在眉睫。陈老师告诉我归因训练是她承担的课题研究，取得了较好的成果，也是学校班会课课程体系中的重要一课。为此，我们编录这一课，与大家分享。

记得陈老师还希望我对他们的班会课校本课程体系建设提点建议。我记得当时的建议是：编了校本教程班会教案选，有了雏形，很好。但有了简案还不够，希望做成详案；有了教案还不够，希望配以课件；有了零散的教案还不够，希望形成有着内在联系、体现发展规律的教案系列。

今天很多学校开始了校本的班会课课程研究，我更主张班主任加强研究，在学校校本课程的基础上，形成具有本班特色的班本教材。这样众多的班本教材将进一步丰富学校的校本课程，使教育更加多姿多彩，更加富有实效。

人同此心，心同此理
（同理心话题）

陕西师范大学附属中学　杨　兵

设计背景

　　著名的职业经理人，创新工场董事长兼首席执行官李开复先生在《给中国学生的信》中说：智商（IQ）反映人的智慧水平，情商则反映了人在情感、情绪方面的自控和协调能力。自觉、同理心、自律和人际关系是四种对现代人的事业成败起决定性作用的关键情商因素。

　　青少年的成长是追求人格和精神独立的过程，尤其是到了高中阶段，他们对人、事、物越来越习惯自主判断，这无疑是一种可喜的进步，但是，也不可避免地会表现出对师长的叛逆。对高一的学生来说，他们的心智可能还不够成熟，难以做到及时准确地理解他人，常常会显得冲动、固执甚至冷漠。如果我们能够适时加以引导，培养他们的同理心，做到理解他人的情绪和想法、理解他人的立场和感受，能站在他人的角度思考和处理问题，亲子之间也就会少一些摩擦和冲突。而且，对学生以后的人际交往和事业发展都会具有重要的意义。

教育目标

- 通过视频观赏，唤醒曾经的情感记忆。
- 通过活动体验，感知同理心的意义和价值。
- 通过案例研讨，学习增强同理心的方法。

课前准备

- 准备《腾讯 12 年相伴》视频材料。
- 准备同理心训练活动。

一、开展"细节发现大赛",加深对视频主题的理解

师:同学们,今天的课上先请大家看一个公益广告《腾讯 12 年相伴》。这是一个很感人的公益广告。这个公益广告最大的成功之处,就是以丰富、生动、细腻的亲子之间的生活细节来吸引人,感动人。下面我们来看这个视频。看的时候,请同学们用心看,动笔记,看谁找的细节准确、谁找的细节全面。我们来一个"细节发现大赛"。

(播放视频《腾讯 12 年相伴》。视频简介:一个处于叛逆期的青少年与母亲产生了隔阂,时常将母亲的关爱扭曲误解,并拒绝与母亲沟通。在他出国留学后,平日里连电视机换台都不熟练的母亲,为了与亲爱的儿子沟通,自学电脑打字,使用 QQ。而身处异国他乡的儿子也渐渐体会到亲情的可贵,母爱的细腻。)

师:大家看得很认真,下面我们一起交流自己找到的细节,可以互相补充。

(预设:学生可能发现以下细节——

① 母亲为他缝补好衣物,走到门边,正要送给他,他打开门正好撞上,还以为母亲在检查他是否在学习,生气地走开,母亲欲辩无言。

② 母亲总是找不到要看的台,几次请他帮忙,他很不耐烦。

③ 家人在机场为他送行,母亲伸手想摸摸他的脸,他却挡开了,母亲很失落。

④ 母亲的 QQ 名字就是"妈妈",看来这是专属儿子的号码。

⑤ 母亲没学过拼音,打字时只好查字典,然后在键盘上一个个敲出来,每打完一句话,都累得胳膊疼。

⑥ 母亲的 QQ 好友栏中只有一个,那就是儿子——"小龙"。

⑦ 儿子在与母亲视频时,将受伤的手放在桌下。——他已懂得爱父母。

⑧ 最后母亲已能不查字典,就打出"儿子,生日快乐!"——母亲为了儿子已学会拼音。)

二、回忆生活经历,交流情感体验

师:同学们找得比较多,也很准确,说明大家都是感情细腻,懂得珍惜

亲情的人。

其实，就像视频中的儿子小龙一样，我们每个人在成长的过程中，都无可避免地对自己的父母有过或多或少或大或小的误解与偏见。这种误解与偏见，当时让我们气愤甚至伤心，事后又会悔恨和愧疚。请大家回忆一下，自己十几年的生命历程中有没有哪一次或几次，因为自己的误解与偏见说了让父母难过的话，或做了让父母伤心的事，或者既没说什么也没做什么，但是在心里纠结痛苦？

我反思一下自己30年的时光，这样的事在我心里可真不少，我给大家念一篇我的随笔——《爱看天气预报的妈妈》。

有一年，学校组织我们到山东考察学习，最后两天天气突变，山东半岛气温骤降。当我坐在温暖如春的空调大巴内，行进在高速路上时接到了妈妈的电话。开始我还有些抱怨，来之前我不是给她打过电话了吗？就怕她在这几天给我打电话，她打长途，我接，漫游啊。

接通电话后，妈妈就问我钱带得多不多，我有些纳闷地说够用。她马上说："那你快去买一件厚衣服，山东要下雪了！"我说："不用，来之前就穿上了。"

她舒了一口气，接着又抱怨起来，说："你们领导也真是，大冷的天儿，去什么山东，你去跟领导说一下，先回来吧！"我听了有点哭笑不得，这是在工作，再说我们有30多个人，我怎么可能提这样的要求，当时我觉得妈妈简直有点不可理喻，可笑又可气！

后来我才知道自从我到济源工作后，我那原先不爱看电视的妈妈竟迷上了一个节目，那就是河南卫视的《天气预报》。每天晚上6时50分，妈妈都会雷打不动地准时坐在电视机前，等候着播音员播报济源的天气。而且只要有大风、下雨、降温、下雪，那我在7时之后准会接到妈妈的电话，嘱咐我第二天出门时带把伞或加件衣服。

再后来，我还知道在老家的妈妈只要听说济源的任何消息，都特别感兴趣，因为那个对她来说原先陌生的城市从此与她有了最密切的联系，因为那里有她最亲爱的儿子。

现在，我明白了母爱是无所顾忌的，母爱有时是"不讲道理"的，母亲最关心的就是孩子的身体，最担心的就是不在身边的孩子不懂得照顾自己。

这就是我的妈妈，你们的妈妈也一样！现在我请同学们回想一下自己是否也有类似的经历，当时的情景是怎样的，现在想对父母亲友说什么。

（学生回忆往事。）

师：在大家回忆的时候，我给大家播放一支曲子，日本音乐大师宗次郎的《故乡的原风景》，我很喜欢的一段音乐。

（音乐结束后，同学们进行交流。交流时老师要追问现在如何理解和评价父母亲人或师友和自己当时的言行与情绪。）

三、介绍同理心内涵，进行同理心训练

师：同学们坦诚的动情的叙说，深深打动了我。大家这个年龄段，正是追求人格和精神独立的时候，对人、事、物开始尝试着自主判断，这无疑是一种可喜的进步。但是有时我们很难做到及时准确地理解他人，常常会显得冲动和固执。我知道，这也不是大家所希望的。其实消除误解，避免偏见，最关键的是要有一颗同理心。

何谓"同理心"？（出示课件）

同理心，就是能够体会他人的情绪和想法、理解他人的立场和感受，并站在他人的角度思考和处理问题。

同理心不是天生的，而是后天培养的。缺乏同理心的人，无法做到相互理解和关怀，会在人际交往中遇到重重障碍。

培养同理心，有三项基本训练内容：

（1）能站在对方角度看问题；

（2）能正确理解对方的情绪；

（3）愿意倾听并尊重对方的感受。

下面我们来做些训练。

训练一："人"字游戏。

师：首先我们来做一个游戏。我请大家伸出双手的食指，比画一个"人"字给我看。（注意："给我看"重读。）

（预设：游戏中，多数学生用左右食指比画的都是自己方向的"人"字，左手食指高于右手食指。经过几次强调，比画一个"人"字给我看，才有少数学生调整为右手食指高过左手食指。）

师：这个游戏很有意思。它说明，在潜意识中，我们的思维习惯都是以自我为中心的。这就难免在做人做事之时落入思维的陷阱，从而遇到困难，产生摩擦。因此"能站在对方角度看问题"就是培养同理心的基础和前提。

训练二：辨识情绪。

师：现在我们再来进行情绪辨识的练习。人说话时的语气、声调、表情和其他肢体语言，无不传达着特定的情绪内涵，因而我们有时真的需要"察言观色"的本事。下面老师准备了一个发生在我们校园的案例，请同学们从老师的表演中揣摩并辨识出说话者的情绪，争取都能作出正确的选择。请看题：

你的同学小强是个优秀的学生，成绩一直领先。但他最近有点消沉，放学以后，在教室里，他找你聊天。

情景一

小强说："我用了整整一周的时间复习，但这次数学成绩并没有进步，出的什么破题！"

小强的意思是（　　）

A 抱怨　　　B 无奈　　　C 表达建议　　　D 征求建议

（预设：学生大多选择 A。）

师：当对方仅仅是向你抱怨的时候，你就不要给对方指导性的建议。他其实知道怎么做，只是想发泄一下而已。这个时候他需要一个很好的倾听者，你只要听着就可以了，适当的时候也可以发表一些无关痛痒的抱怨。我们再往下看：

情景二

小强说："哎！我用了整整一周的时间复习，也不知道怎么搞的，数学成绩还是没有提高。哎！"

小强的意思是（　　）

A 抱怨　　　B 无奈　　　C 表达建议　　　D 征求建议

（预设：学生大多选择 B。）

师：当对方无奈的时候，可能对自己的学习能力有怀疑，可能需要和你一起分析一下他学习的实际情况和提升成绩的策略，这个时候你只要安慰他并一起分析就可以了。继续——

情景三

小强说："说来也奇怪，我用了一周的时间来复习，可成绩还是不高。"

小强的意思是（　　）

A 抱怨　　　B 无奈　　　C 表达建议　　　D 征求建议

（预设：学生大多选择 D。）

师：小强想从你这里得到建议，希望和你探讨一下怎样才能提高成绩。当对方是真正寻求你的帮助的时候，你可以和他一起来分析学习中存在的问题，给出你的建议。但是要说明，仅仅是你的建议而已。

训练三：对话训练。

师：第三项"倾听并尊重对方的感受"的训练，也就是"同理心对话"，包括三个过程：

（1）你必须认真倾听他人的话；

（2）不只是他的话，还包括他话中的感受，真正地与他产生共鸣。

（3）必须有反应，而反应的方式是令对方知道你理解并尊重他所说的话。

请阅读以下的对话（情景），体会说话者的心境，把你的理解（包括内容与情感）用句子反应给对方，尽可能表达"同理心"。在这里，老师准备了三道情景题，请你从中选择其一，按照上述指导，设计对话。

1. 美术课快下课了，忽然小明抓住小刚，并且很用力地打他。老师走近时小明才放手。

老师的同理反应：＿＿＿＿＿＿＿＿＿＿＿＿＿＿＿＿＿

小明眼眶红着："他把我的画搞烂了！"

2. 大雨天，16 岁的女儿要出门。妈妈："要记得穿雨衣，才不会感冒！"

女儿："我才不穿，老土死了！"

妈妈的同理反应：＿＿＿＿＿＿＿＿＿＿＿＿＿＿＿＿＿

3. 小杰："爸，我们班的英语老师很差劲，如果考不到 90 分就要人说'我是白痴'，少一分说一次！"

爸爸的同理反应：＿＿＿＿＿＿＿＿＿＿＿＿＿＿＿＿＿

（老师可以示范情景一的设计——"小明，老师知道你是个讲文明的好孩子，你不会无缘无故地打人，能告诉我，你刚才为什么打小刚吗？"然后听取学生的发言，并根据发言内容相机点评。）

师：从大家的交流中，我们可以真切地感受到，怀着一颗同理心与他人交流就可以达到人际沟通的最高境界——听者想听，说者想说！

四、总结全课，布置作业

师：今天的这一课，带给我们不少思考。我希望大家给自己曾经误解过的父母或师友写一段话，因为沟通交流是消解偏见和增进理解的最重要的方式，更何况是怀着一颗同理心的告白。

要求：书信体，不少于300字，周末时送给父母或师友。

相信同学们一定会出色地完成这份作业。

点评

设计精彩的课堂活动

许多班主任在实践中认识到，主题教育课上也可以开展课堂活动。这类课堂活动的特点是简便易行，不需要学生事先做准备。比如本书中提到的"人"字游戏、读书知识小竞赛、"生物进化"等课堂活动，都寓教育于活动之中，深得学生的欢迎。

特别是杨老师这节课中的"人"字游戏，简便易行、饶有趣味。我在许多地方讲课时，也当场演示了这一游戏，许多老师积极参与，笑声盈盈，感悟良多。

"我请大家伸出双手的食指，比画一个'人'字给我看。"看似很简单的题目，但如果大家没有做过这个游戏，十有八九是会做错的。因为人们都习惯从自己的角度看问题，作判断。这就很生动地说明一个问题：做成给自己看的"人"字是本能，做成给别人看的"人"字，需要换位思考，需要从他人的角度观察、思考问题，而这种能力需要学习。

体验促进认识的提高，活动胜过空乏的说教。班主任平时注意收集，注意学习，巧妙运用，一定能增强课堂的活力，以精彩的课堂赢得学生的欢迎。

揭开考试的面纱

（考试话题）

山东省潍坊七中　王龙美

山东省潍坊七中　王龙美

设计背景

　　心理学家研究发现，各种活动都存在一个最佳动机水平，动机过分强烈或者不足都会导致活动效率降低，这就是著名的多德森－耶克斯定律。

　　对高中学生来说，考试，是学习生活中的一项重要活动。高考，仍然是普通人改变命运的重要途径。因此，学会积极应对考试对每个高中生来说都是非常重要的一课。特别是高一学生，他们面临着由初中到高中的过渡。不论是人际交往，还是学习的内容、形式、方法都发生了很大的变化，如果不能及时调整适应，很容易产生焦虑心理，导致在考试中失败。如果不能正确面对考试，就会产生很大的心理压力，影响正常的学习与生活，从而形成恶性循环，给自己的高中生活带来阴霾与遗憾。如果能够及时调整心态，认清考试的本质及意义，积极勇敢地面对焦虑，培养自己良好的应对能力，就能在考试中不断地完善自己，使高中生活充满色彩，为今后的人生奠定良好的基础。班主任应通过主题班会课对学生进行"认识考试，学会考试"的专题教育，并在日常生活中加强个别指导。

教育目标

　　·认识考试的本质和意义。

　　·了解考试心理，端正考试心态，学会调整焦虑、恐惧等不良情绪，将外部的压力转化为内在的驱动力，在考试中不断提升自己。

课前准备

　　·调查学生对考试的看法，了解学生不喜欢考试的各种原因。

· 收集与考试有关的小故事、小游戏。

一、导入话题——考试，想说爱你不容易

师：同学们，你们喜欢考试吗？为什么？

（预设：大多数学生都说不喜欢，因为考试带来压力、焦虑，家庭矛盾或是身体与心理的不适等；也可能有的学生回答喜欢，因为可以通过考试体现自己的价值，从而获得成功的体验。）

师：看来大多数同学不喜欢考试，那我们不要考试好了！现在请大家畅想一下，假如生活中没有了考试，会怎样呢？

［预设：学生回答，若没有考试，可以不上学，可以干喜欢干的事，可以网络学习自己所需要的知识，从而实现自己的理想（这时老师可询问其他同学：是否认同？有哪些障碍？）；若没有考试，自己对知识的掌握、学习水平不能了解，缺乏比较，特别是没有了高考，自己可能不能进入理想的大学，不能很好地实现人生理想，社会资源分配可能更加不公平；等等。］

师：可见，大多数同学都不喜欢考试，可生活中又不能没有考试，今后，我们该怎样面对考试呢？

二、换位思考——揭开考试的面纱

师：很多同学对考试认识不到位，长期以来对考试有偏见，刚才也有同学提到了考试的很多"罪状"，但也有同学认为考试本身很"无辜"。这是我前期调查收集的同学们认为的考试的四大"罪状"，请你们作为考试的"辩护律师"，分工为考试进行辩护。（出示课件和分工情况，全班八个小组，每两个小组讨论一个问题，将问题发到相应的组长手中。）

考试的"罪状"是：
1. 考试给我们带来压力，导致焦虑、紧张，甚至失眠。
2. 考试内容，不能全面反映自己的真实水平。
3. 考试结果不好会导致家庭矛盾。
4. 自尊受挫，严重的还会失望，甚至绝望而自杀。

（小组讨论。教师参与到学生讨论中去，了解学生的真实想法。）

师：各小组讨论很热烈。现在我们进行全班交流。

[预设：学生回答，考试产生压力焦虑问题是自身素质不过硬，过分担忧所致，与考试本身无关，而适度的焦虑和紧张反而是有利于发挥的，应积极应对，保持警惕意识；考试内容，尤其是大型考试（比如高考）的内容都是依据大纲的，是反映社会的要求、考核学生的能力与水平的题目，不存在偏颇问题，之所以认为偏颇，是因为没有全面掌握，或者本身能力有问题；考试结果不好导致家庭矛盾，是因为家长的态度有问题，不能正视孩子，急功近利，同时孩子也没有和家长好好沟通，并且证明给家长看，让家长了解到自己在努力；对考试应有正确的认知，接纳焦虑的存在，并学会应对焦虑，就可以在考试中不断提升自我，使考试成为成长的加油站；等等。]

师：刚才同学们讨论得非常热烈，当我们站在考试的角度去换位思考时，就在不知不觉中揭开了考试的神秘面纱。考试就像一面镜子，照出了自己的真实面貌，你的喜欢或是不喜欢，是镜子的问题还是自己的问题呢？考试的本质，实际上是知识应用的过程。考生在考试的过程中，通过审题，来调动长时记忆的知识储备，展开联想，在短时记忆中进行加工处理，从而解答出题目。总的来说，这是一个信息提取的过程，其中也含有一定的创造成分。所以考试难免会紧张焦虑，只要是适度的，就会对考试有好处。不喜欢考试，其实是不喜欢考试带来的感觉，那我们该怎么办呢？

三、体验和感悟——考试，为成长加油

1. 认知调整——明确为什么考试

师：下面请看一个小故事：为谁玩耍。（出示课件）

有一位老人居住的院子外，每天都有一群孩子在玩闹，老人不堪其扰。于是，他走出去对孩子们说："看到你们这么开心地玩，我也得到了很多快乐，希望你们每天都来玩。"于是给了每个孩子25美分，孩子们很高兴。第二天，孩子们如期而至，玩得更加开心，更加热闹。老人又走了出来，说，感谢你们给我带来了快乐，但我年纪大了，钱不多，只能给你们15美分。孩子们有些失望，但也高兴地走了。第三天，老人给孩子们每人5美分，孩子们很生气，于是再也不来了。

师：孩子们为了什么来？为了什么不来？他们忘记了什么？

（预设：学生回答，为了快乐而来；老人通过钱改变了他们玩的目的，随着钱的减少，快乐也越来越少，当钱没了，快乐也没了，孩子们就不来了；他们忘记了自己最初为谁而玩；等等。）

师：孩子们为了自己的快乐而来，又为了钱不来，他们忘掉了自己玩的最初目的，所以，金钱可以控制孩子们玩得是否快乐。对于考试，我们又忘掉了什么？

（预设：学生回答，常常是为了父母的期待、老师的评价、被同学看得起等，而忘记了考试的本质是为了检验自己前一阶段的学习，指明今后努力的方向，等等。）

2. 积极应对考试带来的焦虑

师：我们考试的目的主要是为了促进自己不断进步。但有很多同学不能以正确的心态面对考试，导致考试前紧张焦虑，甚至失眠。下面我们来做个游戏。（课件出示题目和要求）

游戏：说大象，不准想。

游戏规则：教师说大象，说完后请学生坚持两分钟一直不想大象，其间，想到大象的学生举手示意。

（备注：游戏前老师可以故意引导——游戏期间你可以想别的，比如想想猴子，想想学习，就是不准想大象，尤其是不许想红色的大象。游戏开始后，有的同学很快就举起了手，有些同学陆续举起了手，有少数同学始终没有举手。分别采访他们，分享他们的所思所得，并且进行追问，尤其是问问没有举手的同学是怎么做到的。）

（预设：有的同学回答说计时一开始，满脑子红色的大象。有的同学则说努力想别的，可是一看到举手的同学马上就想到了大象。还有的同学表示一直在做题或是记单词，转移了注意力，结果坚持到最后。）

师：越是强迫自己不去想，就越是容易想到大象，而转移注意力，就能控制自己不去想。就像考试，越是高度关注，就越容易焦虑。我们发现如果你不让小孩去厨房玩，他就偏要去厨房。如果你说卧室里的玩具好可爱，他可能就不去厨房而是去卧室。同样的道理，当你考试前不断地说别紧张时，你的潜意识里就是"紧张"，当你说千万不能失眠时，你的潜意识里就是"失眠"。这时你应该转移注意力，认真复习不同的题型及解题方法，进行适度的体育运动等等。

考试紧张是正常的，适度紧张还有助于发挥，所以最好的办法就是接纳。我们接纳这种情绪，学会用正面语言表达，如"我已经准备好了""我现在适度焦虑，有利于考试发挥"等等，不断地进行积极的心理暗示，在考试前进行认真复习，在考试过程中仔细答题，紧张感自然就减少了。

结合自己的经验，想想还有哪些方法可以应对考试带来的焦虑呢？

（预设：学生回答，好好休息、听听音乐、进行体育活动、适当宣泄、做几个深呼吸等措施都很有效；若过度焦虑，可求助心理医生；等等。）

四、答疑解惑——调整状态

师：同学们，通过刚才的体验与感悟，相信你们都对考试有了新的认识，下面是两个同学的困惑，请你们试着帮他们找出原因，并告诉他们该怎么办。（出示课件）

情景思辨题一：小慧听到考试的消息后，心里很慌乱，感到特别没底，每次考试前都要和妈妈聊聊天才会有所好转，她自己知道这样不好，但就是没办法克服。看到其他同学在全力备考，她很着急，但总是不能静下心来复习。她怎么了？该怎么办？

（预设：学生回答，考前过度焦虑，可能是学校或家长的评价带来的压力所致，也可能是平时准备不充分、不自信所致，可以通过全面的复习、充足的睡眠、体育运动、听听音乐来调节，等等。）

师：考前焦虑人人都会有，但要适度，如果严重影响了正常的学习与生活，就要进行调节。同学们的分析和建议很好，希望和小慧一样有着考前焦虑的同学正确认识考试本质，在不断的进步中体会考试带来的喜悦。下面是晓俊同学的困惑，他碰到了什么问题？该怎么办呢？

情景思辨题二：晓俊考完试后一直在反思，为什么考试的时候碰到的问题总是想不清楚，糊里糊涂呢？如果说是因为紧张，可是考前一点压力都没有，反而感到轻松，但到了考场上，许多知识点都弄混了，每次考试都有这样的问题，每次考试都发挥不出应有的水平。

（预设：学生回答，可能是轻度焦虑，学习习惯不好，专注程度不够，缺乏定时练习，平时复习得不扎实，等等。）

师：考试的状态与平时的习惯息息相关，如果平时学习做到认真专注，举一反三，查漏补缺，及时纠错与总结，考试时就不会举棋不定，而是进行深入的思考，通过审题，来调动自己的知识储备，展开联想，进行加工处理，从而解答出题目。过度的焦虑与轻度的焦虑都不利于水平的发挥，适度的焦虑才可以使自己思维活跃，保持警惕意识，有助于思考与发挥。

五、主题升华——人生因考试而精彩

师：考试就像一面镜子，不断地促使我们进行反思与整改，是我们成长的加油站。现在，大家一起来挖掘一下考试的好处吧。

（预设：学生回答，检验所学，及时修正；激励自己，促进进步；查漏补缺，为成长加油；锻炼综合能力；规范语言表达能力和书写能力；等等。）

师：生活中有很多知名人物，通过考试改变了命运，取得了巨大的成功，他们的人生因考试而更加精彩，谁能举几个例子？

（预设：学生回答，俞敏洪，新东方创始人；何炅，湖南卫视著名主持人；侯晶晶，轮椅上的精彩人生，中国十大杰出青年，中国第一个轮椅上的女博士生；等等。）

师：从小的方面看，考试是对自己所学知识的一种检验，它可以让自己随时了解自己的成长进步和遗憾缺漏，从而及时调整，以更有效的方式投入到新的学习中去；从大处讲，考试更是对自己综合能力的一种有效的锻炼方式。在考试中，我们的临场应对能力、对时间的掌控能力、对题目的驾驭能力、对事情的取舍能力、应对困难挫折的能力、思维的周密性与严谨性都会得到锻炼，从而使自身逐步走向成熟稳健，更好地投入到生活中去。可以说，考试的过程，就是我们的成长进步过程。

六、课堂总结，布置作业

师：通过本节课的交流，相信你们对考试有了新的认识。今后，我们怎样面对考试，才能在考试中百战百胜，从而使自己的人生更加精彩呢？

（预设：学生回答，正确认识考试，接纳焦虑的存在，学会积极地应对焦虑；只要掌握了科学的学习方法，调整好自己的心态，做全面而充分的准备，就一定能在考试中不断提升自己各方面的能力，让考试成为成长的加油站；等等。）

师：同学们，人生处处有考场，生活事事是考题。你面对考试的态度很大程度上决定了你在人生的考场中所能获得的成绩。面对生活中的一道道考题，我们应该用饱满的热情、积极的心态，书写好生活的每一份答卷，让我们的人生因考试而精彩。

期末考试马上来临，请同学们课后认真分析自己上次考试中存在的问题，找出解决问题的方案，谢谢大家！

点评

尊重学生的主体地位

我们常说要尊重学生的主体地位。主题教育课，因为以班主任的讲述为主，如果不尊重学生的主体地位，不注意调动学生参与的积极性，就容易变成满堂灌，形成"我说你听"教师主宰课堂的尴尬局面。这节课在尊重学生主体地位方面做了很好的设计。

在师生对话中尊重学生的主体地位。比如在导入环节，老师关心地聊起考试话题，让同学们你说我说；在剖析话题时，联系班情讨论如何认识考前、考后的疑虑，组织全班深入讨论，解决困惑；在开拓思路，提高对考试的认识时，请同学们多作交流，分享感悟。课程的推进过程中，师生对话占据了相当的比重。

在小组讨论中尊重学生的主体地位。小组讨论不能只是形式。对比较复杂的问题，对学生思而不透、思而不解、思而存惑的问题，老师要安排小组讨论。本课围绕正确认识考试的作用，老师指导全班以考试"四大罪状"为题，换位思考，以"辩护律师"的身份畅所欲言。

在总结陈词中尊重学生的主体地位。有些班会课的总结陈词，老师居高临下，训斥学生。而本课以"面对生活中的一道道考题，我们应该用饱满的热情、积极的心态，书写好生活的每一份答卷，让我们的人生因考试而精彩"的热情寄语结束全课。"我们应该用……"，师生共勉；"饱满的热情、积极的心态"，师生同心；"书写好生活的每一份答卷，让我们的人生因考试而精彩"，师生携手同进。

有些老师认为，说起学生的主体地位，就要学生走上讲台，参与操作。我认为这是发挥主体作用的一种形式，关键是看班主任能不能做到心中有学生，从学生的角度观察、思考、解决问题，能不能通过老师讲述、师生对话、小组讨论调动学生的积极性，在学生心中掀起波澜，引发思考，让学生积极行动起来。

清明的缅怀
（缅怀先辈话题）

上海市晋元高级中学　张金玲

设计背景

　　教育部《关于培育和践行社会主义核心价值观，进一步加强中小学德育工作的意见》中明确要求要"加强中华优秀传统文化教育"。在中华优秀传统文化中，传统节日有着丰富的文化内涵。清明节是中华民族的传统节日，体现了"饮水思源，慎终追远"的传统文化。从 2008 年开始，清明节还被正式列为我国的法定假日。教育主管部门也进一步提出在高中阶段要开展"祭先烈、敬先贤、忆先人"的活动。

　　现在高中学生虽然也盼望清明假期，但是大多是因为放假可以休息、踏青出游。同学们对清明节的民俗意义和相关传统文化知识知之甚少；参加学校组织的祭扫活动时也不够严肃，有些同学甚至嬉笑打闹；参加家庭祭扫时，则认为祭祖是老人的事，甚至认为是封建迷信，不愿参加；也有同学跟随家人，参加庸俗甚至丑陋的祭扫活动。为此有必要通过主题教育课让学生了解清明的由来、习俗等相关知识，继承"饮水思源，慎终追远"的传统美德，激发同学们缅怀先烈、感恩先辈、传承优秀传统文化的情感。

教育目标

　　·让学生知晓清明节的有关知识，感受清明节的文化内涵。
　　·分享学生代表祭扫谢晋元将军墓的感受，引导学生进一步学习抗日英雄、爱国将领谢晋元的英雄事迹；分享学生在上海名人墓园的祭扫感受，缅怀先贤为国家、社会、民族发展作出的贡献；交流教师对逝去的家人的思念，激发学生感恩先辈的情感。

· 查找清明节的由来、习俗；思考清明节不良习俗；搜寻缅怀先人的诗词。
· 开展班情调查，了解班级同学及其家人过清明节的情况。
· 收集学生代表祭奠先烈墓、先贤墓的视频和文章。
· 教师写作祭奠先人的文章。
· 制作课件。

教育过程

一、诵读诗词导入

师：每到细雨纷飞的清明时节，我都会记起一首词《江城子·乙卯正月二十日夜记梦》（出示课件），可能有的同学对这首词也很熟悉，现在我请一位同学来诵读一下。

（学生诵读《江城子·乙卯正月二十日夜记梦》：十年生死两茫茫，不思量，自难忘。千里孤坟，无处话凄凉。纵使相逢应不识，尘满面，鬓如霜。夜来幽梦忽还乡，小轩窗，正梳妆。相顾无言，惟有泪千行。料得年年肠断处，明月夜，短松冈。）

师：这是一首悼亡词。作者苏轼结合自己十年来政治生涯中的不幸遭遇和无限感慨，表达了对亡妻永难忘怀的真挚情感和深沉的忆念。我每每诵读这首词的时候，也不由自主地思念自己的先人。

大家知道，在我们国家纪念先烈、先贤和先人的传统节日是清明节。清明节是我国重要的传统节日。2008 年，清明节首次被列为我国的法定假日，并入选国家级非物质文化遗产保护名录。下面，我们一起走近清明节。

二、走近清明，了解清明

师：（出示课件）清明节据传起源于古代帝王将相"墓祭"之礼。后来民间百姓仿效，在此日祭祖扫墓，历代沿袭，而成为中华民族一种固定的风俗。

现在清明节的习俗是丰富的，除了祭祖扫墓，还有踏青、荡秋千、插柳等一系列民间风俗。因此，这个节日中既有"祭先烈、敬先贤、忆先人"

的感人场面，也有踏青游玩的欢笑声。

三、走进清明，缅怀先烈

师：清明节做什么呢？作为一所以抗日英雄谢晋元将军的英名命名的学校，我们晋元中学历来特别重视在清明节开展传统文化教育。这些年，我校德育处每年清明节前都组织同学祭扫谢晋元将军墓。下面请观看我带过班的班长介绍祭扫谢晋元将军墓的视频。

（观看视频。视频中班长作了如下介绍。）

清明前夕，我校高一年级各班代表在德育处老师的带领下，乘车前往宋园祭扫谢晋元将军墓。

首先让我们来看一下墓园简介。谢晋元将军墓位于宋庆龄陵园内。宋庆龄陵园，正门位于上海市长宁区宋园路，建于1984年1月。前身为上海市万国公墓。陵园由以宋庆龄墓为中心的纪念设施、少年儿童活动区、万国公墓名人墓和万国公墓外籍人墓园四部分组成。

走进正门，便可以看见宋庆龄纪念碑上邓小平同志的题词："爱国主义、民主主义、国际主义、共产主义的伟大战士宋庆龄同志永垂不朽"！

碑的背面刻有碑文。绕过纪念碑继续往前走便可以看见宋庆龄纪念馆，这便是一进门就能看到的景致。

在宋园，我们首先去祭扫谢晋元将军墓。大家都知道，谢晋元将军是广东蕉岭人，他毕业于黄埔军校第四期，历任排长、连长、营长、副团长、师参谋、旅参谋主任等职务。淞沪会战中率"八百壮士"坚守上海四行仓库，鼓舞了人民的抗战热情，后为叛徒杀害。抗战胜利后追赠陆军少将。我们学校就是为了纪念他而如此命名的。

谢晋元将军墓，位于名人墓园中。沿着青青的甬道，我们很快就找到了将军墓。

我们举行了简朴而庄重的祭扫仪式，由学生代表敬献花篮并诵读祭文。高一年级12个班的同学以自己特有的方式——向谢晋元将军献诗，表达我们的敬意。我们班同学创作的诗为《颂八百壮士》。

各班诗朗诵结束后，我们怀着崇敬的心情向谢晋元将军献花，表达我们深深的敬意！

师：我非常高兴地看到大家聚精会神地观看了视频。作为用先烈英名命名学校的学生，我们要祭扫谢晋元将军墓。作为成长中的青年，我们在清明时节可以开展更多的缅怀先烈的活动。上海这方面的资源很多，我想了解一下，你们知道上海有哪些缅怀先烈的场所？

（预设：学生回答，龙华烈士陵园、高桥烈士陵园、松江烈士陵园、陈云故居暨青浦革命历史纪念馆、陈毅广场等。）

师：说得很好，还有宝山月浦攻坚战纪念碑、淞沪抗战纪念馆、沪西革命史陈列馆等。我们可以在网上查找一下。可以就近祭奠，也可以专程去，读一读碑文，献一束花，献一首诗，都是非常有意义的。

四、致敬先贤，缅怀先人

1. 致敬先贤

师：清明期间，我们不仅要祭奠先烈，还应该致敬先贤。这里有我过去的一位学生写的文章。现在我们一起来分享。（出示课件，配乐诵读。）

致敬先贤

张顺

祭扫谢晋元将军墓以后，我们又走进名人园，祭奠长眠在那里的先贤。

大大的脑袋，三根头发，一位老先生身前拥着的小男孩，大家一定很熟悉了，他就是伴我们成长的三毛，这位老先生就是三毛之父——张乐平先生。

另一位长眠的先生，大家一定不陌生，他就是当代知名画家陈逸飞先生。我校校友余秋雨先生特意为他题写了墓志铭。"他曾以中国的美丽，感动过世界。"余秋雨先生高度评价了陈逸飞的成就，也拨动了我们的心弦。读了余秋雨先生撰写的墓志铭，我们纷纷向陈逸飞先生献花，表达心中的敬意。

中国儿童戏剧的拓荒者任德耀先生、中国"断肢再植第一人"陈中伟、京剧大师周信芳，我们从他们的墓前一一走过。园区里还有许多我们熟悉或不熟悉的名人大家。

接着我们又瞻仰了宋庆龄墓。宋庆龄主席墓区中间是宋庆龄父母的墓，东侧是宋庆龄墓，西侧是为宋家服务多年的女佣李姐的墓。李姐生前没有想到，宋庆龄大姐竟为她安排了墓地，不但把她安排进自家的陵园，而且和自己的墓一模一样，并排而立。国家荣誉主席与家中女佣亲如姐妹，让我们肃然起敬。我们依次向宋庆龄墓献花！

随后我们还去了外国人墓园。一块块青石板整齐地排列着，上面有的刻着逝者的名字，有的刻着逝者的生卒年份，有的连名字都没有留下。这些外国人都是为我国作出许多贡献的，逝世后便长眠于此。他们无疑是伟大的，我们也为他们献了花，以表达我们的敬意。

在墓园的尽头，我们还找到了鲁迅先生原葬地的纪念牌：鲁迅先生原葬于此。最近我们正在学习萧红的《回忆鲁迅先生》。睹物思人，心中肃然起敬。

回程中，阳光依旧明媚，可心里多了一份沉甸甸的感慨。或许是为了那些长眠于此的人们吧。

这一次的宋园之行让我们走近了先辈：他们有的为了民族的大义，热血洒疆场；有的为了国家的富强，操劳绘蓝图；有的为了百姓的幸福，鞠躬谱新篇……他们名垂青史，为后人敬仰。现在我们羽翼渐丰满，我们可以像先辈们一样做些什么呢？

师：可以看出同学们都被感动了。现在我请同学们讲讲自己的想法。

（预设：同学们说自己的想法，有很多的感动；这个地方没有去过，有机会要去一下；等等。）

2. 缅怀先人

师：其实，清明节更是一个缅怀逝去的家人的日子。和往年一样，在清明节到来之时，我很想念逝世的爷爷！我特意写下了一段祭文，表达我的思念之情。（出示课件）

爷爷：

不知道您什么时候参加的中国共产党，不知道您什么时候参加的解放天津战役，不知道您什么时候回的乡务的农，不知道您什么时候健壮的身体日益消瘦，甚至在送别您的最后一刻我也不能到场！

但是您的音容笑貌常常出现在我的梦境、我的回忆中，每每想到您的时候，首先进入我记忆的不是您高大的身材，亦不是您洪亮的声音，而是您坚毅的眼神，勤劳的背影，刚直不阿的品格。身教胜于言传，虽然您从不给我讲您的故事，对儿孙辈从没有长篇大论，但我遗传了您所有高贵的品格：勤劳，正直，坚定不屈！这是我受用终身的财富，这让我立足社会，坦坦荡荡。

爷爷，我也知道，您直到最后一刻也仍然忠诚于自己的信仰！但是，在物欲横流的现代社会里，我感到了困惑，我会问自己：我们的目标是什么？我们做人、做事，还有没有底线？但是我们仍然相信：只要社会还存在着不平等，存在着贫困，就一定会有像您一样的人为之而奋斗！

爷爷！安息吧！我永远想念您！

我把这篇文章和大家共享，我希望同学们不忘祖宗，不忘本，做一个有责任心的人，活出自己的精彩人生，来告慰逝世的家人。

五、纠正陋习，还我清明

师：清明节是个"饮水思源，慎终追远"的重要日子。但不知道在清明节的时候，同学们是不是看到或听到过这样的一些祭祀陋习：

清明祭扫时，有人请大仙巫婆为祖宗祈阴德，为子孙求荫庇；有人给先人献"美女"、献"别墅"，还献"护照""机票""信用卡"；一些人祭扫时唯恐给先人烧的钱不够，供的酒不多，似乎越丰富、越高档就越过瘾。你们见过或听说过吗？

（预设：学生回答，见过，听说过。）

师：商家们则抓住这些人的畸形心理，推波助澜，大发"鬼"财，结果把清明节搞得乌烟瘴气，一点也不"清明"了。

我想，这种不文明的祭扫陋习，既造成了物质财富的巨大浪费，又污染了环境，容易造成火灾，还亵渎了祖先的英灵，毒害了儿孙们的心灵。时代进步了，祭扫也应与时俱进，现在提倡的植树祭拜、海葬、无烟祭拜、网络祭拜等，既文明节俭，又符合时代特点。文明祭扫，何必要搞得那样乌烟瘴气呢？还是还给清明节以真正的"清明"吧！

六、总结全课，布置作业

师：清明节的习俗是丰富的，扫墓，踏青，插柳，很多事值得做；清明节的文化是博大的，祭先烈，敬先贤，忆先人。今年的清明节是我们走进高中的第一个清明节，我提议同学们，在清明期间，思考做一件有意义的事，用我们的实际行动向先烈、向先贤、向先人致以青春的敬礼！

点评

课的容量要大

我曾经用"五实"表达我对成功班会课的认识："切实的课"，贴近生活；

"充实的课"，内容丰富；"扎实的课"，有效推进；"平实的课"，不搞花架子；"真实的课"，不弄虚作假。

《清明的缅怀》这节课的内容就比较充实。当时我在上海晋元高级中学工作，我们致力于主题教育课的研究，力求有所突破，有所创新。张老师承担了班会课《清明的缅怀》的研讨工作。

这节课紧扣清明，形成了"祭先烈、敬先贤、怀先人"和抵制清明祭扫陋习等四方面丰富的内容，而每个点都力求做好，形成特色。

祭先烈。张老师根据学校工作布置，指导开展写诗词祭奠谢晋元将军的活动，由学生代表介绍祭扫经过，并让写祭奠诗的同学当场诵读，分享祭扫感受。同时指导同学们充分利用上海资源和网上资源，开展丰富多彩的祭扫活动。

敬先贤。张老师通过学生的祭扫随笔，分享了追思先贤历史功绩的深切感怀。

怀先人。张老师深情追忆了爷爷对自己的抚养之情，表达了对亲人的怀念之情。

抵制清明祭扫陋习。张老师深情讲析，痛斥陋习。

四个话题，内容丰富；四个板块，各有特色；四个要点，有详有略。最后的作业"在清明期间，思考做一件有意义的事，用我们的实际行动向先烈、向先贤、向先人致以青春的敬礼"，既有深意，又可践行。

这样的课紧扣清明时节，弘扬民族大义，传承民族精神，抵制不良陋习，大家完全可以借鉴。

因此建议班主任在开展主题教育时，对一个话题要考虑得多一点、细一点、深一点、实一点，内容丰富、充实，从而使学生多多受益。

四季有常，不可逾越

（青春期男女生交往话题）

上海市甘泉外国语中学　夏　洁

设计背景

　　教育部《中小学心理健康教育指导纲要》（2012 年修订）指出要指导学生"正确认识自己的人际关系状况，培养人际沟通能力，促进人际间的积极情感反应和体验，正确对待和异性同伴的交往，知道友谊和爱情的界限"，《上海市中小学生生命教育指导纲要》关于高中阶段生命教育的内容重点也明确为"认识和遵守异性交往的道德规范，学会妥善处理和认识两性关系中的情感问题和价值问题"，"学习和了解每个人在婚姻、家庭与社会中的责任、权利和义务"。

　　高中阶段，生理、心理的发育，社会环境的影响，家庭和学校给予的压力，使不少学生对异性更多一份关注，其中有些学生陷入感情的漩涡。不可否认，高中的早恋现象（专家、学者及不少学校老师认为称之为"青春期恋爱"更恰当）已经较为普遍，怎样认识和对待青春期的情感烦扰，怎样指导学生学习人际交往，成为班主任应面对的问题。作为学生的人生导师，班主任需要对学生进行青春期恋爱的教育工作，帮助学生认识情感迷茫期，形成正确的爱情观，学习积极的人际交往，使他们健康地成长。

教育目标

　　·帮助学生认识了解青春期恋爱的特点、青春期恋爱的危害和"亲密有间"的人际交流方法。

　　·通过找寻故事名言、观看视频、话题讨论、写读后感等方式，引导学生学会理智地对待青春期的情感萌动，妥善处理好与异性同学的交往。

　　·引导学生认识爱，增强责任感，树立正确的爱情观、人生观。

·布置学生搜集关于爱情的故事、名言。
·进行关于早恋的问卷调查。
·制作课件。

教育过程

一、感受经典，精彩片段导入

师：今天的课题是"四季有常，不可逾越"。"四季有常"，这是《尚书》中的名言，"常"是指"规律"，"四季有常"是说自然界的运行有四季的规律，今天我想借用这句话说人生的成长也是有规律的。

先和同学们一起学习下古诗。《诗三百》开篇第一首这样写道："关关雎鸠，在河之洲。窈窕淑女，君子好逑。"意思是，雎鸠关关在歌唱，在那河中小岛上。善良美丽的少女，是小伙子心中理想的对象。这是一首爱情恋歌的开头，描写一位小伙子对心上人朝思暮想的执著追求。

汉代有个女子，她也想谈恋爱，她是怎么说的呢？"上邪，我欲与君相知，长命无绝衰。山无陵，江水为竭，冬雷震震，夏雨雪，天地合，乃敢与君绝！"意思是，上天啊，我想和他谈恋爱！高山夷为平地，长江奔腾不再，冬天雷声隆隆，夏天雪花飘飘，天地合为一块，才会与他说断绝！这里她列举了五种分手的情况，"山无陵，江水为竭，冬雷震震，夏雨雪，天地合"，非常直白、非常坚定，而五种情况一般是不会出现的，表达了女子对爱情的坚定追求。

可以说，自古以来，爱情就一直是人类传唱不衰的话题，人们对于爱情的追求与歌颂从来不少。那么前几天我布置了作业，请同学们搜集爱情故事，大家收集了哪些呢？现在我们作交流。

二、交流找寻的爱情故事

（预设：学生介绍收集的故事，有的介绍德芙巧克力的来历，有的介绍《山楂树之恋》的感人片段，有的介绍邻居金婚夫妇的故事，等等。）

师：听了同学们的介绍，我们感到在文学作品中、在日常生活中人们都是赞颂美好的爱情的。对于爱情，我们每个人都会有自己的一些思考。如今，我们走进了青春的季节，面对自己欣赏的异性，内心不由荡起阵阵涟漪，该何去何从，我们今天要作探讨。

三、观看短片，引出讨论话题

师：先请大家看一个短片《欢欢的早恋》。

（观看《欢欢的早恋》。《欢欢的早恋》简介：16岁的郑欢，在一所高中读书，平常就像她的名字一样，开开心心、欢欢喜喜的，可是最近她怎么也高兴不起来。家里的墙上、衣柜上，包括电话机上，都被妈妈贴满了纸条，上面写着不能单独和男生说话，男生不可以打电话到家里，不许看言情小说等禁令。郑妈妈制定了种种家规，是为了防止女儿和男生过多接触。但令她担心的事还是发生了。一天妈妈从女儿的书包里搜出来一封信，上面写着"我喜欢你"。妈妈认为女儿早恋了，并责问女儿是谁写的，女儿不说，并要求母亲把信还给自己。一怒之下，妈妈把信撕了，女儿对妈妈的做法感到无语……）

师：同学们，对于妈妈的做法，你怎么看？母女之间爆发了激烈的冲突，你怎么看？

（学生回答。老师随机解答。）

师：其实在我们的成长过程中，也会有欢欢这样的烦恼和困惑。短片中将这一话题称为早恋，生活中人们也习惯地称之为早恋，但现在许多专家、教师主张称之为青春期恋爱。我认为两种提法其实都是可以的。这个话题，课前我们进行了调查，现在我将结果告诉大家。请看大屏幕。这是同学们提出的问题。主要有以下几点：

（1）什么是早恋？

（2）老师家长通常都反对孩子早恋，但除了影响学习之外，早恋到底还有哪些不利的影响？

（3）遇到感情问题，如何正确处理？

（4）怎样做可以与异性保持一种合适的距离？

四、重在引导，介绍专家视点

师：对于第一个问题，我想介绍专家的观点。

有专家指出，谈恋爱的年龄早晚，并没有一个统一的标准，就现在我国的实际情况来说，是否早恋，常常根据下面两个特点来划定。

一是生活上的自立程度。一些少年，稚气十足，生活和经济尚在父母的督促与庇荫下，还处在学习文化、提升能力的紧张阶段，对社会了解的还甚少，就迫不及待地谈恋爱，应该说是为时过早。而十八九岁的工人谈恋爱，人们容易接受，如果十八九岁的学生谈恋爱就不同了。这就是从他们的经济状况和社会职业方面来考虑的。

二是谈恋爱的年龄和法定最低年龄之间的差距。如果已经达到或接近法定最低婚龄，就可不算早恋；如果和法定最低婚龄还差很远，就应视为早恋。因为法定最低婚龄是根据青少年的身体、心理发育而规定的。

从以上两个标准来衡量，高中及高中以下的学生谈恋爱，应该是早了一点。因为他们的生活还不能完全自立，他们在经济上还未曾独立，他们的年龄离法定的最低婚龄还相差较远，当然他们的心理上也很不成熟。这样一个身心都正在成长中的孩子，如果谈恋爱将出现很多问题。

五、敞开心灵，进行话题讨论

师：现在我们讨论第二个问题。

（预设：学生回答，影响学习、"开花不结果"、对身体有影响等等。）

师：同学们谈了不少。研究这一问题的专家，总结出早恋会对我们产生的负面影响有：

（1）影响学习。每个学生都有自己的理想，都渴望成为社会的有用人材，甚至是栋梁之材；任何理想、抱负的实现都离不开勤奋努力，学习知识。十七八岁的青春少年，正是为各方面的成长、发展奠定基础的最佳时期，是人生的黄金时代。这个时期的少男少女，充满了青春活力，精力旺盛，思想活跃，记忆力强，对于新生事物极为敏感，是学习科学知识、提高各种能力的最好时期。因此，我们都应该全力以赴，专心致志地刻苦学习，为将来的发展打下坚实的基础；应该努力培养和磨炼自己的意志，塑造美好的心灵，为实现自己的人生价值，做好充分准备。如果这个时期被恋爱问题纠缠，必定分散学习精力，浪费大好时光。这种所谓的爱情，很可能葬送我们的才能、事业和前途，待到以后追悔莫及。

（2）影响心理成熟。青少年早恋，会受到家长和社会上其他人的责备与议论，因而他们就躲躲藏藏，远离他人。长此下去，会影响与同学、家人的关系。同时，他们思想上会产生很多负担，影响心理的正常发展。有的甚至会改变性格，变得孤僻、冷淡，在心理上出现超年龄的现象，对健康成长极为不利。美国科研人员的研究还显示，在17岁前便谈情说爱的少年人，因为不懂得处理感情带来的情绪困扰，为日后患上精神疾病埋下隐患，而女孩子比男孩子更容易为感情问题所伤。感情纠葛使女孩子产生忧郁症的机会增加了三分之一。

（3）影响生理发育。许多现实案例表明，早恋会使一部分同学产生越轨行为。中学生自我控制能力差，容易冲动，尤其是热恋中的少男少女往往因不能控制自己的感情，而偷尝禁果，并为此付出沉重的代价。近年，上海某所实验性示范性高中，某高三班的班长、学习委员就越过了"禁区"，结果女生怀孕。为了人流的费用，班长铤而走险，偷了同学的手机，导致人生轨迹发生重大改变。而有些女孩甚至会因此这辈子再也做不了母亲。

对于青少年来说，在爱情生长的土壤还不具备的时候，最明智的办法是筑好防线，集中精力学习科学文化知识，拒绝接受爱情的种子。

（4）草率地对待恋爱，甚至会酿成终生苦果。爱情之所以被称为人的终身大事，意味着它在人生中的重要地位。可是由于我们涉世不深、阅历不足，生活经验欠缺，感性胜过理智。一时感情冲动，与异性确立了爱情关系，以后伴随着心理上的变化、发展、成熟，可能会对对方产生不满，进而冷却或是中断彼此间的感情。上海话称谈恋爱为"敲定"。但早恋"十敲九不定"。这种情况，会导致恋爱双方产生失望情绪，甚至形成心理障碍，从而影响自己的精神生活，改变人生的轨迹。

六、明确要求，指导应对方法

师：我们了解了早恋的类型，也知道了早恋的危害，可是当爱情找到我们时，我们该如何应对？下面我们探讨第三个问题。

1. 学会倾诉

遇到生活上的难题，应和他人倾诉，寻求指导。你可以和朋友倾诉，和自己信得过的老师倾诉，和父母倾诉。如果你已相当苦闷，可以找心理医生倾诉，可以打心理热线电话，求得专业的帮助。

2. 学会拒绝

当对方向你示好时，我们要学会拒绝。学会拒绝，一定要当机立断，拒绝要彻底，不要"拖泥带水"。学会拒绝，其实并不困难。有以下几招：

（1）直截了当法：如"谢谢！我觉得我们现在还不适合谈恋爱"。

（2）婉言拒绝法：我父母不希望我这么早谈恋爱，我不想伤他们的心。

3. 学会转移

不给自己时间编织幻想。如果我们对某位同学产生好感，甚至依恋，而只是一方多情时，也就是所谓的单相思。单相思有两种：一种是多情总被无情恼，落花有意，流水无情，明知对方不喜欢自己，却仍然执迷不悟。还有一种误解了对方，错把友情当爱情。这时候该怎么办？应及时转移自己的感情。在这个时候，多和自己的家人、同学、朋友交往，多参加集体活动，多关注知识的获取和学习的进步，把自己的注意力和兴奋点转移到其他方面上来。

4. 学会冷冻

如果你认为这段感情确实值得珍藏，那么可以采取"冷冻法"。所谓冷冻，就是将爱的萌芽隐藏在心底，当然冷冻意味着将来有解冻的一天。解冻时，双方已经成熟了，比如到了大学，或有了稳定的收入，有条件正式恋爱了，双方可以开始恋爱。

当爱情找到我们时，我们要学会理智应对，学会倾诉、学会拒绝、学会转移、学会冷冻。

七、真情告白，分享成长体验

师：我的高中生活里，也起过一丝波澜的。你们想了解我的故事吗？

（预设：学生大声说，想。）

师：那是高三的时候。有一次乘车，我遇到了一个男孩，他是我高一的同班同学，后来文理分班，他读理科，我读文科。临下车时，他对我说："我很欣赏你！"

当时，我还傻乎乎地跑回家问我爸："爸爸，如果一个男孩对一个女孩说欣赏她，意味着什么？"我爸说，那说明他对她有好感。听了这话，我的内心怦怦直跳，甚至还有一丝窃喜，说实话，他很优秀，尤其是理科，我对他亦不乏好感。就这样，我们交往了起来。

我常问他借数学试卷，他呢，每次路过我们教室，总会驻足一番；每次考试，我总会去红榜前，除了关心我自己的名次，还会关注他的名字；早操时，我知道，身后会有双眼睛，默默注视着自己。他已不知不觉走进我紧张而又忙碌的高三生活，有时候做题，脑子里满是他的影子。而他呢？一次借试卷，发现他只考了48分，我问他怎么回事，他苦笑说："最近心里很乱。"说实在话，那时我也心里很乱。

我们怎么能这样分心呢？考虑良久，我终于下定决心，委托我的朋友、他的同学，递给他一张纸条，上面写着《劝学》里的一番话：蚓无爪牙之利，筋骨之强，上食埃土，下饮黄泉，用心一也。学习亦当如此。从此以后，我们便断了联系，我不再问他借试卷，他路过我窗前，我也会装作没看见。

青春无悔，往事如烟，这一切早已成为我生命中美好的回忆。

我也祝愿同学们，能够理智应对自己的感情，给人生留一段美好的记忆和回想，而不是后悔和泪水。

八、再作指导，正常交往好处多

师：下面探讨第四个问题。怎样做可以与异性保持一种合适的距离？

有同学说，和异性交往那么麻烦，那我就只和同性交往算了。这样做，会走向另一个极端。会交往是今天我们每个人所必备的基本素质，有时候不会交往比早恋更可怕！美国著名成功学家戴尔·卡耐基说："一个人事业上的成功，只有 15% 是由于他的专业技术，另外 85% 要依赖人际关系、处世技巧。"那么男女生之间又该如何交往呢？我主张：

（1）亲密有间。

我们要把握一个原则：亲密有间。"有间"，就是要有一定的距离、分寸。

（2）那在交往中要注意什么呢？

①不必过分拘谨：在与异性交往的过程中，要注意消除异性交往的不自然感，要学会落落大方。

②不应过分随便：男女有别，不可过分地打打闹闹，有些玩笑话也不宜在异性面前讲。

③不宜过分冷淡：男女交往时保持一定的距离和理智是应该的，但不能过分冷漠，不然会伤及异性的自尊心，也会使别人对你产生误解，觉得你高傲，不可接近。

④不该过分亲昵：要做到自尊、自爱，言谈举止文雅端庄，异性朋友在一起不可勾肩搭背，避免不必要的误会。

如果同学们能在正常交往中收获一份值得你终生收藏的友谊，丰富自身的情感体验，扩大生活交往的范围，增强与人沟通的社会交往能力，学习上互相取长补短，那真是人生莫大的收获！

我还想和同学们说，在高中男女生交往中，我们要严格遵守"绿线""黄线"和"红线"。"绿线"，在班级活动中，自然大方地正常交往；"黄线"，在公共场合不能有肢体亲密接触（拥抱、亲吻等）；"红线"，决不能突破底线，发生性关系。

九、诵读经典名言，感受生活哲理

师：许多名人对爱情也有着精彩的论述。现在我们一起来学习几则关于爱情的名人名言，让我们一起诵读吧。（师生诵读）

如果你爱一个人，先要使自己现在或将来百分之百的值得他爱，至于他爱不爱你，那是他的事，你可以如此希望，但不必勉强去追求。

——罗兰

真正打动人的感情总是朴实无华的，它不出声，不张扬，埋得很深。

——周国平

幸福的爱情都是一种模样，而不幸的爱情却各有各的成因，最常见的原因有两个：太早，或者，太迟。年轻的你，有足够的理由相信，你将会得到这世间最幸福的一份爱。所以，我也有足够的理由劝告你要耐心地等待。不要太早地相信任何甜言蜜语，不管那些话是出于善意或者是恶意，对你都没有丝毫的好处。果实要成熟了以后才会香甜，幸福也是一样。

——席慕蓉

十、布置作业，引发继续思考

师：回到这节课的课题——四季有常，不可逾越。借用这句话，是想和同学们说明一个道理：恋爱是一个人人生中必须经历的过程。没有它，生命便不完整，不精彩。爱是美丽的，但爱情之花需要开对时节，三月的鲜花，美在含苞待放，因为它孕育着希望与未来；五月的鲜花，美在原野盛开，因为它象征着热烈与成熟。恋爱的美应有阶段上的合理性。所以，让我们趁青春年少时，珍惜美好的花季，让青春之花含苞待放！爱情之花，只有在恰当的季节开放，才能结出丰硕的果实。情感之花经过理性之剪的修理会更美丽。

最后我还想向同学们推荐阅读诺贝尔文学奖获得者奥罕·帕慕克的青春回忆《成功就是一片浩瀚的大海》，从他早年的青涩故事中获得启发，并以读后感的形式来记录自己的收获。

我希望同学们集中精力，全力以赴地投入学习，心无旁骛。在步入心仪的大学后，再张开双臂，迎接爱情的到来吧！

要挑战生活中的难题

在教学工作中，我们会遇到不少难题。怎样对待难题？有老师绕开难题，回避难题；有老师直面挑战，解决难题。如何引导学生正确对待早恋（或称之为青春期恋爱），就是工作中的一道难题。

对于早恋，不少学校简单一个字——"禁"。但学生的情感交流岂是一个"禁"字能解决的。于是有些班主任施以高压，严看严管，有些班主任撒手不管，眼开眼闭。早恋话题成了许多学校、许多班主任的难题。

我和工作室老师决心迎难而上。我们多次组织研讨，多次组织上课。实践中，《四季有常，不可逾越》这节课脱颖而出。

这节课没有板着面孔训人，而是"动之以情，晓之以理，导之以法"。夏老师先设计简要解题，随后讲起同学们颇感兴趣的古代爱情片段，接着让学生交流在课前找寻的令他们感动的爱情故事。这样，老师的讲述与同学的交流会形成一个共识，那就是：爱情是美好的。接着观看短片《欢欢的早恋》，笔锋一转，直击本课要涉及的话题：早恋。在这样的基础上，老师介绍事先征集筛选出的四个问题。围绕四个问题，采取了不同的解决方案。第一个问题，什么是早恋？班主任借专家的话予以回答，标准明确，要言不烦。第二个问题，早恋到底对孩子成长有哪些不利的影响？班主任采取了师生交流的方法。学生先说，让学生在同伴交流中提高认识。但学生的认识可能不够，老师还要予以指导，作比较深刻的分析。第三、第四个问题，则采取班主任主讲的方式，体现主题教育课的特点。第三个问题，怎样应对？"倾诉法""婉拒法""转移法""冷冻法"，一一道来。第四个问题，男女生之间怎样相处？"亲密有间"四个字，生动形象，接着四个具体对策，要点明确，学生自会有所收获。

班主任要善于"以理服人"。在"以理服人"的过程中，夏老师设计讲述自己的青春故事，真情叙述，言辞恳切，颇具感染力。在结束阶段，夏老师还通过品读名人名言，让学生感受生活的哲理。最后向同学们推荐诺贝尔文学奖获得者奥罕·帕慕克的青春回忆《成功就是一片浩瀚的大海》，并布置了作业，期待学生用文字表达自己的收获。

这节课的教案和课堂教学视频受到许多老师的欢迎。本次夏老师和工作室老师对教案又作了精心修改。相信凝聚教者智慧和工作室集体智慧的成果，能为大家所喜欢。

当然青春期早恋的主题教育课上了，不等于班级早恋现象杜绝，班主任还要注意观察班情，还要与相关同学进行细致的交流。但相信这样的课，对学生的爱情观、对学生的生命成长是积极有益的。

挑战生活的难题，班主任要有责任担当，知难而进；挑战生活中的难题，要依靠集体的智慧和力量。这样我们合力攻坚克难，分享智慧，就能形成更多的优秀教案，切实做好教育工作。

自信的力量
（自信话题）

河南省济源一中　王向前

设计背景

　　爱因斯坦有句名言：自信是走向成功的第一步。美国旅馆业巨头唐拉德·希尔顿也说：许多人一事无成，就是因为他们低估了自己的能力，妄自菲薄，以至于缩小了自己的成就。许多研究表明，增强自信对学生的成长有着重要意义。

　　然而，许多高一学生入学之后，随着高中课程难度的增加、课业负担的加重、多次考试的失利、人际交往的复杂而产生胆怯的情绪；甚至一些以前在初中"横刀立马、叱咤风云"的尖子生，也担心风光不再。他们焦虑，彷徨，放大别人，缩小自己，缺乏自信。这时有必要开展自信话题的专题教育，让同学们加强反思，在思考自己存在的问题的同时，发现自己的优势和潜能，增强自信，迎接新的学习生活。

教育目标

　　·了解自信的作用，激起学生树立自信心的情感诉求。
　　·引导学生理性认识自我，掌握增强自信的方法。
　　·指导学生调整心态，增强自信，勇敢地面对学习、生活中的困难和挑战。

课前准备

　　·向家长征集"父母眼里孩子最出彩的一件事"（每位家长提供一则，欢迎用短信的方式）；一张"最帅（漂亮）的孩子"照片。
　　·准备写有学生姓名的纸条和纸盒。

教育过程

一、观看图片，导入话题

师：同学们，请大家看一幅图片。（展示图片：一只雄狮在照镜子，在镜中看到的却是一只柔弱的小猫。）

（预设：学生一阵惊奇，兴奋。）

师：谁愿意给大家分享一下你对这幅图的感想？

（预设：学生回答，我觉得这只狮子眼睛出现了幻觉，可能是老了；这只狮子过厌了一统草原的生活，想体验一下猫的温顺生活；这只狮子刚刚长大，还没有接管草原，很低调；这只狮子遇到了麻烦或困惑，想念自己的师傅了；我觉得这只狮子很不自信，老觉得自己是只猫；等等。）

师：大家都从不同的角度理解这幅图，谈了自己的看法，都有道理。再看另外一幅图片。（展示图片：小猫照镜子，镜中出现了一头雄狮。）

师：大家再对比一下，这一幅图的寓意是什么？

（预设：学生似有所悟地回答，是自信，是自大，等等。）

师：大家从不同的角度讲出了自己的看法，都有道理。尤其有同学谈到了"对自己要有信心"。的确，自信是指发自内心的自我肯定与相信。没有自信，强大的狮子也会变成一只软弱的猫。

二、分享故事，激励自信

师：自信在我们生活中到底有多么的重要呢？我们先来听个故事。（出示课件）

有位女歌手第一次登台演出，想到即将面对几千名观众，手里直冒汗。要是忘了歌词怎么办？她越想越紧张，甚至有打退堂鼓的想法。这时一位前辈笑着走过来，给她一个纸卷，告诉她，这是歌词，忘了的话，可以打开看看。

这位歌手握着这个纸卷就像握着救命稻草，心里踏实了很多。当天演出，她发挥得相当好，没有一点失误。当她想向前辈致谢的时候，前辈才告诉她那是一张白纸，原来是她自己克服了紧张，找回了自信，战胜了自己。

师：同学们，你们认为这位歌手的问题出在哪里？她是怎么克服的？

（预设：学生回答，紧张、不自信而影响发挥，在别人的帮助下消除了心理障碍后获得成功。）

师：是的，她之所以紧张得难以正常发挥，就是因为缺乏自信。而自信的重要作用，我认为主要有两点：

1. 自信是成功的保证

詹纳，1976年奥运会十项全能金牌的获得者，他曾说："奥林匹克水平的比赛，对运动员来说，20%是身体方面的竞技，80%是心理上的挑战。"确实如此，学识、技能对一个人的成功固然重要，但更重要的是要具有较强的心理素质，也就是强大的自信。自信是成功的保证，是相信自己能克服困难，实现一定愿望的情感力量。

2. 自信是承受挫折，克服困难的保证

自信是内在的精神力量，它能鼓舞人们去克服困难，不断进步。高尔基说："只有满怀信心的人，才能在任何地方都把自己沉浸在生活中，并实现自己的理想。"战胜逆境最重要的是树立坚定的信心，自信可以使人藐视困难，战胜邪恶，集中全部智慧和精力去迎接各种挑战。

三、聆听评价，增强自信

师：所以，人要对自己客观全面地认识和评价。不要盲目自大，但也不要小瞧了自己。可能，我们之中就有很多同学本来有很好的基础，很强的学习能力，很好的思维潜质，是一只"狮子"，然而，却由于过低的自我认知，让自己表现得像一只"小猫咪"。老话说"当局者迷"，你到底是狮子，还是猫咪呢？还是让我们先来听听别人眼中的你是什么样子的吧。

1. 星光接龙——聆听同学们对你的评价

师：（课件展示游戏规则）我们准备了一个纸盒，里面的纸条上写了每一位同学的名字，我们请一位同学随机抽出一张纸条，来介绍一下所抽同学身上最大的优点是什么。被抽到的同学然后再抽另一位同学，也说说他的最大优点。依次进行下去，直到抽出第十名同学。

（开展游戏。在游戏进行过程中，同学会发现在他人眼中自己竟然有着很多"未发现"的优点，因被"表扬"增强了信心。）

2. 朗读家长短信——聆听父母的评价

师：我们收到了来自各位家长的短信，短信中描述了自己孩子最出彩的一件事。我先来读一读，请同学们猜老师读到的同学是谁。（重点选择平时不够自信的同学家长的短信，等学生猜过名字之后用课件展示该同学的"靓照"。）

（预设：伴随着老师的朗读、同学的猜测，大家都很感兴趣，被提到的学生对自我形象有了新的认识。）

四、交流讨论，明确方法

师：从上面的评价里，我们发现，不但同学们都认同我们，在父母眼里，每个人也是优秀的，是父母的骄傲。其实我们在某些方面的确是很优秀的，这些优秀的潜质都应该成为我们自信地面对生活和学习，自信地面对人生的资本。那么，一个人要自信起来，应该从哪些方面着手？做好哪些事情？

（预设：学生讨论后回答，正确认识自己，用积极的心态面对困难，相信自己，大胆尝试，等等。）

师：很好。通过同学们的交流，我们可以在以下几个方面达成共识：

（1）正确理性地认识自己，发现自己的长处，使其成为自信的基础。

（2）遇事不急躁，冷静分析，积极应对，用心坚持，把注意力集中到解决问题上。

（3）相信自己行，大胆尝试，接受挑战，做自己原来认为做不到的事情。成功则收获经验，失败就收获教训，成功和失败都有利于自己的成长。

（4）行动是自信的真正源泉：自信源于实力，实力出自勤奋。

师：自信不能停留在想象上。经历就是财富，克服困难是建立信心最好的方式。要成为自信者，就要像自信者一样去行动。我们在生活中自信地讲了话，自信地做了事，我们的自信就能真正确立起来。面对社会环境，我们每一个自信的表情、自信的手势、自信的言语都能真正在心中培养起我们的自信。那么，自信的建立究竟应该从何下手呢？

五、我行我秀，体验自信

师：其实我们在生活中只要稍加努力和改进，就能让自己感觉很自信，让别人感觉我们很自信！从现在开始，展现出一个完美的体态：抬起头，挺起胸，脸上浮现笑容，眼神坚毅起来。你已经展现出了一个极为自信的你！

下面我们来个"我行我秀"的活动：从中间过道第一排走到最后一排，动作、姿势、神情自定。让我们酝酿一下感情，走上一段最能展示自己自信和风采的步子。谁愿意先来？

（预设：有些同学想挑战自己，有些同学还有点拘束，班主任可准备动感音乐，亲自上阵，走上一趟后，拉着想走的同学再走一趟，氛围就会活跃起来。老师再相机点评。）

师：（有位同学走时，头有点低）喜欢低头走路的人据说是善于思考的人，但同时让人联想起很多负面的东西：佝偻、驼背、病态、无力等。

（有位同学走时，抬头挺胸）习惯弯腰的人有个最大的特点就是双肩收缩，这样看起来就很不好看，很消沉和木讷。××同学就做得较好。胡歌一样的脸蛋，模特一样的身材，胸膛挺起，双肩打开，显得特别的精神、自信、有气质。好一个胡歌第二。

（有位同学走时大方、自然）俯视，让人感觉你底气不足；仰视，又会让人感觉盛气凌人。××同学在这方面做得非常好。眼睛平视，大方有度，柔和而不失优雅，灵动而不失专注。

成功心理学表明，心态改变行为，其实行为也可以改变心态。身体动作是心灵活动的结果。如果缺乏自信，一直是不自信的举动，就会愈来愈没有自信。我们要努力做一些充满自信的举动。普通人有"普通人"走路的模样，做出"我并不怎么以自己为荣"的表白。

自信，从走路开始！目视前方，抬头挺胸走快一点，走出骄傲，走出超凡的信心。

（预设：学生报以热烈的掌声。）

师：青春靓丽的你们，令人羡慕。其实，在人生的舞台上，不管有没有标准的身材，俊朗的外表，个性的服装，只要有坚毅的眼神，自信的思想和百折不挠的勇气，你会处处让人着迷，被人称道。

六、朗诵名篇，相信自己

师：好，同学们，下面请大家一起朗诵一篇高考满分作文：《相信自己》。虽然是片段，但会拨动我们的心弦。（学生齐声诵读）

相信自己

如果我是空中孤独飞舞的水珠，我不会听信尘埃善意的劝言，附于缥缈的云端，与同伴们散落大地。我会毫无保留地蒸腾自己，来吸收阳光折射出七彩的虹。因为我崇尚走自己的路，因为我相信自己。

如果我是河边柔柔轻垂的柳絮，我不会听从大树真诚的良言，安分无为地低头，供人亵玩。我要随风飘逸，尽展娇姿，在柳树放弃我的那一刹那，我也绝不叹息，让我的美丽永远凝固在粼波里。因为我崇尚走自己的路，因为我相信自己。

如果我是天际闪烁的一颗明星，我不会听取皎月严肃的告诫，悬在漆黑而空明的原野上，俯视人间。我会竭尽全力地放纵自己，让圣洁的光辉罩在周身，一瞬掠过，划破长天。因为我崇尚走自己的路，因为我相信自己。

如果我是一片枯萎的僵僵老叶，我不会在意雄杆傲慢的怒吼，萧瑟地与风齐碎。我要固立枝头在雨中飘摇，我要证明，我的志气，比天还高。因为我崇尚走自己的路，因为我相信自己。

如果我是瀚海中微渺的小鱼，我不会采纳亲友的哭诉，终老于只见绚阳的浅滩。我会不顾一切，疯狂曳尾，冲向昏暗无边的深深渊底，让水压迫透我的身体，让一丝殷红弥漫在黑暗的世界里。因为我崇尚走自己的路，因为我相信自己。

……

不论我是什么，我都知道自己能顶着压力，勇往直前。因为我相信自己。

不论别人投来什么样的目光，我都会在开拓的道路中找到真理。因为我相信自己。

不论一生多么的短暂，都要在哪怕一刹那的绽放后再凋零。因为我们一直坚持——相信自己！！！

七、布置作业，勉励前行

师：同学们朗诵得很有气势，我从大家的气势里看到了你们充满自信的心！

高尔基曾说："只有满怀信心的人，才能在任何地方都把自己沉浸在生活中，并实现自己的理想。"的确是这样，信心是命运的主宰，有了自信，我们才会所向披靡，不可战胜。年轻人就要不怕挑战、勇往直前。

下面布置一项作业：请每位同学设计一幅激励自己的对联，我们会评比出优秀的作品，制作成条幅，在班级内张贴，相信你们能够出色地完成这项作业。

同学们，只有自己相信自己，他人才会相信你。未来的日子，我们只要不断地对自己说"我能行"，不断地去挑战自己，突破极限，做出"我能行"的事情，我们的自信心就会愈发强大，从而成为我们人生道路上攻坚克难的强大发动机。祝福大家以后的每一天都因自信而阳光灿烂！

点评

导入要精彩

我很喜欢这节课的开头。这节课的开头，王老师请同学们观看一幅图片。这幅图片很有特点，图片上一只雄狮在照镜子，在镜中看到的却是一只柔弱的小猫。接着再看一幅图片。图片上一只小猫在照镜子，镜中出现的却是一头雄狮。

学生对此很感兴趣，一时议论纷纷。班主任由此导入话题。

班会课的导入就像电影的开头，如果能紧紧拨动学生的心弦，那么学生就会迅速进入情境。

实践证明，视频导入法、歌曲导入法、故事导入法、漫画导入法、小品导入法、回顾导入法、游戏导入法、案例导入法、悬念导入法、问题导入法、新闻导入法、实验导入法、诗歌导入法、任务导入法都是有效的导入法，班主任可以根据不同的主题选择恰当的导入法。

班会课的导入没有固定的模式，理想的境界应该是让学生"意想不到"。班主任应通过巧妙的构思，使主题教育课一开始就吸引学生，引导学生步步深入其中。

"微"时代的选择
（新媒体话题）

上海市曹杨中学　汪思翔

设计背景

"中国电子商务之父"王俊涛先生说："如果错过互联网，与你擦肩而过的不仅是机会，而是整整一个时代。"网络以迅雷不及掩耳之势迅速渗入如今青少年的生活。许多专家指出，当我们用辩证唯物主义的立场来洞悉不断发展的科技时，我们不难发现，科技从未成为过"中间"力量，它往往充当一把"双刃剑"的角色，在给我们创造美好未来的同时，也给我们带来种种负面的影响。作为学生成长的人生导师，我们不能单看到网络带来的弊端，更应在肯定优势的同时，帮助青少年克服困难，解决困惑，顺应信息时代的发展。

现在的高一学生有着熟悉网络平台、喜爱发表评论、易跟风、喜爱分享感受等特点，已具备一定自制力和较重课业压力的他们，需要学习如何面对网络中的人际交往。班主任可从高一学生的生活习惯入手，从"微"时代的便捷与困惑、网络作为及态度等角度引导学生作出选择，指导学生对网络生活中常见的情境问题进行正确应对，学会选择，不断成长。

教育目标

·通过对网络平台的使用分析，认识微博、微信等平台在当前社会的必要性以及便捷与困惑。

·通过学生网络言语摘选，感知"微"平台中语言对心理的暗示及鼓舞作用。

·通过个人感受的微博分享，学习"微"时代正能量的传递。

·班级组成若干四人小组并确定组长。
·每组准备展示板、彩笔和便条。
·选择、整理学生网络语言截图，作为本课的素材。
·制作课件。

教育过程

一、聊生活话题，导入本课

师：同学们，今天这节课咱们来聊聊与"现代社交"有关的话题。同学们常常借助哪些工具来与不在身边的伙伴们联系的呢？

（预设：学生回答，网络、电脑、手机、书信等。）

师：就在短短的十年前，那时的人们是无法想象今天同学们拿着手机连着 WIFI 就可以上网聊天、查邮件、分享即时心得体会的。如今，随着网络的愈加普及和便捷，我们走进了"微"时代。（出示课件）

微时代：以微博、微信等网络平台为传播媒介代表，以短小精炼为文化传播特征的时代。

二、讨论"微"时代带给同学们的便捷和困惑

师：既然大家都如此离不开手机和电脑，相信大家从微博、朋友圈、QQ 空间中获得了所需的内容和乐趣。然而凡事无完美，手机和电脑给你的生活也带来一定的困惑。就让我们一起走进"微"时代，来聊一聊"微"时代给你带来的便捷和困惑，看看咱们能不能通过这节课解决一些困惑。

请四人小组讨论后，在展示板上写出你们的思考。

（小组讨论，老师走近学生，听取讨论，并作相应的指导。）

师：同学们讨论得很热烈！我们来交流吧！

（预设：学生给出"便捷"的理由——能了解大量即时新闻和世界奇闻趣事；能分享自己想知道的信息，如学科知识、兴趣爱好、出行及娱乐信息等；能让自己快速联系到朋友和家人；手机和电脑可以随身携带，不受时空

的限制；等等。学生给出"困惑"的理由——经常刷微博和登陆朋友圈无法专心学习，总想看看别人在干什么；网络中有很多虚假消息；过分炫耀个人生活优越，导致攀比和羡慕嫉妒；对自己的心态有影响；等等。）

师：同学们说得非常好。"微"时代的网络平台给我们带来的便捷，是显而易见的，如"及时迅速""瞬间海量""超越时空"等。"微"时代的网络平台给我们带来的困惑也不少，如"耽误学习""影响心情""如何交往"等。

但是"微"时代的生活已成为大众的生活方式，不可阻挡。微博、微信等平台给我们带来的便捷是大家所公认的。然而，在这样一个信息传播便捷、来势汹汹的网络时代中，我们作为高中生该如何解除困惑呢？就让我们通过这节课来作交流、讨论。

三、讨论在"微"平台中，该选择如何作为

师：为了看看同学们每天都利用手机和电脑在"微"平台上做些什么，请同桌之间讨论并将你们最常做的事情写在小组的展示板上，稍后我们一起分享你们的日常最爱。

（学生讨论。老师走近学生，听取讨论，并作相应指导。）

师：大家讨论得很积极啊！现在我们来作交流！

（预设：学生回答，看新闻、看他人的生活动态、发自己的生活动态、获取知识等。）

师：我们所做的这些，有些是作为主角参与的，有些是作为看客参与的。不论是哪一类参与均无不可。然而，老师特地选择了各位所喜欢的QQ空间平台，统计了大家在空间中发布的信息，截取了同学们分享量最大及最感兴趣的几类，同学们一起来看看，这些分享是否你也参与过？你是抱着怎样的心态点赞或分享的呢？你更赞同哪些内容在"微"世界中传播？[出示课件：图片示例包括吐槽考试（学校、老师、学习）负面文、鼓励文、励志（消极）心情文等。]

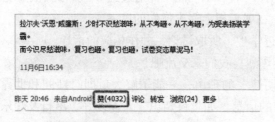

1. 自从我第一次参加高中大型考试，我才知道中考就跟玩一样。

2. 当你对某一科丧失信心时，别灰心，下一科总会告诉你这一科不是你最差的。

3. 高三不暇自哀而高二哀之，高二哀之而不鉴之，亦使高一而复哀高二也。

4. 长大以后一定要当老师，才好欺负现在老师的孩子。

5. 每个老师都是男神女神。

6. 如果高中要放弃，那么初三的你为什么要努力？

7. 我只希望我的高中生活有喜欢的事、喜欢的人、健康的身体、无悔的一天，最后凭借我最大的努力和正常的发挥考上一所合适的大学。青春是该付出在那一张张试卷上，但青春不全是那一张张试卷。有梦想、有目标、有信仰、有时不时的小感动、有你们，足够了。

（预设：学生回答，分享和点赞是为了吐槽，为了抒发现实世界中不敢说的话、不敢表的态；正面内容的传播更能激发生活正能量；等等。）

师：感谢同学们的真诚交流。在QQ空间平台，我们常常是作为主角或看客出现的。作为主角，我们虽能借助网络抒发生活中的不满，排解生活压力，但也要注意是否无形中成为"微"世界中的"垃圾朋友"，就是专门传播消极能量、打击积极影响的人群，这样的负面态度其实不适合在"微"世界中泛滥传播。作为看客，大量无谓信息不但浪费时间，也可能左右自我。

而那些积极主动的信息（如瘦身成功、学渣逆袭等），是不是也让你热血沸腾也憧憬成功？在"微"时代的平台中，我们该选择的，应该是积极、主动和乐观的内容。

四、运用微博，分享身边"微"感受

师：我们的生活从不缺积极、乐观和主动。我班一直倡导开展读书交流。对于读书，各位同学能否与大家分享值得一试的读书技巧、喜爱的作者或作品等"微"感受呢？现在我请同学们将最近读书的感受以微博的形式来作一下交流，请注意不超过140字。

（学生写读书"微"感受，教师巡视其间。注意选择同学介绍他们读书的感受。）

师：同学们读书的"微"感受很丰富，但因为时间关系来不及作更多的

交流。这里我也想与同学们分享我的读书"微"感受。（出示课件）

工作中常会遇难题，书是智慧的使者；生活中总会有不快，书是心灵的慰藉；人生中最有力的加油站便是书籍。

今天许多同学的"微"感受也很精彩，我请宣传委员课后将这些"微"感受张贴到班级展示板中，我们再作交流。

五、指导"微"时代如何更好地学习生活

师：微博、微信等网络平台对同学们潜移默化的影响不可谓不大。在如此大环境下，我们该怎样更好地学习生活？现在有三道情景思辨题，大家一起来讨论，看看我们该怎样对待。请看第一题：

情景思辨题一：假如你在微信中看到有同学发表了对他人（同学、老师等）的不满／指责／侮辱性话语，请问你将选择如何回应？

（预设：学生回答，点赞，我也对他／她不满很久了；在公开评论中劝发帖者不要生气；不公开评论，但是会私下给这位同学发消息安慰；告知被吐槽的对象他在网上被攻击了；沉默不语；等等。）

师：朝夕相处的我们总会因为这样那样的小事，产生一些不顺心或矛盾。但如在班级、学校中相互斗气不算，还将"战场"转移到网络平台上，我认为是不妥的。

在这样的场景下，若是大家对网络攻击都不闻不问或者煽风点火，很有可能会将一件小事的矛盾引发为人格攻击。但若是大家能够以私下交流方式与这位同学交流，帮助这位同学尽早调整好心态，想必这一时的不开心必能顺利化解，大家在这个劝和的过程中也会提升能力，收获友谊。

其实网络平台中的公开指责可能会给他人带来不可修复的伤害，也可能会带来对你的质疑。网络攻击之后导致的复杂多样、不可逆后果也着实值得我们在发表前务必三思再三思。让我们再看第二题：

情景思辨题二：假如在微信朋友圈中看到如下帖子——在学校里上课实在太无聊！你若要留言，该怎样表达？

（预设：学生回答，"同意！上课总是走神。""为什么不能让我们在家学习呢？""在学校里学习才有劲呢，会有很多小伙伴！"……）

师：听了同学们的讨论，老师认为，有的同学之所以觉得在学校上课无

聊，可能是因为有安排、有进度的学习进程和行为动作的约束等。其实学校时光中还是有许多值得怀念留恋的，譬如同窗情谊、师生之情、集体活动等朝夕相处共同成长的美好记忆（教师出示活动集体照：学农活动、军训活动、公益服务队活动）。而且课堂教学也在不断改进之中。如能将这些留言其后表达于众，相信原本愤恨不平的帖子就能化解为丝丝温情了吧！我们再看第三题：

情景思辨题三：作为学校的一分子，我们能够利用网络"微"平台为我们的学校、班级做哪些事情呢？

（预设：学生回答，学校建设官方 QQ 号及微信公众号等开放平台，定期为师生及关心学校发展的社会群体推送学校最新发展信息，为学弟学妹提供问答辅导，交流活动心得，扩大学生社团影响，等等。）

师：同学们说得非常好。我们确实做了不少努力。（课件展示：我校学生会公众平台收到的学生提出的部分改进意见截图/文字稿；学生会公众账号传播的班级祝福、师生互动、学长学姐寄语等截图。）我们不仅要想到，说出，更要做到。

"适时、适量、会选择"是我们发挥网络优势而消除网络负面影响的重要保障。不论是在网络抑或是现实生活中，我们都应该选择积极正面、促进自我进步的态度及应对方式。与非网络活动相比，我们在"微"时代中有着更多的机会接触负能量，从而导致了"微"世界中的种种困惑。我们需要选择判断：在"微"生活中所做的一切是为现实生活服务、帮助你活得更好，还是影响你的精神世界？毫无疑问，我们该做的，是"微"生活融入现实生活而非摆布现实生活。对于"微"时代里的信息，我们使用之、警惕之、判断之、选择之。在接纳"微"时代的同时，我们也要平衡好现实生活。

六、总结全课

师：在日新月异、迅速发展的时代中，新事物在不断涌现，"微"时代还会不断发展，我们要做的绝不是守旧和闭目，而应该是对新知识加强学习，知道如何扬长避短，顺应时代的发展。网络已成为我们生活必不可少的一部分，但不论其如何高效有利，凡事过犹不及，网络使用亦是如此。

请完成以下作业：感恩是我们中华民族的优良传统，请在母亲节前，在微博或微信中发布一篇感恩长辈养育之恩、珍爱家庭幸福生活的"微"短文。要求文字精练，体裁不限。

相信同学们一定能学会选择，成为"微"时代的学习者、传播者、推进者！

点评

重视情景思辨题的设计

班主任上好主题教育课，应重视情景思辨题的设计。情景思辨题，也叫情境思辨题，班主任可以文字、图片、录像等形式，巧设情景，通过对特定情景的判断、处理甚至辩论，来检测、提升学生的认知水准。

这节课的情景思辨题设计给我们带来不少启发：

（1）情景思辨题的话题要贴近生活。汪老师选择的三道题目为："有同学发表了对他人（同学、老师等）的不满／指责／侮辱性话语，请问你将选择如何回应？""假如在微信朋友圈中看到如下帖子——在学校里上课实在太无聊！你若要留言，该怎样表达？""作为学校的一分子，我们能够利用网络'微'平台为我们的学校、班级做哪些事情呢？"可以说这样的话题在生活中是常见的，在网络世界中是必有的。贴近生活的话题，让学生有话可说。交流讨论有助于提高认识，落实到行动。

（2）情景思辨题的话题应各有侧重。这三道题目分别反映了同学（师生）关系、学习感受、学生责任等不同话题。由此讨论，可以引申出人际交往、教学改革、校园文化建设等大话题。小中见大，各有侧重，举一反三，体现了教者选题的认真思考。

（3）情景思辨题的话题需有助于发展。这三道题目由浅入深，紧扣"选择"，有助于开拓学生的思路。同学发表不当言论，比较好判定，好选择。微信朋友圈中看见吐槽帖子，也许有人选择沉默，但你若要留言的假设，促进选择，启迪思维。而如何利用网络微平台为学校、班级做些事，则是选择的进一步发展的要求。由被动到主动，这三道题目场景主体从"班级中的我"到"学校中的我"，场景矛盾从"个体间"到"群体间"，场景解决目的从"平息矛盾"到"传递正能量"，层层递进，不断深入。三个问题环环相扣，且具代入感。老师在学生积极发言后再进行简短有力的点评，增强了思辨性和说服力。

如何设置情景思辨题来促进学生认知的提升，汪老师设计的情景思辨题给我们提供了很好的借鉴。

擦亮诚信的名片
（诚信教育话题）

山东省青岛一中　任军涛

设计背景

　　党的十八大在提出培育和践行社会主义核心价值观的战略任务时，将诚信作为公民道德层面的关键词。诚信，是人类的普遍道德要求，是中华民族的传统美德，是培育和践行社会主义核心价值观的重要内容。教育部2015年《中小学生守则》中第六条明确要求："诚实守信有担当。保持言行一致，不说谎不作弊，借东西及时还，做到知错就改。"

　　高中阶段是人生中重要的阶段，而高一是起始阶段。迈好高中第一步，将为今后的学习与生活打下坚实的基础。但高一学生对诚信的重要性体会不深，有些同学言行不一，平时抄作业，考试作弊，欺骗老师、家长和同学的情况时有发生。为了培养高中生诚信的品质，学校应当加强诚信教育，引导学生在学习、生活中做一个讲诚信的人，继承和发扬中华民族诚实守信的传统美德。

教育目标

　　·认识诚信的内涵，进一步知晓诚信的基本要求和行为规范。

　　·理解诚信对于自身发展的重要意义，增强对他人、对家庭、对社会讲诚信的责任感。

　　·传承和弘扬中华民族诚实守信的美德，从身边事做起，用实际行动擦亮诚信的人生名片。

课前准备

　　·指导学生搜集诚信故事、诚信格言。

·指导学生排练小品。

·制作课件。

教育过程

一、观看诚信小品，导入话题

师：俗话说：诚信是金，一个人有了诚信，他的生命就会闪光；诚信是真，能使我们彼此相互了解，相互融洽，相互真诚；诚信是美，充满诚信的美才是真正的美；诚信是德，是人与人交往中必不可缺的一种美德。现在请同学们观看小品《为什么不聘我》，并谈谈这个小品给你的启发。（两位同学上台，表演小品《为什么不聘我》。）

（一名毕业于德国著名大学的留学生找工作屡次被拒，他找到了一家公司的人力资源部经理讨说法。）

留学生：为什么我这么好的成绩，你们却不录用我呀？

经　理：我们对你的教育背景和学术水平很感兴趣，而且从沟通能力看，你就是我们所要找的人。

留学生：那为什么不聘我？

经　理：因为我们查了你的信用记录，发现你有三次乘公车逃票被处罚的记录。

留学生：为了这点小事，你们就放弃了一个优秀的人才？

经　理：我们并不认为这是小事。我们注意到，第一次逃票是在你来我国后的第一个星期，检查人员相信了你的解释，因为你说自己还不熟悉自助售票系统，便给你补了票。但在这之后，你又有两次逃票。

留学生：那也不至于影响我的品德吧？以后我改了还不行？

经　理：此事证明了你不尊重规则，并且善于发现规则中的漏洞并恶意使用，这证明了你不值得信任，而我们公司的许多工作是必须依靠信任进行的，所以我们没有办法聘用你。

师：谢谢两位同学的精彩演出，这是一个根据真人真事改编的小品。请同学们谈谈你对这件事的看法。

（预设：有学生会认为经理做得对，对于不诚信的人就应该拒聘，这样才能打造诚信社会；也有学生认为经理有点小题大做，留学生的行为仅仅是小事不注意，不能算不诚信，以后改了不就得了；等等。）

师：这个故事使我想起了"狼来了"的故事。一个小男孩因为一再说谎，导致最后说话无人听，结果被狼吃了。我们知道吃他的不仅是狼，也可以说是他自己，是他那不诚信的品质。

这个故事给了我们很多启示。在现代社会的评价原则里，诚信是重要的基石，是衡量公民道德行为的基本准则，一个人一旦诚信出了问题，就将影响他一辈子的声誉。这个名牌大学生的逃票行为，看似不大，但是却违背了诚实守信的原则，贪图小利导致信用受损，最终被计入个人诚信档案，遭到了应得的惩罚。我希望同学们能明白违反诚信原则不是小事，同学们一定要重视小节，从小事做起，严格要求自己，坚持诚信的底线，做一个诚实守信的好公民。

二、交流诚信故事，思考诚信作用

师：诚信是中华民族的传统美德，是华夏民族最崇尚的品质，已传承数千年。诚信典故比比皆是，我想请同学们结合古往今来有关诚信美德的故事说说什么是诚信。

（预设：学生可能谈周厉王"烽火戏诸侯"的故事；可能谈"国王的牡丹花"的故事；可能谈"百年老店"北京同仁堂百年兴旺的故事；可能谈"百年老店"南京冠生园一朝倒闭的故事；等等。）

师：谢谢同学们！同学们讲述的故事很精彩。同学们都听说过"七个背囊"的故事，人生之舟，压力重重，有弃有取，有失有得。失去了美貌，有健康做伴；失去了健康，有才学追随；失去了才学，有机敏相跟。但，失去了诚信呢？

失去了诚信，你所拥有的一切，金钱、荣誉、才学、机敏……就不过是水中月，镜中花，如过眼云烟，终会随风而逝。

自古以来，诚信就是世界许多民族恪守的准则：孔子说"言必信，行必果"，莎士比亚说"如果要别人诚信，首先要自己诚信"，德莱塞也说过"诚实是人生的命脉，是一切价值的根基"。

但在市场经济的大潮中，有些人迷失了方向。毒奶粉、地沟油、染色馒头、皮革胶囊、毒豆芽，不讲诚信的企业、个人给社会、给老百姓造成了严重的危害。面对诚信危机，有些人觉得个人力量渺小，于是随波逐流，一再降低道德底线。

其实诚信是做人的基本准则，也是企业经营、国家管理的重要标准。市场经济对诚信的要求更高。不讲诚信可能得逞于一时，但一旦被揭露，就会付出惨重的代价，得到应有的惩罚。

三、探讨诚信内涵，明确诚信要求

师：现在我们来探讨一下诚信的内涵和基本要求。

据"百度百科"解释，诚信为"以真诚之心，行信义之事"。诚，真实，诚恳；信，信任，证据。诚信，是诚实无欺，信守诺言，言行相符，表里如一。"百度百科"还形象地称诚信为公民的第二张"身份证"。

2004年教育部颁布的《中小学生守则》就明确要求中小学生要"诚实守信，言行一致，知错就改，有责任心"。2015年教育部在《中小学生守则》中进一步细化为："诚实守信有担当。保持言行一致，不说谎不作弊，借东西及时还，做到知错就改。"

同学们刚刚开始高中学习生活，高中阶段是人生中重要的阶段，而高一年级是起始阶段。迈好高中第一步，将为今后的学习与生活打下坚实的基础，同学们必须养成良好的诚信观念和诚信品格，严格要求自己，克服惰性和诱惑，继承中华民族诚实守信的优良传统美德，明确自己的职责与使命，在学习生活中做一个讲诚信的人。

四、擦亮慧眼，寻找身边诚信问题

师：我们已是高中生了，接受的诚信教育也不少了。讲诚信，要从我做起，从身边的小事做起，现在请同学们分析、排查我们身边是否有不诚信的现象。

（预设：学生发言，指出身边还是有不诚信现象的，如抄袭作业、考试作弊、跟父母与老师说假话、假造请假条、自己的承诺不能做到等等。如果学生比较多地说到社会上的不诚信现象，老师要注意引导，指出关键词是"我们身边"。）

师：同学们找得非常好，说明我们有一双慧眼。在实际生活中，学校有时出于某种考虑，也可能出现不诚信的举动。比如曾有过应付检查的"两张课表""厕所维修"，为了提高美誉度的"特别调查"，等等。正视错误，是为了改正错误。发现问题，是为了解决问题。让我们共同努力，营造校园讲诚信、守信用的良好风气。

五、情景思辨，如何坚守诚信

师：通过以上学习、讨论，我们认识到作为高中生应该从自身做起，言行一致，努力打下诚信的基础，但在实际生活中，我们或多或少存在一些不讲诚信的习惯或者想法，请同学们思考以下情景思辨题。请看第一题。（出示课件）

情景思辨题一：小明经常控制不住自己，有时在严肃的升旗仪式上悄悄地说笑，有时在安静的课堂上偷偷地玩手机、说话开小差，有时未经同学允许就乱翻同学书包，有时找借口不完成作业，有时借别人物品不还。小明经常被班主任批评教育，在向班主任多次保证坚决改正后，却仍然小错不断。

小明也知道这样不对，但是他却控制不住自己。请同学们帮他分析一下，他该怎么办？

（预设：学生回答，小明随便惯了，积习难改；小明不讲诚信；小明的错误与诚信无关，只是对自己要求不严；等等。）

师：小明的现象在我们生活中并不少见，向班主任保证不再犯类似的错误，就是对班主任许下了承诺，他就要坚守自己的承诺，克服各种不良习惯。

小明为什么会屡次犯错呢？这种现象就是"语言的巨人，行动的矮子"。我们应该从讲诚信的高度来认识，不迁就自己，不回避问题，用自制力来落实自己的承诺，承诺做到的就要坚决做到，要克服惰性和不良诱惑。诚信认知和诚信行为要一致，这样才能树立自己良好的形象，为将来的发展打下坚实的基础。全班同学也要善意地提醒他，帮助他。大家一起增强规则意识，重诺守信，做到言必信，行必果。再看第二题。（出示课件）

情景思辨题二：高三（5）班的王聪同学学习成绩优秀，为了考入心仪的大学，他正在整理自主招生材料。大学自主招生政策要求，必须诚实地填写三年的学习成绩和三年的个人获奖情况，但是小王同学为了给自己的自主招生材料加分，他开具了假的获奖证明。他认为高考事关自己的前程，适度美化自己的履历是必要的，要不其他人都填写了加分材料，自己就会吃亏。请同学们谈谈小王同学这样做，对不对？

（预设：学生回答，别人在做，小王不做就吃亏了；这样做不诚信，也许可以获得暂时的利益，但得不偿失；学校要加强检查；等等。）

师：这样的行为确实还是有的。一些造假者认为许多人都在造假，如果自己不造假的话，就吃亏了，心理很不平衡。但是我们仔细想想，这种不诚信的举动可能会让他们侥幸得到"好处"，获得利益，但是他们在获利时，会影响其他人的利益，造成社会的不公正。而且造假迟早会被人识破，那时不仅会失去已经得到的东西，而且会遭到人们的鄙视，就像咱们刚才说的留学生逃票影响就职和南京冠生园造假破产的案例。

诚信是维持人际交往的重要品德，在人的品德结构中居于核心地位，也是孕育其他道德品质的基础，更是社会秩序有条不紊的前提，甚至关系一个国家的兴盛。同学们从学生时代开始，就要打下诚信的基础。在利益面前恪守诚信，需要有一种自我约束的精神。背弃诚信的人即使一时得利，也终将被人唾弃。再看第三题。（出示课件）

情景思辨题三：2014年春晚有个小品《扶不扶》，引发了社会的强烈关注，我们在社会上做好人好事，有可能碰到不诚信的人反而被冤枉，碰到这种事情到底是扶还是不扶？

（预设：学生可能回答扶，也可能回答不扶。）

师：今日的中国，随着改革开放事业的稳步发展，物质文明与精神文明建设都取得了巨大的进展。但是，拜金主义的流行，社会文明发展的不平衡，人们文明素养的参差不齐，法治建设中的不足，也导致了社会上诚信危机的出现。面对不诚信的人，很多人选择了躲避。但随着法治社会的建设，类似的冤枉事件已较少发生。为了避免惨剧的发生，挽救社会诚信危机，我们碰到这种情况，应该出手相救，避免惨剧发生，但在扶时，要争取警察、其他成年人等的帮助，学会智慧地扶，把好事做好，为诚信社会的建设尽我们的责任。

六、总结全课

师：诚信不可一蹴而就，这是一项需长期坚守的工作。为了建设诚信社会，也为了我们自身的发展，我们必须"言行一致""恪守诚信""尽己责任"，从现在做起，从生活中点点滴滴的小事做起，擦亮诚信名片，为将来的人生道路打下坚实的基础。

同学们，诚信是为人之本，是立国之基。让诚信伴随着我们成长，相信我们的人生也因为拥有诚信而更加精彩！

"老师常谈"要出新

生活中，难题有时就是常见题。比如诚信问题，可以说是"老师常谈"。"老师常谈"，一定要谈出新意。任老师就诚信问题对学生进行教育时，有两个亮点。

一是正视我们工作中的错误，具有思考的深入性。在"擦亮慧眼，寻找身边诚信问题"环节，老师在指导学生寻找身边诚信问题的基础上，语重心长地指出，"在实际生活中，学校有时出于某种考虑，也可能出现不诚信的举动。比如曾有过应付检查的'两张课表''厕所维修'，为了提高美誉度的'特别调查'，等等。正视错误，是为了改正错误。发现问题，是为了解决问题。让我们共同努力，营造校园讲诚信、守信用的良好风气。"这样的分析就有了新意。长期以来，我们习惯用"手电筒"照人，而回避用"镜子"照自己。这种坦诚的剖析具有刮骨疗毒的勇气，也会产生立竿见影的效果。讲诚信，就是要从我做起。今天社会诚信度降低，原因很多，其中包括学校、老师在一些事上处理不当，不讲诚信，给学生造成了不良的影响。现在老师正视身边的问题，言传身教，对学生的教育将是有力的。

二是对如何讲诚信有明确的指导要求。任老师设计的三个情景思辨题，通过话题讨论，使学生明了"诚信认知和诚信行为要一致""在利益面前恪守诚信""为诚信社会的建设尽我们的责任"三个要点。这三点要求针对性强，既指导学生如何自我要求，又指导学生如何对待他人。这三点要求既是基本要求，又是高标准要求，"言行一致""恪守诚信""尽己责任"，需要学生不断地学习、提升。

"老师常谈"的话题，既需要常谈，又需要常抓；在常谈常抓中，有新意才能有实效。

让 "法" 为成长护航
（法制教育话题）

四川省德阳五中　王　星

设计背景

在推进依法治国的进程中，国家出台了许多重要的法律法规。《中华人民共和国未成年人保护法》《中华人民共和国预防未成年人犯罪法》以及各地的未成年人保护条例（常被简称为 "两法一条例"）的贯彻和落实有力地保障了未成年人的健康成长。教育行政主管部门也要求学校开展 "两法一条例" 的专题宣传教育，引导中小学生遵守国家法律、法规和公共道德规范，自觉抵制各种不良行为及违法犯罪行为，用法律维护自身合法权益。

但高一学生对有关青少年的法律法规却还比较陌生，一些学生法制观念有待加强，有的学生还时有违纪违规行为，个别学生甚至有违法行为。高中是法制观念形成的重要阶段，因此拟通过主题教育课加强专题教育，让学生了解相关法律规定，增强学法守法意识、增强法制意识，规范自身行为，做学法、知法、守法的好少年。

教育目标

·通过知识抢答，让学生了解相关的法律知识。
·通过模拟活动，让学生明白要坚守行为底线。
·通过引导反思，让学生内化法律意识，增强遵守法规的自觉性。

课前准备

·组织学生上网学习未成年人相关法律文件。
·指导三名学生扮演法官，解析未成年人违法的典型案例。
·制作课件。

一、名言导入

师：同学们好！今天我们班会课的话题是法制教育。对于法，中外名人有着很多精彩的论述，我们先来进行学习。（出示课件）

法者，天下之仪也。所以决疑而明是非也，百姓所具命也。

——管仲

法分明，则贤不得夺不肖，强不得侵弱，众不得暴寡。

——韩非

法律就是秩序，有好的法律才有好的秩序。

——亚里士多德

法律的基本意图是让公民尽可能地幸福。

——柏拉图

师：请同学们一起诵读名言。

（学生诵读名言。）

师：大家读了名言后，有什么感想吗？

（预设：学生回答，法律是秩序的保障；我们要生活在安全幸福之中，就离不开法律；等等。教师相机解释管仲名言：所谓法律，就是规范社会的各种行为，是用来明辨是非对错，是百姓生命财产的基本保障。解释韩非名言：法制分明，贤人不能攫取不贤的人，强的不能侵扰弱的，人多的不能欺负人少的。）

师：同学们说得真好！通过学习名人名言，我们可以看出，中外名人都高度重视法律，强调法的重要作用，作为将要走向社会的我们，学法，应该是人生的必修课；用法，将是平安的护身符。因此，今天我们的主题班会就是"让'法'为成长护航"。（出示课题）

二、你对法律知多少

师：要让"法"为我们的成长护航，我们首先就要懂得法律，下面让我们先听一个小故事。

一天晚上，在襄樊市的汉江沙滩上，一个由三名未成年人临时凑成的绑架团伙绑架了中专生小刚，正当他们打电话向被绑架人母亲索要6万元赎金时，被樊城公安分局刑警一举抓获。据查，他们曾多次敲诈小刚，金额达1000多元。被抓获后，三名犯罪嫌疑人中最小的方某（17岁）竟问刑警："把钱还给他（受害人），我可以走了吗？"

师：故事中的方某懂法吗？

（预设：学生回答，不懂。）

师：他知道自己犯了罪吗？

（预设：学生回答，可能不知道。）

师：方某犯了抢劫勒索罪，但是像方某这样的法盲在现实生活中还有很多。在课前调查中，我发现一些同学对于法律知识知之甚少，因此我们今天首先就来了解相关的法律知识。下面我们将进行相关法律知识抢答活动。

（出示课件，配上音乐。老师讲解规则：同学们自由抢答，回答正确加一分，回答错误或不完整扣一分。班长担任记分员。最后根据分数高低评出三名获胜者。）

（1）请你说出我国对青少年实施保护以及预防犯罪的法律法规名称。

（预设：正确答案，《中华人民共和国未成年人保护法》《中华人民共和国预防未成年人犯罪法》。）

（2）请你说出《中华人民共和国预防未成年人犯罪法》规定的未成年人不能有的不良行为有哪些。

（预设：答对一条给一分，不重复计分。学生抢答可能回答不完全，教师补充。）

师：（为帮助学生理解记忆，教师可针对这一内容制作两组课件，分两次呈现。第一组课件以漫画为主，配以文字说明，教师一边让学生看漫画，一边解说。）不良行为有九条。根据《中华人民共和国预防未成年人犯罪法》第十四条的规定，未成年人不得有下列不良行为：旷课、夜不归宿；携带管制刀具；打架斗殴、辱骂他人；强行向他人索要财物；偷窃、故意毁坏财物；参与赌博或者变相赌博；观看、收听色情、淫秽的音像制品、读物等；进入法律、法规规定未成年人不适宜进入的营业性歌舞厅等场所；其他严重违背社会公德的不良行为。

师：下面让我们齐读未成年人不能有的不良行为，以加强心中的警诫。（出示第二组课件，课件中间是"自律"二字，两边分列未成年人不能有的九条不良行为，学生逐条朗读。）

（3）已满多少周岁的人犯罪，应当负刑事责任？

（预设：学生回答，16周岁。教师可以补充《中华人民共和国刑法》第十七条规定：①已满16周岁的人犯罪，应当负刑事责任。②已满14周岁不满16周岁的人，犯故意杀人、故意伤害致人重伤或死亡、强奸、抢劫、贩卖毒品、放火、爆炸、投毒罪的，应当负刑事责任。③已满14周岁不满18周岁的人犯罪，应当从轻或者减轻处罚。④因不满16周岁不予刑事处罚的，责令他的家长或者监护人加以管教；必要的时候，也可以由政府收容教养。）

师：同学们，通过比赛，我们看到不少同学通过课前的自学，对法律知识有了一定的了解，下面我们将提高命题难度，增设情景思辨题进行抢答。抢答在我说"开始抢答"后进行，抢答迅速、言之有理者获胜。同学们准备好了吗？

（预设：学生们跃跃欲试。教师出示课件。）

情景思辨一：小龙因成绩不好与父亲的关系一直很紧张，这次又因考试成绩不理想，学校要求第二天召开家长会的事苦恼，很晚才回家。父亲因为他回家晚并得知他的考试成绩后十分愤怒，继而辱骂他。小龙不堪忍受，愤而离家出走，第二天没有去学校也没有回家，父亲到处寻找。

请根据《中华人民共和国预防未成年人犯罪法》规定未成年人不能有的不良行为中的一条，解读小龙这种行为的危害。

师：开始抢答！

（预设：学生回答，小龙由于情绪失控而离家出走，情感上我们可以理解，但是他违反了未成年人不得"旷课、夜不归宿"的规定。"旷课、夜不归宿"这一行为的危害在于学生脱离了家长、学校的监控，往往容易走上歧途，像小龙，如果离家出走后生存出现问题，那他怎么办？是回家，还是艰难度日？万一有不怀好意的人怂恿他干坏事甚至坏人威逼他，那他又如何选择？所以"旷课、夜不归宿"的危害是极大的，是我们中学生绝对不应该有的行为……）

师：回答得很好！事实上，一些学生养成不良习惯，形成严重不良行为，甚至走上犯罪道路，往往都从旷课开始，旷课是学生走下坡路的重要信号。不少例子还证明，没有确切原因的夜不归宿，是临近或正在实施违法犯罪行为的重要征兆之一。根据有关部门的调查统计，在100个未成年犯中，绝大多数犯罪行为是在夜晚干的，而且不少违法行为实施后，犯罪人员都没有回家。从另一方面来看，未成年人身心发育尚不成熟，缺乏生活经验和辨别是非的能力，擅自外出并夜不归宿，一旦发生问题，由于得不到及时有效的监护，很容易受到外界的侵害，成为受害者。因此我要特别告诫同学们，要有自我保护意识，要外出或留宿一定要得到监护人的同意。当然，材料中小龙和父亲的关系问题需要通过其他方式解决。

下面我们再看一道情景思辨题。（出示课件）

情景思辨二：一天，小春拿着一千元压岁钱，路过游戏厅门前，电视剧中香港"赌王"的风采立刻跳进小春的脑海。老虎机、掷色子、大把大把地赌钱那是何等的刺激！小春把持不住自己，进了游戏厅，结果把钱全部输光。

请你根据《中华人民共和国预防未成年人犯罪法》规定未成年人不能有的不良行为中的一条，解读他这种行为的危害。

师：开始抢答！

（预设：学生回答，小春的行为违反了《中华人民共和国预防未成年人犯罪法》规定未成年人不能有的不良行为"参与赌博或者变相赌博"这一条。小春受电视剧的影响而去赌博的行为是错误的，赌博的危害在于它会占用我们大量的学习和休息时间，影响学习成绩和身体健康；另一方面也容易让人产生贪欲，以致走上犯罪道路。而且，赌博一旦上瘾就很难改正……）

师：确实如同学所言，赌博是青少年违法犯罪的一个重要诱因。未成年人由于争强好胜，又喜欢刺激，加之情绪容易冲动，社会经验少，往往容易受到诱惑而参加赌博，而一旦尝到刺激后就可能形成赌瘾，成为赌博活动的常客，不但荒废学业，而且会产生强烈的金钱欲，希望不劳而获，如果再结交一帮赌友或者和其他人发生金钱上的纠葛，那就很容易走上违法犯罪道路。对于一些影视剧的错误导向，我们要有一双慧眼，学会辨别，学会克制，平时更充分地了解社会，远离赌博，保护自己。

（班长统计比赛得分，并将结果告知班主任。）

师：同学们，经过刚才两轮紧张激烈的比赛，我们的获胜同学已经揭晓，就是××等三位同学。

（预设：学生欢呼。）

师：大家把掌声送给他们。

三、"法官"为我敲警钟

师：通过刚才的抢答，验证了同学们是懂得一定的法律知识的。但是在现实生活中，却有一些人因为不懂法律或者无视法律的存在而付出了惨痛的代价。那么，中学生犯罪的诱因与典型案例有哪些呢？今天我们请到了三名"法官"，下面请他们为大家逐一讲解。

（三名学生扮演法官走上讲台并讲解，学生讲解时教师同步播放课件，课件以图片或漫画的形式呈现。）

法官一：我是李法官，我为大家讲的是中学生犯罪诱因之一"哥们义气"。有这样一个案例（出示课件）：

陈某和罗某是某中学学生，均为16岁。一天晚上，二人接到同学顾某的电话，顾某在电话中说白天被人殴打，请他们帮忙去教训对方。于是这二人各自携带一把刀子，又邀约十几个同学前去。与顾某会合后，当晚八点，在一游戏厅找到白天殴打顾某的肖某和王某，陈某和罗某等一哄而上，把肖某和王某砍伤后，逃离现场。

案发后陈某和罗某二人意识到事态的严重性，便主动到公安机关投案自首。最后陈某、罗某、顾某以及参与打架斗殴的学生分别被判处三年至七年的有期徒刑，并附带民事赔偿受害人肖某和王某医疗费、营养费等费用共计10.6万多元。

法官一：同学们，陈某和罗某因哥们义气帮同学打架而帮进牢房，你们认为值还是不值呀？

（预设：学生大声回答，不值！）

法官一：但是大家渴望友谊，那什么是真正的友谊呢？大家想知道吗？

（预设：学生大声回答，想！）

法官一：我国著名教育家孔子在交友上十分慎重，说"益者三友，损者三友"，告诉我们要与正直、诚信、知识广博的人交朋友。爱因斯坦也说："世间最美好的东西，莫过于有几个有头脑和心地都很正直的朋友。"同学们，真正的朋友，是在你成功时，为你高兴而不捧场的人；是在你不幸时，给你支持和鼓励的人；是在你有缺点、犯错误时，给你批评和帮助的人。真正的友谊是有明确的是非观念的，而哥们义气只讲所谓的"友情"，不讲是非。所以，以哥们义气为交友之道的人，无疑是盲目、糊涂、危险的。建立真正的友谊必须以分清正确与错误、正义与邪恶为前提。

所以，当朋友做出违反道德和法律的行为时，你应该怎么做？

（预设：学生大声回答，指出来！）

当有人以哥们义气来要求你违法时，你应该怎么做？

（预设：学生大声回答，拒绝！）

法官二：大家好！我是陈法官，大家听说过为区区5元钱而触及刑法的事吗？（预设：学生答，没有。）那我今天就给大家讲这样一个案件（出示课件）：

> 某中学喜欢上网的高三学生王某等四人在某网吧碰面，其中马某提出"弄点钱"上网，其余三人表示同意。于是四人将路过此处的陈某从自行车上拉下，对其一顿拳打脚踢。

> 陈某身上只有5元钱，四人抢得5元现金后逃离现场，案发后不久四人相继落网。

> 法院认为四名被告行为构成抢劫罪，其中两名被告被判处有期徒刑3年、缓刑3年并处罚金，另两名被告被判处有期徒刑2年、缓刑3年并处罚金。

同学们，这个案件体现的就是中学生犯罪诱因之一"网络诱惑"，我们中间是否也有痴迷于网络的同学？

（预设：学生回答，有。）

法官二：那我告诉大家一些数据，据中国青少年网络协会提供的数据，目前城市上网小学生比例为25.8%，初中生为30%，高中生为56%。报告指出，目前我国城市青少年网民中，网瘾青少年比例约为14.1%，人数约为2404.2万人。而13岁至17岁的中学生群体成为"网瘾重灾区"。精神卫生专家通过研究分析接触到的病例总结出的结论是：青少年一旦沉迷于网络游戏，即会产生愈来愈强烈的心理依赖和反复操作的渴望，不能操作时便出现情绪烦躁、抑郁等戒断症状。这种成瘾症状和戒断症状同时存在的特征，与毒品海洛因的成瘾行为特征极其相似。所以因迷恋上网而逃学、离家出走、抢劫甚至猝死在网吧、走向犯罪道路的现象在中学生中已有发生。

同学们，网络能够带给我们快乐，但是我们必须学会控制。古希腊哲学家亚里士多德说："一个纵情恣乐毫无节制的人，会变成一个放荡的人。"同学们，我们能够成为这样的人吗？

（预设：学生回答，不能！）

法官三：大家好！我叫正义法官，我想提醒大家做事一定不要冲动，冲动是魔鬼哦！因为中学生犯罪诱因之一就是"口角冲动"。有这样一个案件（出示课件）：

> 一天晚上，某中学发生一起故意杀人案，杀人凶手是一个刚满14周岁的少年，而被杀者竟然是他的同学。原来该校初一年级学生陈某与刘某因琐事发生口角纠纷，陈某动手打了刘某一耳光。恼羞成怒的刘某失去理智，

从床下抽出一把水果刀，对着陈某的脑部、腹部等处连刺三刀。陈某被送往医院后抢救无效死亡。案件发生当晚，县公安局迅即组织侦技人员赶赴现场，将刘某抓获归案。因刘某系未成年人，一审被判处有期徒刑15年。

刘某正是花季少年，但是因为自己的冲动无知使自己身陷囹圄，大家是否为他感到惋惜难过？

（预设：学生回答，是。）

法官三：因此，同学们，为了一生的幸福，学法守法是否十分重要？

（预设：学生回答，是。）

法官三：下面，请同学们跟我一起念：学法，让我们学会三思；守法，让我们安全幸福。

四、这样成长才最好

师：同学们，刚才三位法官所讲案件中的主人公正处于人生最美好的阶段，但是却做出这些傻事，最终害人害己，那么我们应该如何有效规避风险、预防犯罪，让自己健康成长呢？

（学生讨论，教师相机请同学回答。预设：学生会说，加强学习，严于自律，防微杜渐，等等。）

师：同学们刚才回答得真好，大家正处在青春期，青春就像一艘风帆高扬的船，即将带着我们去远航，世界的美好将一一展现在我们面前，可违法犯罪就如同一头恶魔，隐藏在黑暗之处，伺机吞噬这份美好。我们应该怎样避免违法犯罪，拥有美好的人生呢？老师告诉大家这样一些方法：

1. 慎交友。和人交往，一定要慎重，牢记古人忠告"近朱者赤，近墨者黑"。要同那些思想品德好、勤奋好学的人交朋友，彼此真诚相待、取长补短、共同进步。不要和校外品德劣迹的小混混同流合污。

2. 立大志。应加强思想品德修养，要用道德、法律规范自己的行为，立下大志，苦学成才，长大报效祖国。

3. 善慎独。同学们一定要有独立思考的能力。遇事该怎么做，不该怎么做，要有自己的主见，且不可盲从。

4. 敢维权。每一个青少年都应学法、知法、懂法、用法，学会用法律武器保护自己的合法权益。

5. 要坦白。一旦做错了事，甚至犯了法，就要勇敢地向老师、学校、有关部门把事情讲清楚，争取从宽处理。

五、朋友，我想对你说

师：刚才我用"慎交友、立大志、善慎独、敢维权、要坦白"这15个字告诉了大家如何驾驶好自己的生命之舟，但不是所有的人都有这样的幸运，能够及时认识到法的重要性，有些人仅仅是一念之差，导致身陷囹圄。

假如时光回转，帮人打架的陈某和罗某、抢5元钱的王某等、丧失理智而杀同学的刘某回到他们犯罪前的某一刻，为帮助他们更好地把握青春时光，防止他们滑入犯罪深渊，请你以朋友的身份给他们写一段100字左右的文字，告诉他们我们应该怎样成长，题目就叫："××，我想对你说，……"，这是今天班会课的作业。

六、总结全课

师：同学们，人生之河，会有激流暗礁，我们一定要学会选择正确的路径，法律是我们行进的指南针，告诉我们正确的方向，让我们懂得自我保护，让我们的人生之舟乘长风破万里浪。让法律在我们的心窝里扎下根，让"法"为我们的成长护航吧。

点评

用好名人名言

在主题教育课中，为了增强说服力，许多老师会选用名人名言。我非常赞同。我认为，在成长的路上，我们需要聆听智者的声音，需要从众多卓越人士那里汲取精神的营养。

有人讨论，名人名言何时出现好？我认为，名人名言的出现可以在课的开头，可以在课的中间，也可以在课的结尾。主要根据课的推进需要来考虑，不必拘于一格。

对名人名言可以作必要的介绍、分析，可以借助名言开展师生对话交流，可以通过诵读加深对名言的印象。在通过课件展示名人名言时，我建议，做得大一点，清楚一点，再配上名人的照片，如果是古代的名人，建议找人物的肖像画。

当然，在网上搜索名人名言时，一定要注意准确性。不能张冠李戴，不能以讹传讹。

青春在奉献中闪光
（志愿者服务话题）

四川省德阳五中　钟俊刚

设计背景

习近平总书记在给华中农业大学"本禹志愿服务队"的回信中热情寄语：历史和现实都告诉我们，青年一代有理想、有担当，国家就有前途，民族就有希望，实现中华民族伟大复兴就有源源不断的强大力量。希望你们弘扬奉献、友爱、互助、进步的志愿精神，坚持与祖国同行、为人民奉献，以青春梦想、用实际行动为实现中国梦作出新的更大贡献。总书记的勉励鼓舞着青年志愿者在平凡的岗位上服务他人，奉献社会。

奉献精神，不是一个抽象的概念，而是一种情感，一种境界，一种无私的爱，更是一种伟大的实践，一种人生价值的体现。而据调查，冷漠自私是当前青少年普遍存在的心理问题之一，不少青少年对集体事务不关心，过于计较个人的利益得失，缺乏奉献精神。在缺乏奉献精神、物欲横流的当下，培养高中生的奉献精神就成了艰巨又富有挑战性的工作。而高中是学生成长的重要阶段，拟通过专题教育，指导学生学习志愿者的奉献精神，学会关心、帮助他人，不仅能使学生心灵美好，也能提升其能力，适应社会发展的需要。

教育目标

·指导学生了解志愿者、志愿工作和志愿者的"奉献精神"，思考社会为什么需要志愿者。

·通过学习志愿者的先进事迹，激发学生帮助别人、服务社会的热情。

·通过志愿者情景模拟活动，让学生认识到担任志愿者应具备的能力，并在实践中学习提高。

·收集志愿者及志愿服务的有关知识。
·收集当代志愿者的先进事迹。
·制作课件。

教育过程

一、导入话题

师：大家请看，这是一个什么标志？你能解读这个标志的寓意吗？

［预设：学生回答，不清楚；知道，这是中国青年志愿者的标志；标志的整体构图为心的造型，同时也是英语"青年"（youth）的第一个字母 Y；图案中央既是手，也是鸽子的造型；等等。］

师：这就是中国青年志愿者的标志。这个标志寓意中国青年志愿者向社会上所有需要帮助的人奉献一片爱心，伸出友爱之手，面向世界，奔向未来，表现青年志愿者"热心献社会，真情暖人心"的主题。

二、介绍志愿者及志愿者服务的相关知识

师：那什么叫作志愿者呢？我来做点普及："志愿者"（volunteers）是一个没有国界的名称，是指不受私利驱使、不受法律强制，而乐于从事社会公益事业的人或人群。

在香港，志愿者被称为"义工"，在台湾，志愿者被称为"志工"，大陆就叫志愿者。

志愿服务起源于 19 世纪初西方国家宗教性的慈善服务，是指个人志愿奉献自己的时间、精力或资源，在不为私利，不取报酬的情况下，为改善他人生活、促进社会进步而提供的服务。

当前，国外志愿服务活动开展得十分活跃。志愿服务正以其突出的社会效益受到越来越多的国家政府和社会的重视。许多国家的志愿服务活动起步早、规模大，社会效益好。志愿服务活动已经成为加强公民道德教育和维护社会稳定的有效形式，参加志愿服务活动已成为广大公民的自觉行动。如在美国就有 6100 多万人自告奋勇地为慈善组织及全国服务性机构工作，调查显示，美国志愿者人数占总人数的 56%，人均每周腾出 4 个小时做义工。我国在 20 世纪 80 年代后期开始出现志愿活动和志愿者。1994 年 12 月 5 日，我国全国性志愿者组织在共青团中形成，服务领域包括环境保护、社会服务（社会互助、社区服务）、社会治安、大型活动、社会援助等方面。

接下来我想让大家看一组图片。（出示课件。课件展示志愿者扶老助残、义务献血、义诊、支教、为有困难家庭的子女或辍学学生提供补习功课服务、在出现突发事件或重大灾情时提供志愿服务、为重大活动和会议提供志愿服务等。）

师：同学们，通过这些图片你能说说我们为什么需要志愿者吗？

（预设：学生回答，社会虽然发展很快，但还有患重病无法医治的病人，因缺学费而无法继续学习的孩子，因各种原因而被遗弃的老人……这些图片再现了志愿者对他们进行帮助服务的情景；我们社会需要志愿者的原因在于人总有需要别人帮助的时候，志愿者所做的工作虽然平凡，却解决了很多人的燃眉之急，同时让更多的人从志愿者身上看到了社会的美好，看到了生活的希望，进而带动受助者也投入到关心他人、帮助他人、为社会作贡献的活动中，我们的社会会因为他们变得更加和谐；等等。）

师：同学们，你能说说志愿者身上最突出的特点是什么？

（预设：学生回答，帮助他人、无私奉献。）

师：同学们刚才的回答都很精彩。志愿者最突出的特点就是具有奉献精神。下面老师想给大家介绍两个青年志愿者，希望同学们从他们身上进一步认识"奉献精神"。

三、青年志愿者先进事迹介绍

师：我要介绍的第一位青年志愿者叫李萍。（出示课件）

地震前，她是一名学前教育工作者；地震后，她成为一名志愿者，积极投身志愿服务活动，传递爱心。她就是来自什邡的志愿者——李萍。

李萍是什邡市一家幼儿园的负责人，灿烂的笑容、开朗活泼的个性，深受孩子们的喜欢。李萍说，从事幼教工作十余年，自己特别喜欢和孩子在一起。5·12特大地震后，全国各地的志愿者深入灾区开展志愿服务活动，让李萍的内心受到不小的触动。李萍说当这些志愿者给大家带来关爱和帮助的同时，也让她更多地想到自己又能做些什么，才能实现爱的传递。

从这以后，李萍也成了一名志愿者。她和队友们积极开展志愿服务活动，为受灾群众提供力所能及的帮助，并在这条道路上坚持走了下来。在了解到中江一家幼儿园希望得到帮助时，李萍和队友们第一时间赶到那里，拍了很多照片回来作宣传，从而带动更多的家长、老师甚至幼儿园的孩子们也来参加志愿者活动，让中江的幼儿园的孩子们得到了温暖和关爱。在此过程中，李萍将志愿服务和自身工作相结合，用志愿服务精神教育和培养下一代。她说，可能志愿者做的都是一些微不足道的小事，可就是这无数件小事成就了志愿者精神。

师：现在请同学们用关键词来概括李萍老师的事迹，谈谈你们的感受。

（预设：学生回答，"爱的传递""力所能及""坚持"以及"带动"他人、"成就"精神等等。）

师：大家说得非常好，李萍老师的事迹带给我们许多感动，也带给我们许多思考。李老师是从全国各地志愿者的活动中受到触动，从而开始"爱的传递"。志愿者行动就是你感动我，我影响他，将爱传递。李老师的事迹还"带动更多的家长、老师甚至幼儿园的孩子们也来参加志愿者活动，让中江的幼儿园的孩子们得到了温暖和关爱"。

下面我向大家介绍第二位志愿者，她的名字叫王达佳。（出示课件）

王达佳，电影《少年达佳》原型人物、央视公益广告《一张纸的故事》中手捧纸箱的女孩，1995年出生于长沙市一个普通知识分子家庭，现就读于湘潭大学广播电视新闻学专业。

从8岁起，王达佳坚持12年做义工，她参与过义卖报纸、气球、鲜榨果汁等为希望工程筹款的爱心志愿服务活动，并坚持利用寒暑假和元旦春节等节假日去社区、福利院、救助站做志愿者，累计为慈善公益捐赠款物近40万元，被誉为"慈善天使"。

2008年初冰灾期间，王达佳义卖自制贺卡4000余张，筹集12008元善款资助浏阳市田家炳中学12名贫困学生。2008年四川特大地震灾害发生后，她出版了自己的爱心作品集《成长，从感恩出发》，通过义卖，为四川灾区筹集善款12万元，在四川理县建成"达佳爱心电教室"，为地震灾区捐赠的爱心款物共折合人民币 15 万余元，并在四川地震一周年之际，深入地震灾区理县做志愿者，为灾区小朋友带去了爱与快乐。王达佳先后被授予"感动长沙十佳少年""长沙十大慈善人物""长沙市首届道德模范""湖南金牌志（义）工"等光荣称号，被湖南推荐候选 2009 年央视"感动中国人物"，2010 年 12 月当选"全国百名优秀志愿者"，2011 年 2 月荣登中国好人榜"中国好人"，2011 年 9 月作为全国美德少年出席第三届全国道德模范颁奖典礼。

师：这是一个 90 后，彰显了新时代青年的责任和担当，为 90 后的青少年树立榜样。请同学们也用关键词来概括王达佳同学的事迹。

（预设：学生回答，大爱之心、积极主动、不畏艰苦、乐于坚持，等等。）

师：同学们说得很好，这两位志愿者确实都是青年志愿者中杰出的代表，当然除了青年志愿者之外，我们还有很多的中老年志愿者，他们也为我们树立了榜样。比如说拾荒助学子的高龄孤寡"五保"老人刘盛兰、被誉为"雷锋传人"的郭明义等等。现在老师总结了两点感受，与大家分享。

（1）这两个青年志愿者的事迹启示我们，要多献出一点"爱心"，多奉献一些"公德"，对社会有所担当。一个人的力量是很小，但是他能影响更多的人来关注我们的社会，只要人人都献出一点爱，我们这个世界就会变成美好的人间。

（2）许多同学是独生子女，娇生惯养导致我们较为自私，只顾自己、不顾他人，缺乏互助意识、集体主义观念和吃苦精神，常常只想索取不想付出。王达佳同学用自己的行动向我们证明，新一代青年要有强烈的社会责任感，青春只有在奉献中才能闪光，这样的人生才有价值和意义。

四、如果你是志愿者（志愿者服务难题测试）

师：同学们都愿意做一名志愿者吗？（学生回答"愿意"）那做志愿者容易吗？现在我就要提出几个问题来考考大家，看看我们该怎样处理。我的第一个问题是（出示课件）：

1. 有同学说志愿服务很好，但我们学习紧张，没有时间，没有机会，你看该怎么办？

（预设：学生回答，时间在于挤，做力所能及之事，在校内也可以开展志愿活动，等等。）

师：我非常赞同同学们说的"时间在于挤"，我想补充的是"机会在于找"。我们要有志愿服务意识，在校内校外做自己力所能及之事。比如在校内维护校园卫生，爱护公物，积极参加学校的社团活动，为同学老师服务；在校外积极参加志愿活动，为社区居民服务，到敬老院、孤儿院献爱心等。特别是可以利用假期，到居委会、村委会见习锻炼。现在再看第二题。

2. 暑假，你准备到居委会见习，进行志愿服务。可是居委会主任问你如何打算时，你却不知怎样说才好。该怎么办？

（预设：学生回答，真有点难，要多锻炼，胆子在于练，等等。）

师：看来要做好志愿服务工作，需要锻炼，需要做好必要的准备。居委会主任问你如何打算时，你应将自己的打算说一说，比如慰问离退休老人、帮助社区外来务工者子弟、打扫社区卫生、组织纳凉晚会等，同时还可以请居委会主任多多指点。我很赞同同学们说的"胆子在于练"，还想补充一句，"方法在于学"。其实，参加志愿服务不仅可以使自己心灵美好、使社会温馨和谐，也可以提升自己的能力，使自己适应社会发展的需要。

经过这两次测试，我想我们和真正的志愿者之间还是存在差距的，但大家也不要气馁，我们是可以通过实践活动来提高的。我们就从校内外的小事做起。做好小事不仅可以提高自己的能力，也是在用自己的实际行动来为我们社会的发展添砖加瓦。我相信大家一定会成为一名优秀的志愿者。

五、总结全课

师：同学们，青春，是我们一生中最美丽的季节。当一个人的青春融入到一份事业、一个时代中，就不会远去，而这份事业也必将在岁月的历练中折射出耀眼的光芒。

此时我想起了这样一句话："有的人活着，他已经死了；有的人死了，他还活着。"生命的意义在于活着，那么活着的意义又是什么呢？许多优秀的青年志愿者已经给我们作出了响亮的回答，那就是两个字——奉献！我们可以设想，不付出、不追求、不创新，这样的青春必然在似水年华中渐渐逝去，回首过往，没有痕迹，没有追忆。我想，这绝对不是我们存在的意义。

最后我请大家一起来欣赏一首歌，这首歌就是《青年志愿者之歌》——会唱的同学可以跟着唱——让我们用歌声、用行动来向青年志愿者致敬！

教学生以方法

班主任关心学生成长，不能只是空泛地说教，还应该有具体的指导。主题教育课与训话相比，班主任不是发一时之怒火，而是有备而来，在晓之以理，动之以情的同时，更注重"导之以法"。

本课是志愿者服务的话题。这一话题在相当长的时间内都有现实意义。因为许多学生不清楚什么是志愿者服务，不知该怎样进行志愿者服务。

这节课老师的指导具体、细致、明确。特别对于怎样进行志愿者服务，在介绍优秀志愿者的基础上，老师设计了"如果你是志愿者（志愿者服务难题测试）"。两道题目别具匠心。

第一题是："志愿服务很好，但我们学习紧张，没有时间，没有机会，你看该怎么办？"在同学讨论的基础上，老师指出："非常赞同同学们说的'时间在于挤'，我想补充的是'机会在于找'。"对"机会在于找"，老师进一步指出："我们要有志愿服务意识，在校内校外做自己力所能及之事。比如在校内维护校园卫生，爱护公物，积极参加学校的社团活动，为同学老师服务；在校外积极参加志愿活动，为社区居民服务，到敬老院、孤儿院献爱心等。特别是可以利用假期，到居委会、村委会见习锻炼。"平时与假期、校内与校外，指导到位。

第二题则更为具体："暑假，你准备到居委会见习，进行志愿服务。可是居委会主任问你如何打算时，你却不知怎样说才好。该怎么办？"也是在同学讨论的基础上，老师指出："（做好志愿服务）需要做好必要的准备。居委会主任问你如何打算时，你应将自己的打算说一说，比如慰问离退休老人、帮助社区外来务工者子弟、打扫社区卫生、组织纳凉晚会等，同时还可以请居委会主任多多指点。我很赞同同学们说的'胆子在于练'，还想补充一句，'方法在于学'。"

高中生明显不同于小学生、初中生。但在实践的历练上，还是需要老师指导的，这样可以少走弯路，可以更快地成长。这两道题目，老师给予的志愿服务方法可以概括为"时间在于挤""机会在于找""胆子在于练""方法在于学"。举一反三，可以收效多多。

当然问题的解决不能是纸上谈兵，但做好了准备，可以更好地实践。

认清自我，规划人生

（生涯规划话题）

河南省济源一中　侯志强

设计背景

到了高二，经过一年的学习，学生学习的长处、不足、兴趣爱好等有了进一步的凸显，对高中的学习和生活也已经基本适应。高三学生所体会到的高考压力在他们看来似乎还有点遥远，高一时的热情和憧憬却早已不在。于是懈怠、拖延、自满、徘徊、享乐、攀比等前进路上的消极风气开始滋生。浮躁，成了高二学生最典型的标签。

古罗马政治家、哲学家塞涅卡说："有人活着却没有目标，他们在世间行走，就如同河中的一棵小草随波逐流。"确实如此，没有目标，此时的学生正如忘记来路的醉汉；缺少规划，又在精神流浪的路上渐行渐远。因此，引导他们树立目标并合理规划人生，便成了迫在眉睫的任务。

教育目标

- 通过案例探究，激发学生规划人生方向的紧迫感。
- 通过活动体验，引导学生用科学的方法认清自我。
- 通过案例研讨，介绍有效方法，指导学生初步规划人生。

课前准备

- 准备大型谈话电视栏目《我们》的宣传片头。
- 准备性格职业小测试和调查问卷。
- 制作课件。

一、观看视频，引入话题

师：同学们，今天的课上先请大家看一小短片。这是一个探究人生方向的视频，所播内容发人深省。看的时候，请同学们用心看，动笔记，留心主持人说的每一句话，看完后需要回答几个问题。现在开始播放。

（播放视频《我们》的宣传片头。视频简介：短片以磅礴大气的手法展现了社会各个阶层的人们生活和工作的瞬间。这段视频会让你瞬间找到亲人、朋友、老师、身边的其他人甚至是自己的影子。视频的结束语也发人深省。）

师：他们就是我们，我们就是他们的一部分。他们有的意气风发，生活在社会金字塔的顶端；有的却庸庸碌碌，无论坚持还是放弃、奋斗抑或徘徊，都焦虑着，茫然着，挣扎着。我们不禁要问，是什么造成了如此悬殊的差距？

（预设：学生回答，他们的人脉关系不同、努力程度不同、能力不同、人生态度不同、从小设立的目标不同，甚至会有学生提出"拼爹"等家庭背景差异。）

师：是的，他们的人生轨道之所以千差万别，原因多且复杂，但有同学提到的"目标"无疑有着重要的作用。

二、分享故事，激发诉求

1. 分享放牛娃的故事

师：有这么一则故事，说有人在大山里面见到一个放牛娃，就问他："你在这干吗呢？""我在放牛。""为什么要放牛呢？""放牛攒钱。""攒了钱干什么呢？""长大了娶媳妇。""娶了媳妇呢？""再生个孩子。""生了孩子后要怎样？""让他放牛。"……你们说，他人生中最缺的是什么？

（预设：学生回答"目标"或"规划"。）

师：那么他未来的人生是什么样子？

（预设：学生齐答"放牛"。）

师：是的，不仅他要放牛，如果不去改变，他的儿子也要放牛，孙子还要放牛，子子孙孙无穷匮也。这从一个视角解释了我们人生出现巨大差异的根本原因。我还要问大家一个问题：你们现在在学校干吗呢？读书？读书为了什么？上大学？上大学为了什么？找工作？找了工作以后呢？赚钱？赚了钱以后？娶媳妇？娶了媳妇呢？生孩子？孩子长大了让他干吗？读书？……你们有没有觉得自己的生活有点像牧童这个样子呀！

（预设：学生议论纷纷，有人震惊，有人反对，还有人沉默不语。）

师：我看到有些同学反对，很好，那是因为你们有自己的目标并为之奋斗，并没有随波逐流；但也有些同学沉默，也很好，你们从这个故事中得到了一些启发。我们想想，进入高二以来，是不是放松了对自己的要求？是不是迷失了前进的方向？是不是丧失了奋斗的动力？如果是，那你就是现实中的放牛娃啊！

（预设：有学生会鼓掌。）

师：可是人生真的很短，日出日落就是一天，春夏秋冬就是一年，少青中老就是一辈子，谁也无法让时光倒流，谁也不能长生不老。但人生所要做的事情却有很多，所要承担的责任和履行的义务也有很多，哪还有时间蹉跎虚度？所幸的是，我们无法延长人生的长度，但却可以拓宽人生的宽度。也许你要问：在如此短暂的人生旅途中，如何才能最大限度地实现自己的人生价值呢？唯有提前规划。那么，该怎么去规划我们的人生呢？

三、组织活动，认清自我

1. 介绍人生规划的基本步骤

师：人生规划分为四步：第一步，认清自我，了解自己的兴趣和特长；第二步，定位自我，根据自己的兴趣特长来定位自己的职业；第三步，发展自我，在自己所选择的行业中奋力拼搏，并最终达到人生规划的第四步，即实现自我，成为伟大祖国新一代合格的公民，为社会作出卓越的贡献。

由于我们还在高二，还处于学习阶段，我们的目光不需要这么长远，今天的任务也只锁定在人生规划的前两步：认清自我，初步确定自己的职业方向，并作出简单的规划。我们先来做一个小测试，通过测试来了解自己到底是一个什么样的人。

2. 性格测试定职业

师：我们为同学们准备了一个小测试，它会反映出你是一个具有什么性格的人，并针对这种性格推荐了一些合适的工作方向。哪位同学愿意来试试？（出示课件）

假设你正参加一次奇幻之旅，透过面前的窗户能看到你想看的任何景色。你最期待看到的是？ A.充满挑战的崎岖山路；B.任何与食物有关的景色；C.一片绿油油的草原风光；D.海天一线的远眺美景；E.任何和树木有关的景色。

（备注：参考答案如下。

A.千里马：目标坚定，勇往直前！你是集智慧和行动力于一身的千里马。你有明显的成功特质，因为你已为自己的人生订好目标，并且会全力以赴，所以无论身处什么样的环境，都能有一番成就。参考志愿：适合你发展的领域是计算机、贸易、金融、出版、新科技等。

B.快乐猪：人生以 happy 为目标！你的眼睛永远呈现迷蒙的状态，这辈子只有吃东西时最快乐……你不懂什么是竞争、压力、力争上游……人生的哲学就是"精神重于物质，快乐就好！"参考志愿：适合你发展的领域是创意、室内设计、美容、烹饪等。

C.勤劳牛：脚踏实地，勤劳第一！你的性格特质就是勤奋和规律，你从来不妄想、不贪图，只要把分内的工作完成，就觉得愉悦满足。你的执行能力很强，而且还有可贵的责任感。参考志愿：适合你发展的领域是秘书、行政、教育、专业技术人员、运动员等。

D.悠游鸟：自由自在，追求新鲜！你的反应力佳，社交能力更是一级棒，不喜欢规律或拘束的生活方式，如果能每天接触不同的新鲜事物或认识不同的朋友，会让你的人生更有意义。参考志愿：适合你发展的领域是传播、演艺、推销、公关、旅游等。

E.聪明猴：聪明伶俐，但没耐性！你擅长用自己的优势，让别人不自觉地喜欢你、欣赏你、肯定你，虽然有时候会在不经意之间显露出不耐烦的一面，但是却无损于你在大家心目中的好印象。参考志愿：适合你发展的领域是新闻、医生、律师、政治、人权运动等。

这项测试的依据来自心理学常识：渴望见到的事物反映自己的内心。但它毕竟只是一个游戏，趣味性远大于科学性，旨在热场，重点在后面的调查问卷。）

（预设：学生们一般对心理测试很感兴趣，所以会积极踊跃参与。建议：教师每读出一位同学的性格时适时地问一句："大家说说，对这位同学的描述准不准？"这会增加游戏的趣味性和参与度。）

3. 扪心自问欲何为

师：在刚才的心理测试中，有的同学说准，有的说不准；但无论它是否准确，都只是来自外界的评价，若想真正地认清自我，还需要扣问自己的内心。请同学们平静下来，用心填写发给你们的调查问卷。（出示课件）

问卷内容

1. 我是什么样的人？（性格）

2. 我喜欢做什么？（爱好）

3. 我能够做什么？（特长）

4. 十年后，我会是什么样的人？（职业理想、事业理想）

5. 为了成就十年后的自己，我应做哪些准备工作？

（预设：学生完成问卷。）

师：好了，哪位同学愿意跟大家分享自己的回答？

（预设：经过一轮热身之后，学生们基本已经放开，所以回答也比较积极，而且会惊喜连连。）

四、以终为始，规划十年

1. 以周迅成功经历，介绍"终点思考法"

师：同学们填完了这个问卷之后，对于自己今后要从事什么职业，我想，你们心里应该大致有谱了。那么，我们该如何一步一步地靠近自己的理想呢？眼下我们应该作怎样的努力呢？我们可以从一个人的成功经历中得到启发。（出示课件）

想想十年后的自己

周迅

18 岁之前，我是个不知道自己想要什么的人，那时我每天就在浙江艺术学校里跟着同学唱唱歌，跳跳舞。偶尔有导演来找我拍戏，我就会很兴奋地去拍，无论多小的角色。

如果没有老师跟我的那次谈话，那么也许直到今天，仍然没有人知道周迅是谁。

那是 1993 年 5 月的一天，教我专业课的赵老师突然找我谈话："周迅，你能告诉我，你对于未来的打算吗？"

我愣住了。我不明白老师怎么突然问我如此严肃的问题，更不知道该怎么回答。

老师问我："现在的生活你满意吗？"我摇摇头。

老师笑了："不满意的话证明你还有救。你现在就想想，十年以后你会是什么样？"

老师的话音很轻，但是落在我心里却变得很沉重。我脑海里顿时开始风起云涌。沉默许久，我看着老师的眼睛，忽然就很坚定地说："我希望十年后的自己成为最好的女演员，同时可以发行一张属于自己的音乐专辑。"

老师问我："你确定了吗？"

我慢慢地咬紧着嘴唇回答："Yes"，而且拉了很长的音。

老师接着说："好，既然你确定了，我们就把这个目标倒着算回来。十年以后，你28岁，那时你是一个红透半边天的大明星，同时出了一张专辑。

"那么你27岁的时候，除了接拍各种名导演的戏以外，一定还要有一个完整的音乐作品，可以拿给很多很多的唱片公司听，对不对？

"25岁的时候，在演艺事业上你就要不断进行学习和思考。另外在音乐方面一定要有很棒的作品开始录音了。

"23岁就必须接受各种培训和训练，包括音乐上和肢体上的。

"20岁的时候就要开始作曲，作词。在演戏方面就要接拍大一点的角色了。"

老师的话说得很轻松，但是我却感到一阵恐惧。这样推下来，我应该马上着手为自己的理想做准备了，可是我现在却什么都不会，什么都没想过，仍然为小丫鬟小舞女之类的角色沾沾自喜。我觉得有一种强大的压力忽然朝自己袭来。

老师平静地笑着说："周迅，你是一棵好苗子，但是你对人生缺少规划，散漫而且混乱。我希望你能在空闲的时候，想想十年以后的自己，到底要过什么样的生活，到底要实现什么样的目标。如果你确定了目标，那么希望你从现在就开始做。"

一年以后，我从艺校毕业了，从那天开始老师的话一直刻在我的心底：想想十年后的自己。是的，当我意识到这是一个问题的时候，我发现我整个人都觉醒了。

从学校毕业后，我忙于接拍各种各样的影视剧。我始终记得，十年后我要做最成功的明星，所以对角色我开始很认真地筛选。后来我拍了《那时花开》，拍了《大明宫词》，我渐渐被大家接受，也慢慢地尝到了成功的快乐。

2003年4月，恰好是老师和我谈话后的十周年，我不知道这是偶然还是必然，我居然真的拥有了属于自己的第一张专辑——《夏天》。

其实你也和我一样。如果你能及时地问自己一句，"十年后我会怎么样？"，你会发现，你的人生就会在不知不觉中发生变化。时刻想着十年后的自己，你会朝着自己的梦想越走越近。

周迅为什么只规划十年呢？因为她当时还在艺校学习，十年后恰恰是艺校毕业、进入社会的前八九年时间。这八九年培养起来的心智成长度和心灵成熟度，将会影响到你未来的 20 年、30 年甚至一辈子的命运。因此，从大学起规划十年，基本上就相当于为人生搭建好了平台。而周迅这种从最高目标一步一步向前推进的方法，就叫作"终点思考法"。

2. 讲述我的"十年规划"

我看到周迅这个故事的时候是 2005 年，刚上大学，正好也是 18 岁，当时有点懵懂，没有对未来作出任何规划。震撼之余，也试着问自己：十年之后，你想成为什么样的自己？

纠结了几天之后，我对自己说：不管做什么，十年之后我都要成为业内的精英，并要发表一本文集。按照终点思考法一推，一切都变得清晰起来：

2015 年，我 28 岁，是所在行业的精英，已发表了一本文集；

2013 年，我 26 岁，业绩突出得到单位认可，文集内容大致梳理完毕；

2011 年，我 24 岁，接受了专业培训，工作得心应手，并积累了大量写作素材；

2009 年，我 22 岁，刚毕业参加工作，应该具备有竞争力的业务素质，并且有较高的写作能力。

那么 2005 年，我刚上大学，应该积极参加各类实践活动以培养综合能力，并且坚持写作练笔！

从那以后，我就以此为目标要求自己，大一成功竞选了班长，大一下学期进入我所在英语系的学生会秘书处；大二成为英语系双语广播电台的播音主持，参演多部晚会小品并得奖；大三淡出学生会担任小学《三字经》义教，兼任系广播电台副台长，同时准备考研，专业是对外汉语。大学期间，我以"乐谦"（化名）这个网名在新浪博客上坚持写作了四年，诗词歌赋皆有涉猎。大学毕业后考入河南省济源一中任教。任教期间用心钻研教育教学，加入了秦望老师组织的"8+1"工作室，把专业和写作结合在了一起。今年是 2015 年，我可以自豪地说自己已是学校的业务精英，虽然还没有出版文集，但素材的积累和整理却从未间断并初步成形，相信不久就能实现。回首往事，不得不承认，如果当初不是受到周迅的启发，我不可能取得现在的成绩！

（预设：学生热烈鼓掌。）

师：下面到你们了，你们高二了，也快18岁了。请你也用"终点思考法"，结合实际情况填写自己的十年规划图。

（学生填写十年规划。）

五、高呼梦想，分享规划

师：我们很高兴地看到，许多同学都在"梦想规划单"上，利用"终点思考"的原理写下了自己的梦想和实施步骤。接下来我们就请几位同学站到讲台上，大声宣布出你的梦想和规划吧！

（预设：老师可有意地邀请班长、学习委员等班级骨干作介绍。）

六、修正方向，强化落实

师：好了，同学们表现得都非常积极，基本上都追随着自己的内心找到了奋斗的方向，并有了初步的规划。但你是否真的对自己有一个清醒的认识呢？这还需要由你周围的人来见证。我给同学们布置一项作业：请将你的规划转述给五位师友，并请对方提出看法和建议。根据师友的建议修正自己的规划，然后把最终的十年规划贴在显眼处。相信大家一定能出色地完成。

七、总结全课

师：同学们，在这个世界上，通向成功的道路何止千万条，但我们要记住：所有的道路，不是别人给的，而是我们自己选择的结果。我们有什么样的选择，也就有了什么样的人生。成功与失败者的区别在于，成功者选择了正确的方向，而失败者选择了错误的方向甚至没有选择方向。我们志存高远，但却理应行在当下；我们不贪求大富大贵，但却理应未雨绸缪。人生规划，从现在开始，从认清自我开始，从手中的一点一滴开始。

最后，衷心祝愿同学们有一个灿烂的人生！

作好调查

这节课班主任在课上开展了小调查。主题教育课要增加针对性，开展小调查是一种有效的方法。

小调查可以在课前进行，也可以在课上进行。课前的小调查准备时间比较充分，班主任可以进行统计分析，制成调查结果示意图，给同学们分析。课上的小调查时间则相对有限，但具有现场感，有助于课堂教学的推进。

小调查往往由四到五个选项组成，这样话题比较集中，也易于操作。现在也流行"微调查"，常常只是一个选项，聚焦关键问题。

有时调查还可以用测试题的形式。对于测试答案的揭晓，应调动学生的关注度，由少数到多数，由低分到高分逐一介绍。

要搞好小调查，班主任可以向网络学习。人民网、凤凰网等不少网站经常开展调查活动，许多题目的设计贴近生活，聚焦问题，可供我们参考借鉴。

寻找最美的青春
（审美话题）

湖北省赤壁一中　方　平

设计背景

　　苏霍姆林斯基认为：人之所以成为人，不只是因为他制作了第一件劳动工具，还因为他能感受美、理解美、创造美，而这种美涉及的可谓是人生活的全部，因而"审美教育涉及正在成长的人的精神生活的一切领域"。而在众多的美中，苏霍姆林斯基首推人性美。他说："人性美一旦在孩子们的精神生活中树立起来，就会促使他们考虑自己的行为，这样便会使学生的思想、情感等受到道德美的陶冶。"

　　苏霍姆林斯基关于美的论述指导我们在学校教育中要加强审美的教育。

　　学生由高一到高二，进入新的学习环境后，他们的生理、心理都会发生许多变化。同时，社会上一些不良的倾向也不可避免地对他们的审美观念产生着消极影响。比如，有些同学的服装、发饰渐渐倾向于成人化，同学间互相攀比、盲目追星或热衷于谈论某些"明星同学"的外表等。因此需对他们进行积极引导，帮助他们进一步提升欣赏美的能力，激发他们对内在美的追求，为他们形成正确的审美观奠定基础。

教育目标

　　·通过观看《民族服装秀》等相关视频，帮助学生学会辩证地看待"服饰美"，懂得着装需得体，形成正确的审美倾向。

　　·通过《寻找最美乡村教师》等视频、音频、图片的呈现，让学生明白"爱与奉献"的人生最美，领会"美"的内涵。

　　·通过"美丽青春宣言"，激发学生对内在美的追求，引导他们在生活中积极践行。

· 收集《民族服装秀》《寻找最美乡村教师》等相关视频、音频、图文资料。

· 组织学生收集日常生活中感人的故事、人物或生活瞬间。

· 制作课件。

教育过程

一、观看视频，导入话题

师：各位同学，大家好！今天我想先请大家欣赏一段视频，请看大屏幕。（展示视频片头）这是由某校青年教师自编自导自演的《民族服装秀》。大家想欣赏吗？

[预设：同学答，想。播放视频《民族服装秀》（剪辑片）。视频简介：青年教师表演的民族服装走秀，包括汉、唐、明、清代民族服装和民国时期的旗袍。]

师：她们的表演很有特色。谁能告诉我，这些不同的服装，哪种最美？

（预设：同学的回答会各不相同。）

师：刚才各位同学的答案不尽相同，有同学甚至认为都很美。确实，这些服装都是中华文明的集大成者，都很美。但俗话说"萝卜青菜，各有所爱"，美总是因人而异的。不同的人对美有着不同的体验，同时，不同的时代也有着不同的审美倾向。因此，美总是烙上了独特的个人特征、鲜明的时代特色。正所谓"仁者乐山，智者乐水"。这些服装如此美丽，你觉得那些老师会穿这些衣服到教室上课吗？为什么？

（预设：同学回答，不会，因为在教室里不适合穿这种衣服。）

师：对！不同的场合，不同的身份，我们对服饰美有不同的判断标准，对着装也有不同的要求。

二、我们的外表该怎样美

师：下面是我们生活中常见的职业和职业装，请同学们想想：你认为这些服装美吗？他们工作时要穿职业装，这对他们的工作有什么好处？（播放职业装图片。图片包括医生、军人、警察、法官、产业工人等等。)

（预设：同学回答，军装很美；穿职业装能让他们工作方便，提高工作效率；医生穿白大褂，能体现行医环境的整洁；穿职业装能使需要帮助的人更方便地找到他们；等等。）

师：如果说白衣天使是医务人员的代名词，橄榄绿是军营的骄傲和风采，那么我们又该用什么来装扮我们美丽的青春呢？请再看一组图片。

（播放一组校服图片。图片包括：《匆匆那年》等电影剧照，网络上流传的校服海报等等。）

师：这些校服看上去很普通，没有那么的华美与惊艳，但它一旦融入静谧的校园和激扬的青春，便有一种令人向往的神奇力量。同学们，你喜欢穿校服吗？你觉得穿校服有什么好处？

（预设：同学回答，喜欢或不喜欢穿校服；穿校服可以时刻提醒我们的学生身份；穿校服可以约束我们的行为，有利于我们养成良好的习惯；穿校服能增强我们的集体荣誉感，有利于同学间的交往；等等。）

师：穿校服的好处确实有很多。国内外许多学校的实践和研究已经证明，穿校服有利于身份的认同，有利于校园文化的建设。可能有同学不喜欢穿校服，认为这会抹杀自己的个性。其实个性的张扬不是通过穿奇装异服来彰显的。在我们老师眼里，穿校服的少年是最美的，校服是校园内最美丽的一道风景，校服是青春时代最亮丽的、最令人怀念的底色。

当然，要全面展现我们美丽的青春外表，除了得体的衣着外，我们还要保持合适的发型。人们常说，发型就像一面镜子，可以映射出一个人的内心世界。心理学也认为人的一切外在的行为和表现都是有意义的，能够表现出人的某些特质和心理层面上的含义。因此，我们透过发型可以看出一个人的性格特征。让我们猜猜图片中主人公的性格。（播放三组发型图片。图片包括：第一组，男生标准短发，女生马尾辫；第二组，男生长发，前刘海遮挡眼睛，女生长发遮脸；第三组，男生莫西干发型，女生爆炸式烫发。）

（预设：同学回答，第一组图片中男生和女生看起来精神爽朗、稳重干练；第二组图片中的人给人感觉喜欢遮掩内心世界，对外界很敏感；第三组图片让人觉得喜欢追逐新潮，内心不够宁静；等等。）

师：可能我们的判断不是绝对准确，但我们可以看出，第一组图片中所展示的发型更能为我们所接受，因为它更能展现出青春的朴实之美。现在，让我们再看看得到老师和家长们广泛认可的中学生发型标准吧。（播放课件，学生集体朗读。）

男生发型：不留长发，前不扫眉、旁不遮耳、后不碰领，不烫发染发，不留怪异发型。

女生发型：刘海不过眉，后发不披散，不染发烫发。

师：其实许多世界名校对学生的发型也有着明确的要求。因为青春时代，需要我们集中精力去学习。让我们穿好校服，从"头"开始，去寻找生活中的美丽。

三、寻找生活中的美丽

师：同学们，我们风华正茂，我们歌唱我们的青春如夏花绚丽，如星空璀璨，但生命中却另有一种美，一种爱，让我们景仰，让我们动容！请同学们看视频。

［播放视频（剪辑片）。视频简介：视频中介绍最美乡村教师石兰松老师、李修雄老师、杜顺老师，感动中国人物陈斌强、白芳礼、刘盛兰，以及最美妈妈吴鞠萍、中国男孩洪战辉等的事迹。配乐歌曲：2014年《寻找最美乡村教师》大型公益活动主题曲《最美的你》。］

师：大美无形，大爱无言！他们没有华丽的衣饰，也没有动听的言辞，他们和你我一样，是再平凡不过的人，却用自己的一言一行向世界诠释了什么是美，被誉为世间最美的人。请同学们谈谈你的感想。

（预设：同学回答，最让我感动的是石兰松老师26年来坚持划船接送学生上学的场面，风景很美，人更美；他们都坚守在平凡的岗位上，使自己的生命得以升华，从而成就最美的人生；杜顺老师虽然不能用双脚走路，但他用轮椅和双拐"走"出了一条别样的人生路；18年如一日，李修雄老师默默地坚守在苗寨教学点，教育当地的小孩，为了山区的孩子，克服病痛及家庭生活等方面的困难，扎根山区，辛勤耕耘；白芳礼、刘盛兰老人崇仁厚德，风烛残年，仍然用病弱的身躯，高贵的心灵，发出微弱的光，用苍老的手，在人间写下大爱；洪战辉用稚嫩的双肩扛起了成人都难以承受的一切，负重前行，用责任书写亲情与大爱；等等。）

师：因为有爱，所以美丽；因为美丽，所以感动常在。我这里有一篇网上流传很广的短文，描述了这些美丽的天使是怎样把爱与美播撒人间。请欣赏。

［配乐朗诵网络散文《爱只因有你》（有删改），配乐歌曲继续选用2014年《寻找最美乡村教师》大型公益活动主题曲《最美的你》。］

爱只因有你

你们放弃了优越的城市生活，坚守在贫瘠的山区、荒芜的戈壁，只为那心中割舍不下一双双渴望的眼睛，放不下荒凉中天使般的孩子们。你们中，有下肢瘫痪、手臂残缺、身患重疾的钢铁汉子，身残志坚，用自己残缺的生命点亮山村孩子的希望之灯；你们中，有相濡以沫，却一个人守着一个山头、悉心呵护十几个孩子童年的夫妻，隔山相望，在漆黑的夜里，用手电筒打信号语，相互道声"晚安"；你们中，有既是老师又是船夫，既是保姆又是父母的山里人，让那些父母在外的留守儿童感受到了浓浓的爱意，让不幸的他们拥有多彩的童年，点燃了他们的生命之光。最美的你，只因心中有爱！

爱只因有你：心静如水、心存大爱，犹如美丽的格桑花绽放在雪域高原。你用爱编织着一个个孩子的多彩梦想，用生命谱写着爱的赞歌。你是爱的精灵，是爱的使者。粗布衣服里包裹着一颗爱的心灵，黑黝黝的肤色下藏着一个因爱而伟大的灵魂。平凡中蕴藏着伟大，伟大中孕育着真爱。是你，让大山深处的琅琅读书声经久不息；也是你，让这座星球上荒芜的角落里绿意重生；还是你，用生命点燃了大山深处的梦想，照亮了前行的道路。最美的你，是爱的化身。

爱只因有你：让我们捧着一颗颗美丽的心灵，化作一次又一次的善举，让爱的温暖呵护着那些娇柔的生命，让爱的力量激励着我们，感动着我们，丰富着我们的灵魂。

师：爱只因有你！因为你们，神州大地美丽之花处处盛开。也许这些场景很细微，却于细微处现伟岸，平凡处显大美！在你的生活中，你也一定遇到过很多这种美丽的瞬间，如亲人的一次关怀，朋友的一次笑脸，甚至陌生人之间的一次不经意的举动，现在让我们一起来分享你生活中的美丽瞬间。

（同学讲述自己的故事，老师可穿插自己的故事。）

四、"美丽青春宣言"

师：听了同学们这么多动人的叙说，我们有理由相信：美丽就在我们身边，美丽常驻我们心田。同学们，我们豆蔻年华，正值人生最美的青春时光，怎样才不辜负这似锦年华，让我们的青春更美呢？我们先来看看名人们是怎样看待美的。

（出示课件，同学朗读课件中的名言。）

充实之谓美。

——孟子

美是一种善，其所以引起快感，正因为它善。

——亚里士多德

美是一面镜子，你在这面镜子里可以照见你自己，从而对自己采取这样或那样的态度。

——苏霍姆林斯基

有意义之美意味着，用你拥有的能力去帮助其他人，从而变成一个更好的人，创造一个更好的世界。

——吕秋明

师：分享了美丽的故事，了解了名人对美的看法之后，你觉得我们该怎样看待美呢？

（预设：学生回答，有爱心的人才是最美的人，有奉献的人生才是最美的人生；完善自我，提升修养，做一个内在美的人；真正意义上的美，是内在美，心灵美才是真的美；生活中处处都有美，只要你有一双发现美的眼睛，有一颗感悟美的心灵；真诚善良才是真美；等等。）

师：同学们的感悟很深刻。"美是一面镜子"，你认为美是什么样的，你就会成为一个什么样的人。从同学们的交流中，我们可以看出大家都愿意做一个内心美好，乐于奉献的人！我的青春我做主。现在请让我们四人一组来拟定我们的"美丽青春宣言"，让我们一起向世界宣誓，让我们青春更美丽，生活更精彩！

（伴乐——《最美的你》，分小组拟定青春宣言，明确后请小组成员集体宣读。）

（预设：学生回答，最努力的我们，最感动的青春，最美好的未来；青春无悔，美丽无涯；青春是挥不去的默默坚守，青春是写不尽的奋斗拼搏；相由心生，美丽的外表来自健康的心灵；美好心灵，激扬青春；用真爱去描绘青春的美丽，用激情去调配青春的色彩，用人生去诵读青春的宣言；等等。）

五、结束语

师：同学们，青春是最美好的。今天我们收获了很多沉甸甸的感动，也对自己的人生有了新的思考。让我们一起出发，去寻找最美的青春，成就最美的自我。谢谢大家！

点评

用好视频

这节课上，方老师组织同学先后观看了两个视频。我注意到在教案上，在使用这两个视频时，方老师都加了重要的字眼——"剪辑片"。

现在许多班主任都喜欢在主题教育课上组织学生看视频。因为他们都意识到视频信息量大、生动形象，能迅速营造课堂氛围，激发学生兴趣，培养学生情感，把学生带入与教育内容相适应的理想境界，避免了单调、乏味的说教，可以收到理想的效果。

老师们喜欢到网上下载视频或自拍视频。在网上下载视频，一要剪辑，与本课内容不相关的内容要删减，以突出重点，有效利用时间；二要确保视频的观看效果，由于网上不少视频文件是压缩的，不清晰，尽量选择 avi 格式的，清晰度相对较好。自拍的视频应注意拍摄特写镜头，力求影像清晰；人物说话可加旁白；同时要将摄影机端稳，避免画面的晃动。自拍的视频内容如果是学生表演节目，如"家长"与孩子的情景剧，建议化装表演（不要"家长"也穿校服）。

小小的"剪辑"二字，反映出方老师的用心。关注细节，是提高主题教育课课堂质量的有效举措之一，值得分享学习。

奔跑吧，高二
（时间管理话题）

上海市晋元高级中学　朱洁文

设计背景

陶行知先生曾告诫年轻人"年无废月，月无废日，日无废时"，鲁迅先生也说节省时间，也就是使一个人的有限生命更加有效，等于延长了人的生命。高中阶段正是同学们打好基础、提升自我的黄金时期。许多同学从小就知道要珍惜时间这个道理，然而在实际的学习生活中却常常停留在口头层面，珍惜时间"人人都知道，却常常做不好"；许多同学一边喊着时间不够，一边任时间流逝，一边痛惜后悔，一边继续蹉跎。

高二作为高中学习生活的中间阶段，近关乎高三，远关乎人生，马虎不得，但学生在时间的管理上却显得松懈，有"高二油"之俗称，具体表现为：午自修、晚自修对时间的有效利用不够，课余时间安排不合理，听课效率不够高，等等。综上所述，珍惜时间的教育急需加强。

教育目标

·通过讨论、交流、小组活动等环节，引导同学反思自身缺乏惜时意识的具体原因。

·通过活动，激发学生珍惜时间的情感，使其深刻体会到浪费时间的危害。

·通过学生讨论、比较和教师引导，帮助学生学会合理规划自己的时间，学习提高时间利用率的有效方法。

课前准备

·布置思考题：

（1）目前的学习和生活当中，时间够用吗？如果不够用，有什么主观原因？如果够用，你觉得你哪些做法节约了时间，提高了效率？

（2）你觉得你身边的同学谁在时间运用上比你做得好？请谈谈你眼中的他（她）。

· 制作课件。

教育过程

一、话题导入——岁月流逝不复回

师：今天我们来上一节主题班会课，什么内容呢？让高二奔跑！生命有涯知无涯，唯有"奔跑"，珍惜每一分钟时间，才能把时间的价值最大化，才能增加生命的宽度与厚度。

为何此时此地命此题呢？我想先请同学们一起观看日本著名动画片的一个片段，那就是《多啦 A 梦之大雄的时光机》。

（播放视频《多啦 A 梦之大雄的时光机》片段。视频简介：片中的机器猫有一个神奇的宝物，可以让时间倒流到任何你想要重温的时刻。）

师：每次看到这一段，我都很羡慕，羡慕大雄可以在时光的长河里自由穿梭，羡慕多啦 A 梦有一个无所不能的大口袋。可是，我们都知道时钟可以倒退，而时间不能倒流，不是每个男孩都可以叫大雄，也不是每只猫都是多啦 A 梦。

所以，面对有限的生命，珍惜时间就是关爱生命，珍惜时间就是尊重自我，我们的高二，应该奔跑！

二、大师启迪——人生成功惜时始

师：事实上我想，"生命有限，要珍惜时间"也不是大家初次接触的概念，我想问问看，各位同学是什么时候懂得要珍惜时间的道理的？或者换个问法，你最感动的珍惜时间的故事或名言是什么？

（预设：同学自由发言。可举孔子"逝者如斯夫！不舍昼夜"、庄子"人生天地之间，若白驹过隙，忽然而已"、李白"夫天地者，万物之逆旅也；光阴者，百代之过客也"、曾国藩"天可补，海可填，南山可移。日月既往，不可复追"等名言。也可举如下故事：德国大哲学家康德在哥尼斯堡大学任教期间，严格遵循每天晚上 8 点钟睡觉清晨 5 点钟起床的生活规律，30

年来从无失误，以至当地居民以他出门的时刻为标准校对时间；丘吉尔平均每天工作 17 个小时，十位秘书也整日忙得团团转，为了提高政府机构的工件效率，他给那些行动迟缓的官员们的手杖上，贴了一张"即日行动起来"的便条；我国著名画家齐白石，无论是画虾、蟹、小鸡、牡丹、菊花、牵牛花，还是画大白菜，无不形神兼备，据说他在 85 岁那年的一天上午，画了一幅画并题诗曰"昨日大风，心绪不安，不曾作画，今朝特此补充之，不教一日闲过也"。)

师：同学们讲的名言、故事都很感人。我也想跟大家分享一个面对时间不断"奔跑"，而且一定要"跑赢这场马拉松"的故事。(出示课件)

2012 年第一财经《波士堂》栏目邀请到全国首批"千人计划"专家、阿特斯阳光电力集团董事长瞿晓铧先生。2001 年 11 月，他回国白手起家创办阿特斯，2006 年 11 月 9 日，阿特斯成为中国首家登陆美国纳斯达克的光伏一体化企业。瞿晓铧自己也因为在新能源方面的贡献，被誉为"从太阳中取火的人"。

在《波士堂》的节目中，瞿晓铧提到，自己五年的"清华理工男"生活基本上都是在自习室度过的，从早上 7 点钟冲出去抢大饼油条开始，到晚上 10 点半熄灯睡觉，几乎每天重复着同样的点和线。2001 年 12 月，拿到德国大众车用太阳能充电器的订单之后，连生产场地也没有的阿特斯用行动证明了"可能"与"不可能"之间只是努力与不努力的区别。他说："那时，我每天 12 点后睡觉，但凌晨三四点一定会起来，因为脑子里总会浮现一些新的问题，唯恐第二天有哪些难关突破不了。"那段时间，他每天从早上 7 点进厂一直忙到晚上 11 点后才离开，经过四个多月的艰苦努力，终于在 2002 年的 3 月初制造出第一件合格产品，为阿特斯的腾飞迈出了第一步。

这样的故事还有很多，每每听到，大家的眼神中就流溢出对神话创造者的羡慕，但是在羡慕的同时，别忘了去关注那些神话背后的故事。

三、反观自身——"知道"不等于"做到"

1. 观看学生表演"三句半"

师：从同学们所讲的故事到刚说到的瞿晓铧，古今中外，同学们了解的珍惜时间的事例很多，应该说这个道理大家早就知道。可是，我们在实际的学习生活中做得怎么样呢？我改编了一段"三句半"，说说我眼中大家的生活现状，现在请四位同学表演一下。我们来观看他们表演的"三句半"。(出示课件，学生表演。)

清早起床闹钟叫，让我再睡一分钟。眼看迟到才起床，真懒！
上课难免开小差，没听到的回家看。回家先要忙作业，再说！
午休就是我地盘，追打嬉闹聊八卦。东边转转西边看，好玩！
晚上时间好充足，刷刷微博聊QQ。转眼已到十一点，真烦！
我也知道惜时好，一不小心就忘掉。想想开学许的愿，遗憾！

2. 讨论交流，分析原因

师：到底为什么会出现这样的状况？我们知晓许多珍惜时间的故事和名言，但实际生活中却该怎么浪费就怎么浪费，是什么夺走了我们的时间呢？请同学们说说看。

（预设：同学发言，提出"控制不好自己，看到好玩的就想着先玩一阵再说，然后变得一发不可收拾""缺少详细的学习计划，拿到什么是什么""很难全身心投入学习，缺少目标""习惯不好，很多资料用的时候就找不到了，浪费了很多时间"等原因。）

3. 总结导致时间浪费的主要原因

师：有一首歌叫作《时间都去哪儿了》，到底去哪里了呢？为什么会去那里？从大家的发言中，我们发现了时间浪费的原因——（出示课件）

原因1：习惯不良，物如乱麻。
原因2：干扰太多，诱惑分心。
原因3：闲谈误事，状态松散。
原因4：不分轻重，缺少计划。
原因5：喜轻厌重，缺少动力。

以上五大杀手危害严重，因为我们处在一个马虎不得的阶段——高中。高中是人生当中的重要阶段，高中学得怎样，与成才关系密切。

四、校友教诲——高中点亮人生

1. 高中阶段在人生成长过程中的重要性

师：我们学校有一位院士校友，蒋锡夔先生。在《二十世纪中国著名科学家书系·蒋锡夔》中有这样两段话，记载了蒋锡夔先生对高中生活的回忆（出示课件）：

华童公学即是现在的上海晋元高级中学的前身，是一所英租界工部局开办的中学。……（这段时间的学习）为蒋锡夔日后专业发展奠定了坚实的基础。

英文先生胡先骕、中文先生葛世表等老师的形象至今在他心目中清晰可现。

师：我们再看看上海市南洋模范中学对他们学校两院院士毕业生的学习档案分析（出示课件）：

这些院士在高中阶段几乎都打下了坚实的基础，他们之中，三分之二的人在高中阶段处于年级前 50 名。这 34 位院士从南模毕业后几乎全部考入名牌大学，考取全国著名重点大学的占 97%，如上海交通大学有 14 人，清华大学 9 人，北京大学 3 人。

师：我们再看看被美国人视为"抵得上 5 个师"的两弹元勋钱学森先生对他高中学习经历的感悟（出示课件）：

在他的人生历程中，最重要最难忘的有两个阶段，一个是研究生阶段，一个就是在北师大附中读书的高中阶段。而在对他人生影响最大的 17 个人当中，有 7 个都是他的高中老师。

师：院士们的成功当然有诸多的因素，但大家有没有注意到，他们的成功都不是一蹴而就的，都是在高中阶段就"打下了坚实的基础"，这"坚实的基础"有着丰富的内涵，扎实的知识、惜时的习惯是他们共同的收获，这"坚实的基础"为人生的成功扬起了风帆。

2. 分析高二阶段的特殊价值和意义

师：可见高中阶段实则在人生当中起着承上启下、中流砥柱的作用。而高二在高中的三年时间里，恰好也起着同样的作用。因为（出示课件）：

高二决定了高三的心态，是信心满满，还是畏惧重重；
高二决定了高三的节奏，是游刃有余，还是手忙脚乱；
高二决定了高三的处境，是轻松领跑，还是力不从心。

再从实际的层面来讲，从 2015 年起逐步实行的高考政策改革更强调学生在成长过程中综合素质的成长，在此背景下，上海的学生高二阶段要完成物理、化学、生物、历史等四门学科的学业水平考测试，并为高三阶段的学业水平考和高考打下坚实的基础。可以说，高二一年近关乎高三，远关乎人生。但从实际情况看，高二却是整个高中三年中最容易松懈的一年。

五、集思广益——拓展生命的厚度

师：既然高二具有如此重要的价值和意义，如何让这一年不虚度，让这一年成为奔跑的一年呢？请同学们互相讨论一下，说说你们有什么节约时间、提高时间利用率的好办法。

（预设：同学们发现了这样一些提高时间利用率的方法——利用课间、中午自修这些"小时间段"记单词、记名句；和同桌经常互相提问，比自己一个人看书效果好；制作学习计划表，把一天要做的事，按重要程度列举出来，从最重要最紧迫的事情开始做起；把自己经常忘记的知识点写在小卡片上，随身携带，有空就拿出来看看；等等。）

师：在同学们发言的基础上，我想谈几点我的看法——

（1）提高单位时间的利用率——生活得深，才能观望得真。犹太人以一分钟为单位计算金钱，我们为何不能也以一个较小的时间单位为标准计算我们的学习效率？不妨养成给自己做作业限时的习惯，不带着拖沓松散的状态学习。

（2）选择生活重点——有所为，有所不为。无论我们是否珍惜时间，时间对于我们都是一样多的，并不会因为我们珍惜而变得更多。我曾在等公交车时看到有学生拿出自制英语卡片背诵单词，也听到有学生一路谈论"锋菲恋"。我们珍惜时间，就意味着要考虑把时间用于某些事务，而非其他事务，意味着要不断问自己现在做什么最好。

（3）确定生活目标——心中要有梦。如果活着没什么目标，也就用不着珍惜时间，所谓"不为无益之事，何以遣有涯之生"。有梦的人生是怎样的？我想请大家观看一段视频《梦骑士》。（观看视频。视频简介：《梦骑士》是大众银行和奥美广告根据真实故事改编并联合推出的励志广告，主题是"人为什么活着"。广告的开头就提出了这样一个疑问：人为什么活着？为了思念？为了活下去？为了活更长？还是为了离开？人，为什么要活着？围绕这个主题，广告片讲述了5个平均年龄81岁的台湾老人为了梦想骑摩托车环台湾岛旅行的经历。）

师：视频中的老人平均年龄81岁，而我们才将步入18岁，如此美好的青春，正是做梦的年龄。我们要为梦想而战，为梦想奔跑。

六、总结全课

（背景音乐《惜时歌》响起。）

师：今天，从时间的价值到我们的现状，从存在的问题到解决的方法，我们谈论了很多，也交流了很多。但最后依然还是那个问题——从知道到做到，这之间的路有多长？以前，我们就懂了很多；今天，我们又说了很多。但是从知道到做到，依然是我们最艰难、最遥远的路。我希望大家能在这条路上走得快一点，再快一点，走得稳一点，再稳一点。

席勒曾说"时间的步伐有三种：未来姗姗来迟，现在像箭一样飞逝，过去永远静立不动"，以往的时光已逝，我们唯有奔跑，珍惜未来的每一分钟，有限的生命才会创造出无限的可能！

点评

要写好教案

要上好主题教育课，不但要认真备课，而且要写好教案。朱老师的这节课提供了很好的示范。

一般来说，写教案应注意以下几点：

第一，思考设计背景。班主任一定要认真思考：为什么要上这节班会课？这是在"设计背景"中要回答的。我将设计背景的思考要点概括为"大处着眼，小处着手"。所谓"大处着眼"，就是班主任应认真学习党和国家、教育行政部门的有关文件或引用专家学者的论述，思考社会发展对人才培养的需要；所谓"小处着手"，就是班主任应认真研究班情，思考本班学生的特点，思考怎样做才能解决班级存在问题，满足学生发展的需要，使班会课具有针对性和实效性。

第二，拟定响亮课题。"题好一半文"，为了上好主题教育课，班主任应拟定一个响亮的课题，让学生一听到这一课题就产生好奇、向往。在拟课题时，应力求表达准确、新颖生动、上口易记。本课"奔跑吧，高二（时间管理话题）"，以正副标题的形式给学生以深刻的印象。

第三，明确教育目标。班会课应有明确的目标，目标要小、实、可达成。要用好动词。本课的教育目标具体、明确。

第四，课前准备考虑要周全。课前准备是教案的重要环节，要做哪些事，应一一列出。

第五，上课过程详略要适宜，亮点要突出。主题教育课如何推进，主要的步骤写清楚，条理清楚，胸有成竹，以便自己把握。同时因为是教案，要加强预设。

朱老师的这一教案和本书的其他教案均体现以上要求，可作参考和借鉴。

让我们走得更远

（自律话题）

黑龙江省鸡西一中　李洪宇

设计背景

　　关于自律，哈佛励志箴言这样说："顶级的成就，源于自律的光彩。"人的一生中，总要经历无数的诱惑、无数的困难，自己也往往不能控制好自己的欲望、情绪，规划好自己的时间，有时会躲避困难，有时会贪图安逸，有时会被利益蛊惑，而忘了自己的初衷和最终的目的地。所以说，一个人最难的就是战胜自己。只有严于律己的人，才会战胜自己，走向成功。

　　也许一些人会认为，自律似乎是身负重任的名人、伟人才应该修炼的，其实不然。我们每个人都需要过一种自律的人生。尤其是高二的学生，正处在人生成长、学业积累的关键阶段。性格正待完善，学业日趋紧张，时间更是紧迫，再加上年轻人的好奇心强，而抵制诱惑的能力又弱，如果此时三心二意，不严于律己，虽有理想壮志，却终难免一事无成。所以在高中阶段培养自律的品质至关重要，且受益终生。

教育目标

· 引导学生认识到自律的重要性。
· 引导学生了解自己自律的现状和影响自律的因素。
· 帮助学生学习总结自律的方法，提高自律的能力。

课前准备

· 收集有关自律的资料。
· 制作课件。

一、情景导入

师：我想请同学们跟我一起设想一个情景，如果我们要徒步去很远的地方，以下四个环节，哪一个环节是最困难的？哪个环节最可能影响你到达目的地？（课件出示：确定目的地、制订行程计划、准备行囊、路上行走。）

（预设：学生回答，路上行走。）

师：路上行走，为什么最难？

（预设：学生回答，因为路上会遇到很多困难，会感到疲惫，会中途泄气，等等。）

师：确实正如大家所说，路上行走最难。因为（出示课件）：

路上的美景会让人流连不前，路上的歧路会让人迷失方向，

路上的风雪会让人望而却步，路上的坎坷会让人退缩拖延，

路上的单调会让人无聊烦躁，路上的寂寞会让人心生倦意，

赶路的劳累会让人慵懒怠惰，路途的遥远会让人茫然绝望。

人生本就如同一次长途旅行，每一个时期都是一段路程，我们一直都会走在人生的路上，而路上并非一帆风顺，刚才我们就说出了那么多的会影响我们到达目的地的可能。

我们出发就是为了到达目的地。那么有什么可以作为武器，帮助我们克服行路的困难？有什么可以作为保障，保证我们最终到达目的地呢？

（预设：学生回答，执著、信念、坚持、勇气、责任、动力等等。）

师：从大家的回答中，我发现一个共性，就是大家都强调了自身的力量。自己管理自己，自己激励自己，这个共性就是"自律"。只有自律才能最大限度地发挥个人的作用，让自己克服一切困难到达目的地，才能让我们的人生之路走得更远。[出示课题：让我们走得更远（自律话题）。]

二、认识自律及其重要性

1. 我们所理解的自律

师：什么是自律呢？词典的解释是自己约束自己。这个词，我们不陌生。从小学到高中，老师都有自律的要求，每个人都应该有过自律的经验。

所以对于这个词，我们每个人都会有自己的理解，那么我们来试着根据自己的理解来给它下一个个性化的定义吧！

（预设：学生回答，自律就是即使你情绪糟糕、处境困窘，还是让自己去做那些该做的事；自律就是你的理性决定你的行为，而非你的感情；自律就是牺牲乐趣和避免一时的冲动；自律就是你可以克制自己的情绪而让自己行动的能力；自律就是懂得自爱、勇于自省、善于自控；等等。）

2. 分享名人理解的自律

师：凡成大事者，必自律，他们对自律有着更深刻的理解。我们一起朗读，分享他们对自律的认识和理解吧。（出示课件）

自律是一种秩序，一种对于快乐与欲望的控制。

——柏拉图

不能控制自己的人，永远是弱者。

——拿破仑

改变自己从自律开始。

——卡耐基

要成就一番事业，不能太善待自己，要通过自律取得最终的成功。

——比尔·盖茨

（学生集体朗读。）

师：相信看了名人们对于自律的阐释，我们能深刻地认识到自律的重要性了。当然，自律不是万能的。不过，如果还有方法能解决问题，自律一定是最好的方法。在自律可以解决问题的范围内，它是无敌的方法。

3. 自律重于他律

师：自律是自己约束自己。而他律由自身以外的力量强制约束自己。所以道德是自律，法律是他律。同学们，你们有没有想过既然有法律、有制度，我们为什么还要自律呢？为什么不能靠他律来生活呢？

（预设：学生回答，人要有尊严地活着，不能靠强制生活；道德的境界要比法律要求的高，所以要自律；等等。）

师：同学们说得对。法律、制度往往是对人的最低要求，是一个底线，如果我们以这个标准来要求自己，也仅仅是做到不触犯法律，不违反制度而已，而这与道德标准还有一定差距。如果我们凭借他律的约束来行走，就像在别人的鞭子下被驱赶着、被管束着，走得既没有尊严，又没有自由，更谈不上快乐。目的地既然是我们自己的，我们就要自律地、有尊严地、自由快乐地走出自己的人生。

三、通过小测试，了解自己的自律能力

师：自律如此重要，那么你的自律能力现在有多强大？哪些挑战对你来说轻而易举？哪些你事实上不可能做到？请对下列题目做出"是""否"的选择。（出示课件）

1. 做事情时，容易受环境的干扰。
2. 节假日休息时间学习时，容易受娱乐的诱惑而中断。
3. 学习中遇到困难时，常常叫苦连天。
4. 在成绩、成功面前，容易沾沾自喜、骄傲自满。
5. 受到委屈、冤枉时，常常暴跳如雷。
6. 遭受失败、挫折时，容易悲观失望。
7. 明知道自己不对，就是管不住自己。
8. 向别人许诺后，不会尽力兑现。
9. 经常不知道今天、明天或近几天该干的事。
10. 自己写下的学习计划，常常落空，不能实现。

（学生做自测题。）

师：现在我们来算算自己的得分。每一个"否"加 1 分。看看自己的自律能力得多少分。如果 6 分是及格的话，你的自律及格了吗？

（了解学生得分情况，适当地分析指导。）

师：通过测试，我们能捕捉到自己的一些不自律的行为，认识到我们自律能力还需要提高。

四、提高自律的方法

师：自律不是天生的，而是需要我们后天培养。就像我们身上的肌肉一样，你坚持锻炼，它就会强大。在你的经历中，有哪些方法帮助你提高了自律能力？或者在生活中，你听到或者看到身边的人，用了哪些方法有效地提高了自律能力？我们不妨一起分享一下。

1. 交流自己或身边人的自律方法

（预设：学生回答，如用闹钟叫自己起床，写计划督促自己学习，用名言激励自己完成任务，等等。）

师：同学们的方法简单易行，不仅让我看到了你们学习中的聪明智慧，更让我感受到了你们成长路上进取和拼搏的精神。

2. 介绍名人的自律方法

师：俗话说，成大事者，必有过人之处，我们在学习阅读中，有没有涉猎古今中外名人的自律方法？这些方法对提高我们的自律能力有很大的帮助。

（预设：学生回答，勾践卧薪尝胆、苏秦悬梁刺股、明朝徐溥用黑黄豆检点行为、鲁迅尝辣读书、毛泽东闹市读书等自律方法。）

师：谈到名人自律，给老师印象最深的是本杰明·富兰克林，他的自律方法曾对我产生过很大的影响。同学们了解富兰克林吗？他是18世纪美国的实业家、科学家、政治家、思想家、文学家和外交家。他出身低微却实现了伟大与卓越，是美国梦的实现者，他的卓越离不开刻苦自律，他的自律方法也激励了很多人。他在自传中详细地介绍了他用列表来改正自己弱点的方法，值得我们学习、借鉴。（出示课件）

富兰克林自我修炼表格

	星期一	星期二	星期三	星期四	星期五	星期六	星期日	备 注
节 制								
沉 默								
秩 序								
果 断								
节 俭								
勤 奋								
诚 恳								
公 正								
中 庸								
清 洁								
平 静								
纯 洁								
谦 逊								
宽 容								

师：他把自己应该具有的美德一项项列出来，制成表格，每天都反省自己做得好不好，给自己打分，一星期一小结。如果做得不好，下一星期继续改正。

3. 总结自律的方法

师：刚才我们一起交流了自己的、身边的、名人的自律方法，这些方法看起来各不相同，而细细思考，事例与事例之间是有相似之处的。比如明朝徐溥和富兰克林的自律方法就有相同之处。俗话说，"可测量者可改进"，他们都是用测量方式使自律情况可见，来提醒自己要自律的。而"卧薪尝胆""悬梁刺股"，都是用刺激身体感官，以提醒自己要自律。

下面我们就一起从具体的事例中概括出共性的方法，来指导我们提高自律能力。

（预设：学生回答，教师适时总结，并板书。）

师：加强自律的方法有自我反省、测量进展、刺激身体、循序渐进、控制情绪、控制时间、名言提醒、计算成本等等。

五、撕毁诱惑，把借口扔进垃圾筒

师：方法因人而异，我们总结了这么多的方法，请同学们在学习生活中，尝试选择适合自己的方法，有意识地提高我们的自律能力。

下面我们轻松一下，请同学们跟我一起做一个小活动。请按照我的提示，跟我一起做：

每人拿出一张白纸，把它们撕成十张小纸条。在每一张小纸条上写上一条影响你自律的因素。（等待学生完成）写好后，选出其中属于诱惑类的纸条，告诉自己：不做诱惑的奴隶，把它们撕掉。（等待学生完成）然后选出其中属于借口类的纸条，告诉自己：与我们所犯的过错相比，找借口更不能原谅。如果你想实现目标，就必须向你的借口宣战，把它们揉成团扔进垃圾筒。（等待学生完成）看看剩下的几张纸条，如果看似合理，那么它就是你要面对的困难。再拿出另一张纸，一一地写出解决它们的办法。（等待学生完成）这是需要我们来完成的。将写有困难的纸条撕碎，使它们不能困扰你。

这个小活动告诉我们，你所谓失败的理由和原因，其实大部分是诱惑和借口，只有一小部分是真正的困难，而困难也并不可怕，总会找到解决的办法。所以我们不要容许自己有任何理由放弃自律。务必牢记，唯有不断在自律中行动，才有能力逐步达成梦想。

六、总结全课

师：在加拿大一森林苗圃的墙上贴着这样一句话（出示课件）："种下一棵大树的最好时机是 25 年前，第二个好时机就是今天。"这句话得到了许多人的认同，今天与大家分享，让我们也种下自律这棵树苗吧。

生活的秘密就是没有秘密。不论你的目的地是哪里，只要你能做到自律，在人生的路上，就一定能走得更远。

点评

研究班会课的结构

主题教育课要上得好，合理的课堂结构不可忽略。这节课在结构上给我们不少启发。

第一，导入要精彩。本课采取提问导入法。这种做法能吸引学生，比较快地切入话题。实践中，看视频、做游戏、猜谜语都是不错的选择。

第二，主体要充实。本课导入后，迅速切入话题。首先通过师生对话，认识自律的重要性，接着通过十道测试题诊断、分析自己的自律能力，然后交流提高自律的方法，还开展游戏活动，进一步增强自律的意识。课的主体部分容量大，由理入事，缘事说理，逐步深入。

第三，结尾要难忘。本课的结尾具有抒情的语调，与学生分享的警句更是发人深省。再三的叮咛、真诚的希冀，将烙印在学生记忆的深处，化为他们成长的智慧和力量！

"凤头，猪肚，豹尾"是写作布局谋篇、结构全文的常用手法。主题教育课也可以借鉴。

班会课的结构虽常由基本的三部分组成，但戏法人人会变，各有巧妙不同。我们可以此为参考，演绎更多的精彩。

永远的感恩

（感恩话题）

湖北省赤壁一中　陈济林　涂柳琴

设计背景

　　中华文明源远流长、博大精深，其中"孝"为百善之首，是道德的基础，至高的美德。"哀哀父母，生我劬劳"（《诗经·小雅·蓼莪》），感叹和赞美了父母的养育之恩。"谁言寸草心，报得三春晖"，更是表达了感恩父母的深厚情感。"祭而丰不如养之厚，悔之晚何若谨于前"的古训，则督促后辈履行对父母的感恩、孝敬和赡养。"失去了慈母便像插在瓶子里的花，虽然还有色有香，却失去了根"（老舍），"一个有教养的人定爱他的父母"（林语堂）。因此，加强未成年人思想道德建设，就应该对学生进行感恩教育，让学生知恩、感恩、报恩。

　　现在的高中生由于从小受到宠爱，再加上家庭教育的缺失，如"留守子女""离异子女"等，所以有不同程度的娇生惯养、好吃懒做、唯我独尊、不懂感恩等问题。但是，高中阶段是人生中的黄金时期，这一阶段不仅是学生增长知识和才干的重要时期，而且是其世界观、人生观、价值观形成的重要时期，所以要加强对学生的感恩教育，让学生领悟"只有心怀感恩，才能滋润生命"的人生真谛，让学生知晓"送人玫瑰，手有余香"的处世哲学，让学生感受到只有懂得感恩，世界才会更加美好。

教育目标

　　·通过对自己记忆深处的"人"和"事"的回顾，让学生感念父母的养育之恩。

　　·通过对父爱与母爱特点的分析，引导学生珍惜母爱、理解父爱，让学生明白感恩父母就应该落实到行动上，要"厚德弘毅，知行合一"。

　　·通过对家、国、社会关系的探讨，引导学生树立"感恩他人，感恩社会"的思想。

· 指导学生回忆并写下感动自己的一件事。
· 搜集感恩小故事。
· 制作课件。

一、往事交流：感悟感恩

师：各位同学，大家好！前几天，我已请大家回忆并写下了记忆中让我们非常感动的一件事，那么现在请几位同学跟大家分享。

（老师先挑选出非常感人的、有代表性的事例，请作者与大家分享。预设：回忆儿时的故事、上学时的故事、生病时的故事、过生日时的故事等等。老师预选时考虑同学发言话题的内容、角度的不同。）

师：听了以上同学的分享，此时此刻，你想说什么？

（预设：学生回答，从小到现在，我们一直生活在父母的关爱中，我们应该感谢我们的亲人；生活中我们无时不在享受着家人、亲人、朋友、老师等人的关怀；等等。）

师：大家的发言都很真诚。看得出来，大家都曾经被自己身边的人和事感动过。我也被深深地感动了。在这众多的感动中，最拨动我心弦的，是大家对父母那深深的感恩之情！

二、一路有您：感恩父母

1. 观看简笔动画《人的一生》

师：在我们生活圈的坐标体系中，坐标的原点是"我"，我与他人，我与社会，我与自然，一切关系都是从主体"我"而延展开来。可是我们能来到这个世界上，看到赤橙黄绿青蓝紫，享受阳光雨露，却应该是父母的功劳！

所以我们首先要感恩我们的父母。先让我们一起来观看一个简笔动画：《人的一生》。（播放视频。视频简介：一个小孩，慢慢长大，然后结婚生子，慢慢变老，一直到去世，被子女祭奠。）

师：看过这个短片后，你有什么感想？

（预设：学生回答，那些对我非常重要的人，例如爸爸妈妈等，我真的希望跟他们永远在一起，快乐地生活。但是理智告诉我，父母不能陪我们一辈子，所以我只能说，无论他们在哪，都会永远在我心中！）

师：感谢你的真情告白！是啊，妈妈从一开始就给我们生活上的安全感和身体、心理上的关怀，无条件地爱着我们。所以，母亲代表着自然世界，是我们的故乡，是大自然，是大地和海洋。

爸爸从小就带着我们走向通往世界之路，帮我们树立、增强生活的自信心。所以，父亲代表着思想世界，是规则，是纪律。

虽然妈妈、爸爸也有做得不当的时候，比如溺爱，比如过于严厉，但无疑，我们应该感恩父母，我们应该将眼泪化为学习中的激情与坚持，我们应该不懈地奋斗！

是父母，在我们遇到困难时，倾注所有一切来帮助我们；是父母，在我们受到委屈时，耐心听我们哭诉；是父母，在我们犯错误时，毫不犹豫地原谅我们；是父母，在我们取得成功时，衷心为我们庆祝，与我们分享喜悦；是父母，无时无刻地牵挂我们……

"滴水之恩，当涌泉相报"，更何况父母为我们付出的不仅仅是"一滴水"，而是一片汪洋大海！"还有什么比父母心中蕴藏的情感更为神圣呢？父母的心，是最仁慈的法官，是最贴心的朋友，是爱的太阳——它的光焰照耀、温暖着凝聚在我们心灵深处的意向！"马克思的这句话，替我们道出了我们对父母无比崇高的敬意！

当然，光有敬意是不够的！

2. 观看微电影《天堂的午餐》

师：中国有句古话，上半句是："树欲静而风不止"，下半句是"子欲养而亲不待"，这句话提醒我们，这个世界每天除了必然之外，还有偶然。所以希望我们成功的速度能赶上父母衰老的速度，所以希望我们好好珍惜每一天！

接下来，让我们一起来看微电影：《天堂的午餐》。（观看微电影《天堂的午餐》。电影简介：儿子小翼在为母亲准备午餐。他第一次下厨，切菜、洗菜、做饭，边做饭边回忆和母亲在一起的往事。但他做好的饭菜，母亲却吃不到了。因为几天前，深爱他的母亲已在买菜的归途中因病去世。）

师：看了这个微电影，你有什么感想？

（预设：学生回答，感恩父母，我们应该从小事做起；我们应该及时尽孝；等等。）

师：是啊，"祭而丰不如养之厚，悔之晚何若谨于前"这一古训，时刻提醒、督促着我们要及时履行对父母的感恩、孝敬和赡养。千万别只说"等我长大后，一定永远对您好"，因为《天堂的午餐》最后一句话振聋发聩："当你在等以后，就失去了永远！"

三、学习生涯：感念师恩

师：有人说，世界上最纯洁的爱，是师爱。因为，是老师把无知的我们领进宽敞的教室，教给我们丰富的知识；是老师把调皮的我们教育成愿意帮助他人的人。老师的关怀好似和煦的春风，温暖了我们的心灵。高中阶段，我们更是朝夕相处，荣辱与共。作为教师群体中的一员，我也曾经像你们一样有过高中生活，所以我不避讳我的身份，因为作为一个班主任，作为班集体中的一员，我应该和大家一起说："师恩，难忘！"

下面，请一位同学来朗读屏幕上的这首诗歌（出示课件）：

老师，母亲

——献给我做了三十年老师的母亲

您是教师，您是母亲

您有着母亲的慈爱，更多的是教师的严格

我曾经多么怕您严厉的批评，多么怕您严肃的眼睛

直到岁月苍老了您的容颜，斑白了您的鬓发

直到我也做了教师，直到我也身为人父

我才知道，真挚的爱往往是严肃的爱

而我，正是您一生的事业……

师：这是一个儿子的深情述说，也是一个学生的由衷抒怀，更是一个儿子、一个学生献给母亲、献给老师的歌。所以此时，我也想听听同学们的心声。

（预设：学生发言，或回忆往事，或谈起当前的高中生活，表达对老师的敬意，表达对教师良苦用心的理解，表示要永远铭记老师的恩情，等等。）

师：同学们的话也深深地打动了我，作为老师和班主任，我很欣慰；同时，我也觉得我还应该继续努力和大家一起创造更加美好的明天！

四、积极行动：感恩社会

师：最后，我们还要感恩国家、感恩社会。

国家，国家，有国才有家。在成龙和刘媛媛演唱的《国家》这首歌中，有这样的歌词："家是最小国，国是千万家"；"国是我的国，家是我的家，我爱我的国，我爱我的家"。所以，我们"不要问你的国家为你做了什么，而要问一问你为你的国家做了什么！"我们应该肩负起我们的历史使命和责任，把"我的梦"融入到"中国梦"中去！

家是社会的细胞。每个人的生活，每个家庭的生活，都跟社会紧密联系在一起。所以说社会给了我们舞台，心有多大，舞台就会有多大。我们应该感恩社会，努力去实现我们的梦想。

有一首小诗，标题叫"凡事感恩"，写得非常好，下面让我们一起朗读。（学生一起诵读）

> 感恩生育你的人，因为他们使你体验生命；
> 感恩抚养你的人，因为他们使你不断成长；
> 感恩帮助你的人，因为他们使你渡过难关；
> 感恩关怀你的人，因为他们给你温暖；
> 感恩鼓励你的人，因为他们给你力量；
> 感恩教育你的人，因为他们开化你的蒙昧；
>
> 感恩伤害你的人，因为他们磨炼了你的心志；
> 感恩绊倒你的人，因为他们强化了你的双腿；
> 感恩欺骗你的人，因为他们增进了你的智慧；
> 感恩中伤你的人，因为他们砥砺了你的人格；
> 感恩蔑视你的人，因为他们觉醒了你的自尊；
> 感恩遗弃你的人，因为他们教会了你要独立；
>
> 凡事感恩、学会感恩，
> 感恩一切造就了你的人，感恩一切使你成长的人。

五、感恩他人，快乐自己

师：若心怀感恩，那么生活就会美好。若一生都心怀感恩，那么就会有美好的人生。

为什么有人会孤独、痛苦、茫然？专家作了分析，原来一个很重要的原因是他的内心充满着仇视，不感恩。相反，一个感恩的人，是一个快乐的、充满力量的人。

所以，我们说，感恩是一种处世哲学，也是生活中的大智慧。一个智慧的人，不会为自己没有的斤斤计较，也不会一味索取从而使自己的私欲膨胀。学会感恩，为自己已有的而感恩，感谢他人对你的帮助，感谢生活对你的赠予。这样你才会有积极的人生观，才会有健康的心态。那么我们怎样做才能更好地感恩呢？

（预设：学生回答，在家多做点家务，尽自己的力，担自己的责；在学校就努力把学习搞好，把基础打牢，学好本领，将来才能帮助更多的人；我们应该常怀感恩之心，做更好的自己，这才是对家长、对社会最好的报答；等等。）

师：大家都说得挺好。从古到今，有很多关于感恩的警世名言，如"投桃报李""鸦反哺，羊跪乳""鞠躬尽瘁，死而后已"等，又如"人家帮我，永志不忘；我帮人家，莫记心上"（华罗庚），等等。

而我们换个角度来看，每个人的一生，他所拥有的一切，也可以说都是用他的失去换来的！关键就看你愿意失去什么，想要得到什么，或者说，当你失去后，你能从中领悟到什么。这里有个罗斯福的故事（出示课件）：

一次，美国前总统罗斯福家被盗，被偷去了许多东西，一位朋友闻讯后，写信安慰他，劝他不必太在意。罗斯福给朋友写了这样一封回信："亲爱的朋友，谢谢你来信安慰我，我现在很平安。感谢上帝，因为：第一，贼偷去的是我的东西，而没有伤害我的生命；第二，贼只偷去我部分东西，而不是全部；第三，最值得庆幸的是，做贼的是他，而不是我。"对任何一个人来说，被盗绝对是不幸的事，而罗斯福却找出了感恩生活的三条理由。

师：罗斯福的这一故事，给我们什么启发？

（预设：学生回答，要直面困难，要想得开；要学会感恩生活；要学会辩证地看问题；等等。）

师：英国作家萨克雷说："生活就是一面镜子，你笑，它也笑；你哭，它也哭。"你感恩生活，生活将赐予你灿烂的阳光；你不感恩，只知一味地怨天尤人，最终可能一无所有！成功时，感恩的理由固然能找到许多；失败时，不感恩的借口却只需一个。殊不知，失败或不幸时我们更应该感恩生活。

感恩，使我们在失败时看到差距，在不幸时得到慰藉、获得温暖，激发我们挑战困难的勇气。就像罗斯福那样，换一种角度去看待人生的失意与不幸，对生活时时怀有一份感恩的心情，则能使自己永远保持健康的心态和进取的信念！

六、总结全课，布置作业

师：同学们，感恩是永远的，感恩也是日常的。通过今天的班会，我希望大家不仅做常怀感恩之心的人，而且还要把这份感激落实到行动中，做一个真正懂得感恩、永远用行动报恩的人！

为了让感恩之心延续，请同学们课后精心设计并制作一张感恩卡，送给自己最感恩的人。我们下周再作交流。

点评

要向课外延伸

这节课容量大，可圈可点之处很多。其中由课内向课外延伸的做法值得我们借鉴。

我们常说，一节精彩的班会课会使学生终生难忘；但我们也要承认有时课上很激动，过后却没有行动。因此抓班会课的后续工作很重要。

这节课老师们设计了易于操作的后续工作，请同学们课后精心设计并制作一张感恩卡，送给自己最感恩的人。谁是自己最感恩的人？本课提到父母，提到老师，提到社会上许多帮助过自己的人，甚至还指出要感谢对手，感谢所有使自己成长的人。"我们下周再作交流"，言简意赅，推进行动，促进分享。

后续工作设计一定要扎实、易于操作，要调动全班同学的积极性，巩固课堂教育成果。

心之宽容海之大

（宽容话题）

广东省佛山市高明纪念中学　谭洁玲　黎　强

设计背景

著名的英国儿童作家安德鲁·马修斯说："一只脚踩扁了紫罗兰，它却把香味留在那脚跟上，这就是宽恕。"一个人如果有紫罗兰的这种精神，他就会有许许多多的朋友，因为宽恕了别人，就等于善待了自己。人心靠爱和宽容赢取，一个宽容的人，能处处契机应缘，和谐圆满，微笑着对待人生，所以我们立身处世要有包容并蓄的雅量。

高二，相较整个高中来说，是"易出问题"阶段。高二的学生因年龄的增长，与社会的交往越来越多，尤其是受流行文化影响深，越来越强调突出个性与自我，自私自利的思想开始萌发甚至膨胀；到了高二，学生们已基本适应了高中生活，他们对高一学弟学妹充满了不屑，笑谈高三玩命学习，于是总是看到：学校中纪律最松散的是高二，起冲突最多的是高二。因此，我们对高二学生要加强宽容教育，要求其严于律己、宽以待人，消除人与人之间的隔阂，增加人际关系的正能量，营造积极向上、和谐团结的有利于心智健康成长的集体氛围。

教育目标

·正确认识宽容的含义。
·了解宽容对自我成长、班级和谐的意义。
·学习宽容地对待他人。

课前准备

·准备《悲惨世界》视频片段。

·准备情景训练题。

·制作课件。

教育过程

一、观看视频，导入话题

师：同学们，今天，先请大家看一个电影片段，这个片段折射出人性的光辉，请大家认真看，看完后谈谈你的感受。

（播放视频《悲惨世界》片段。视频简介：刚出狱的冉阿让无处投宿，经人指引到了主教家里，他受到主教的热情招待，不料他半夜里却偷主教家的银器出逃，不久被警察抓回，但主教宽恕了冉阿让，说那些银器是自己送的，并且把一对银烛台也一起送给了冉阿让。冉阿让的灵魂受到震动，由此改变了他的人生。）

师：同学们，1885年6月1日，法兰西共和国为一位伟大的作家举行了国葬，举国致哀，超过两百万人参加了他从凯旋门到先贤祠的葬礼游行。他就是维克多·雨果。他把爱给了世人，世人同样也把爱给了雨果。刚才我们看到的视频就是根据雨果所写的《悲惨世界》拍摄的电影的片段。

下面，我们来谈谈刚才看影片的感受。

（预设：学生回答，冉阿让十分可恶，受人款待，反而偷人东西；主教不该对冉阿让那么宽容；主教很伟大；冉阿让很可怜；等等。）

师：同学们，请你们思考：是什么让冉阿让思想发生改变，并影响了他的一生？大家慢慢思考，我们先不急于回答。

二、交流故事，感受宽容

师：刚才的影视作品耐人寻味。有人说是主教的宽容改变了冉阿让的人生。其实关于宽容的事情，在我们的生活中每天都有发生。我给大家讲一讲我亲身经历过的一件事：

有一次，在我的课上，有一个转学过来的很顽皮的同学趴着睡觉，这对于他来说不是头一次。我有意无意地走到他桌边拍了他两下，他似乎点了两下头，但没有抬起头来听课。周边的同学哄然取笑："他又在装病，装得挺像的！"

是的，这位同学确实有多次装病的历史，但那天就因为他点了两下头，我感觉不大对劲，于是我没有再强求他打起精神听课。第二天，我接到他父亲请假的电话，原来那位同学的爷爷去世，为了不耽误他的学习，他父亲等到爷爷入葬时才让他回老家参加葬礼。

等那位同学走后，我把这事的前前后后和班上同学说了，从此，大家都没有再取笑过他，同学关系大有改善。

事后我想：那位同学本来就很伤心，加上同学们嘲笑了他，他完全可以拍案而起，但他没有；同学们嘲笑了他，他却宽容了他们，同学们感觉亏欠了他，于是必然要想方设法去弥补。他参加完葬礼回来，感受到了同学的照顾，于是对同学更好了。

这就是发生在我带过的班级里的有关宽容的故事，现在你们回顾一下自己所经历的或知晓的有关宽容的故事，讲讲当时的情景是怎样的，你的感受是什么。

（预设：学生讲述在教室、宿舍、食堂、操场、家里等发生的故事。学生在讲述时，老师要提醒学生分析事情，谈谈看法。）

三、认识宽容，检视自己

1. 品读寓言，感悟宽容的魅力

师：同学们讲述的故事让我更加感受到了宽容对于我们自己的成长和学习、生活的意义。人们这样形容宽容：一只脚踩扁了紫罗兰，它把香味留在那脚跟上，这就是宽容。我很认同这句话。有这样一则寓言，同学们请看（出示课件）：

两匹马同行，一匹黑马不慎将另一匹白马的脖颈咬伤了，结果被咬伤的白马反而主动安慰因咬伤自己而羞愧不安的那匹黑马。

"你别再感到不安了，何况我也不是很疼。"白马说。

"我不是故意的。"黑马狡黠地说。

"我知道，所以我不生你的气啊！"白马豁达地说。

"那么如果我是故意的呢？"黑马嬉皮笑脸地问。

"我也不会生气的，因为你良心上的不安会惩罚你的。"白马说。

"如果我并没有良心上的不安呢？"黑马继续问。

"在你的良知还未觉醒的时候，我更不能抛弃你，我想我应该做的就是唤醒你。"白马说。

"你为什么对我这么宽容？你不觉得委屈吗？"黑马不解地问。

师：同学们，不仅黑马不解，我想你们也可能不解，如果你是白马，你会怎么说？

（预设：学生可能有以下想法——黑马没有道歉，不懂感恩，对这种马不应该宽容；白马假装宽容，我觉得很造作；黑马是不慎咬伤白马，它并不是真的坏，其次它刨根问底是想了解事情真相，它是值得被宽容的；白马用心良苦，它用宽容来对待朋友，遇上这样的朋友该是多么幸运的一件事；等等。）

师：老师概括为一个字：爱！爱朋友，以自己的委屈来赢取朋友的觉醒；爱集体，以自己的损失来赢取集体的共荣！白马不软弱，更不是被虐狂，它只是要创造一个良好的生存环境！比如说，我们爱同学，当同学误会了我们，因为不希望他心灵受伤害，我们有耐心去慢慢解释；当同学与我们发生冲突，因为不希望影响班级的秩序，我们有耐心去慢慢沟通！普通的人看到的是眼前的一点，智慧的人看到的是长远的一片！

同学们，你现在能用一句话概括你对宽容的认识吗？试试看！

（预设：学生回答，宽容就是别人伤害了你，你却不计较；宽容就是能包容别人的错误；宽容就是以德报怨；宽容就是用1000个理由让自己不用别人的错误惩罚自己；等等。）

师：同学们说得很好。老师也有个概括：宽容就是以爱为基石、以善为目的的处世行为。有爱我们才会去宽容，宽容的目的是创造美好生活！寓言中那匹被咬的白马理智地选择了宽容，最终两者和好如初。试想一下，倘若它针锋相对，以同样的方法还击对方，那么除了头破血流，两败俱伤之外，还能带来什么呢？因此可以说，寓言中的白马是明智的。它的明智在于顾全了大局。

2. 正确认识宽容

师：诚如白马的以德报怨，这是宽容的一种表现。宽容是一种美德，它的含义很广，接下来，我们通过对一些题目的演练和思考进一步正确地认识宽容。（出示课件）

1. 请对下面关于"宽容的行为特征"的说法进行判断。

认为正确的打"√"，错的打"×"。

A. 对非主流、不守成规、异于寻常、不合传统的观念、言语和行为的包容。（　　　）

B. 对挑战自己，甚至是对自己信念和原则的直接反对者的包容。（　　　）

C.对人的弱点、错误，如人的软弱、愚蠢、庸俗的包容。（　　）

（备注：正确答案均为打"√"。）

2.以下关于宽容的话题，你认为正确的是：（　　　　）

A.宽容绝不是纵容，不是无原则的忍让。

B.宽容别人，是面对现实的无可奈何。

C.宽容不是理亏的表现，更不是软弱无能。

D.宽容友善是一种可贵的精神境界。

E.宽容可以是无视对方的存在。

F.宽容就是免得惹麻烦。

（备注：A、C、D正确。其他三个选项错误。）

师：同学们，下面有四种不同的处世态度（出示课件），你赞成哪一种？当然也可以提出问题或其他观点，说说你的看法，我们一起讨论。

1.有人打你的右脸，连左脸也转过来由他打。（《圣经》）

（预设：有学生会问，这样会不会显得太软弱，太没人格？老师可以引导，当所有的脸都属于他了，他还当你是敌人吗？大家可以想想印度的甘地，他就是靠着这种精神战胜英殖民者的，爱世人，并不计较自己的利益得失，为的是不让怨恨泛滥，从而争取到更深程度的团结。）

2.色即是空，空即是色，受想行识，亦复如是。（《心经》）

（预设：有学生会问，如果一切都是"空"，那活着还有什么意思？老师可以引导，其实，这里所说的"空"不是我们理解的空无一物，而是指顺其自然，不强求一切一定要符合我们的理解，如果我们总是执著于自己的感受，怎么可以体验到外界的美呢？又怎能与外界和谐相处呢？）

3.人不知而不愠，不亦君子乎？（《论语》）

（预设：学生回答，别人不理解自己，也不会生气，这是一个有道德修养的人的表现。老师可以引导，是的，当别人不理解我们时，我们不生气，寻找他们不理解的原因，然后自我加以改进，这样，我们会变得更优秀，别人也会更理解我们。）

4.水善利万物而不争，处众人之所恶，故几于道。（《道德经》）

（预设：有学生会问，这样做会不会太委屈自己？老师可以引导，大家别以为这是委屈自己。是的，这好像吃亏了，但当你做了集体中最需要做又没人做的事情时，你将成为大家都需要的朋友，将来在你需要帮助的时候，他们也会伸出友谊之手回报于你。）

师：大家的讨论很热烈。这四句名言有来自《圣经》的牺牲自己，融合对方的救赎思想；有来自《心经》的不强求他人，不执著自我的包容思想；有来自《论语》的严于律己，宽于待人的进取思想；也有来自《道德经》的为他人着想，吃亏是福的奉献思想。先哲名人的语录都给了我们宝贵的启示。中华民族是崇尚宽容大度的民族，从战国时的"将相和"到清朝的"六尺巷"，许多感人的故事在传颂。今天我们所说的宽容是在先贤思想基础上的传承和发展。

宽容如海，但海也有岸，故宽容要有度，不要过宽变成放纵，也不能隐忍无奈，一味地求和，有时会好心办坏事。因此，我们还要擦亮眼睛，学会走出宽容的误区：

（1）宽容绝不是软弱不敢惹。例如，在班级大扫除时，有个别同学只顾着写作业，总是不参与，加重了其他同学的劳动负担。如果不提醒他，或提醒无效后不举报他，这就是软弱的表现，那么宽容就变成了纵容。

（2）宽容也不是和稀泥，不负责任。例如，在食堂就餐时，某同学与插队的同学吵了起来，此时的宽容不是让插队的同学排在与之争吵同学的后面，而必须让他到后面重新排起。我们可以宽容的是他的想法，而不可以宽容的是他的行为，不能让他继续犯错，忽视了原则。

孔子说："知和而和，不以礼节之，亦不可行也。"我们所讲求的"宽容"一定是在一定的规章制度之下的，这样对他人，对自己，对集体才是好的。

四、情景思辨，学习宽容待人

师：同学们，在学校里我们或许会遇到一些矛盾冲突，下面我们来看三道情景思辨题，思考该如何应对。（出示课件）

情景思辨题一：甲方在篮球场放了东西"占位置"，准备下课就打球，结果下课后看见场地被乙方占用。甲方说我们先占好的，乙方说先到才能先用。甲乙方如何做到宽容？

（预设：学生回答，以和为贵，宽容对方，可以打友谊赛，一起玩；或一方退让，另一方表示谢意；等等。）

师：宽容有时是要建立在牺牲利益的基础上的。宽容一些，肯吃点儿小亏，表现出一种大度，成就双方的和谐共处，意义远比打一场球深远得多。现在再看第二题。我播放一个动漫，我按暂停时，大家思考视频里的人会怎样做。（播放视频《小餐馆的故事》）

情景思辨题二：一个老爷爷在饭馆吃面条，坐在旁边的小青年趁其不备拿走了他的手机，被服务员发现。小青年正要离开……（老师按暂停）

（预设：学生回答，他们发生了激烈的争吵；老人宽容了小青年；110出警来处理；等等。）

师：同学们的猜想很精彩，把自己代入了情景，作了认真的构思。让我们看看后面到底发生了什么。（继续播放）

小青年正要离开时，老爷爷也有所察觉。服务员拉住小青年正准备揭发，老爷爷说："不好意思，我的手机掉了，能帮我找找看吗？"小青年马上帮老爷爷"找"回了手机。老爷爷道出了不报警的原因："因为宽容可以结善缘。"

师：宽容，有时可以拯救一个人。因为宽容，所以强大。懂得宽容别人的人是一个强大的人，也是一个快乐的人。再看第三题。（出示课件）

情景思辨题三：公共汽车上人很多，一位女士无意间踩到了一位男士的脚，赶紧红着脸道歉说："对不起，踩到你了。"

如果你是这位男士，你会怎样做？

（预设：学生回答，我会说没关系；我会说不疼；我会不理睬；刚好我的心情很不好，并且皮鞋是新买的，我会责备女士，如香港"巴士阿叔"的架势；等等。）

师：同学们的讨论很积极。遇到这样的情景，宽容当然是化解矛盾的方法了，不宽容只能表现出自己的狭隘和不理智。可是，宽容也讲技巧，请看这位男士的表现（出示课件）：

不料男士却说："不不，应由我来说对不起，我的脚也太不苗条了。"哄的一声，车里响起了一片笑声。显然，这位男士是在用自嘲来化解双方的尴尬，而且，身临其境的人们也不会怀疑男士这种幽默的宽容带有虚假的成分。这美丽的宽容给大家留下了深刻印象。

师：同学们，这是一个发生在公共汽车上的平凡又真实的故事。这位男士幽默式的宽容化解了女士的尴尬，赢得了乘客们的认同和赞赏，这种理智和幽默的做法确实是一种美丽的宽容。

　　以上三道情景思辨题启示我们，如何宽容待人可归结为三点：互相退让、友善解围、充分谅解。在学习生活中，我们同样可以尝试一下这些方法，相信对同学们会很有帮助的。

五、总结全课，布置作业

　　师：同学们，你们现在对宽容了解了吧？

　　（预设：学生回答，了解了！）

　　师：好的，现在我们回到课的开头提到的"是什么让冉阿让思想发生改变"这一问题。通过今天的学习，我想只有一个答案：尊重与爱！尊重他人的自由，爱你自己和你周围的人！宽容可以融化偏执的心灵，宽容可以引领误入歧途的羔羊，一个人的宽容可以带动两个人的宽容，两个人的宽容可以带动很多人的宽容……雨果说："世界上最宽阔的是海洋，比海洋更宽阔的是天空，比天空更宽阔的是人的胸怀。"有了宽容，同学间的友谊将会更加深厚；有了宽容，我们的班级将会更加团结；有了宽容，我们的校园将会更加和谐！

　　同学们，希望你们拿起笔来，在你们的日记本里给需要宽容对待但你却没给予宽容的人或物写几句话，对象可以是家人、同学、朋友、老师、动物、花草等，以表达你们的宽容之心。

　　让我们常怀宽容之心，迎接新的生活。

点评

学校要组织研课

　　在点评这节课时，我想说一点教案后的故事。我们在编写本书时，许多学校积极报名，承揽专题的写作。我一直是很鼓励学校来担当的。

　　但有时因为这样那样的原因，专题承担者不能如期完成任务。本篇的写作就遇到这样的问题。这时我想到了我讲课曾去过的广东省佛山市高明纪念中学。我把想法告诉学校德育主任刘老师后，他立刻向学校汇报。学校随即将任务交给了谭老师和黎老师。

　　谭老师是学校班主任工作室领衔人，黎老师是学校的年轻班主任，也是学校班主任工作室的成员。他们承担了本课题的研究与写作。

有过许多次的灯下备课，更有多次班主任沙龙的研讨。谭、黎两位老师和学校的同事们为上好这节课呕心沥血。为了上好这节课，学校还组织召开了多次专题研讨会。在两个不同的班级先后上课、听课、评课、研课、修改。于是有了现在呈现在我们面前的这份教案。也许还需要修改，但基本成型。

　　这个教案的成功，给我们的启示之一是，要上好主题教育课，学校要组织班主任深入研课，认真磨课。过去，我们对主题教育课研究不够，现在，我们一节课一节课地打磨。思想的碰撞、思路的调整、思考的发展，备学生、备教法、备细节，功夫不负有心人。

　　学校不能坐而论道，让我们一起行动。

青春让运动承载
（体育锻炼话题）

四川省绵阳中学实验学校　欧明星

设计背景

　　著名教育家张伯苓说"教育里没有了体育，教育就不完全"。体育对学生的成长及生活有着重要的意义。

　　近年来，为增强学生体质，教育部积极倡导开展中小学生阳光体育锻炼活动。然而，时至今日，很多学校并未达到阳光体育锻炼活动所要求的"每天锻炼一小时"。特别是高中学生学习压力大，作业负担重，体育锻炼常常被"冲挤"掉，有些学生对体育课、对体育锻炼也不重视，认为"只要不生病就可以了"，没有养成体育锻炼的习惯。因此有必要通过主题班会课提高认识，给予指导，促使学生在高中阶段养成积极参加体育锻炼的良好习惯。

教育目标

　　·通过体重指数计算，让学生明白自身运动的不足。
　　·运用名人锻炼案例，使学生重视体育锻炼。
　　·通过介绍体育锻炼的方法，鼓励学生积极开展体育锻炼。

课前准备

　　·准备音乐 MV 和跑操视频，写好教案。
　　·布置学生了解名人体育锻炼轶事。
　　·与体育教师商量如何加强体育锻炼。

（课前播放《阳光体育之歌》音乐 MV。）

师：各位同学，又到了我们每周一次的班会课时间，我们在以前的班会课上谈理想、谈目标、谈习惯、谈学习，大家猜一猜今天的班会课主题是什么呢？

（预设：学生回答，体育锻炼。）

师：你们怎么知道的？

（预设：学生回答，课前播放的是《阳光体育之歌》音乐 MV。）

师：很好。你们很注意观察。咱们就来聊聊：体育锻炼。今天班会课的题目是"青春让运动承载"。

一、计算体重指数，判断自身健康情况

师：健康是每个人都想拥有的，好身材也是每个人都想拥有的，你拥有健康和好身材吗？体重指数（Body Mass Index，简称 BMI），是用体重公斤数除以身高米数平方得出的数字，是目前国际上常用的衡量人体胖瘦程度以及是否健康的一个标准。体重指数 = 体重（kg）除以身高（m）的平方，即 kg/m^2，你们看看自己的体重指数是多少？

（预设：学生活动，拿出纸和笔计算体重指数，老师巡视了解学生的体重指数。）

师：专家指出，最理想的体重指数是 18.5 ～ 24.99。（出示课件）

过轻：低于 18.5

正常：18.5 ～ 24.99

过重：25 ～ 28

肥胖：28 ～ 32

非常肥胖：高于 32

你的体重指数在正常的水平之内吗？

（预设：一片议论之声，不少同学说自己不在正常范围内，特别是一些男生。）

师：同学们，体重指数一定程度上反映了你们的运动量，运动可以减

肥，能够强身。你们每天的运动量是多少呢？

（预设：学生回答，从宿舍走到食堂再到教室，从教室走到食堂再到宿舍；还有从教室走到厕所，再从厕所走回教室；从教室走到小卖部再从小卖部走回教室；每周的两节体育课锻炼时间；等等。）

师：从大家的回答可以看得出，大家的体育锻炼时间和运动量是不够的，不能对健康起促进作用。是什么原因使得大家缺乏锻炼呢？

（预设：学生回答，没有时间，不会玩，没有兴趣，没有习惯，等等。）

师：大家的回答中，最多的原因是没有时间。确实同学们很忙，但是忙得连每天锻炼一会儿的时间都没有吗？

二、分享名人体育锻炼故事

师：课前我就要求同学们收集名人体育锻炼的故事，下面请同学来交流分享。

（预设：学生交流分享。如毛泽东的故事："文明其精神，野蛮其体魄"，这是毛泽东经常引用的一句名言。毛泽东从青少年时期起，就坚持刻苦地学习和顽强地进行体育锻炼。他在 1917 年《新青年》上发表的《体育之研究》，精辟地论述了德智体三者的关系，指出道德和知识都寄托在身体上，没有健康的身体就没有道德和知识。文中还强调身体坚实在于锻炼，锻炼在于有恒和自觉。在刻苦攻读之余，无论做操、跑步、游泳、爬山和野营，毛泽东都积极参加，认真锻炼。新中国成立后，毛泽东曾先后 13 次横渡长江，并写下了"万里长江横渡，极目楚天舒。不管风吹浪打，胜似闲庭信步"的豪迈诗句。又如普京的故事：论长相，俄罗斯总统普京绝不是那种让人一见钟情的美男子，但他却具有一种独特的魅力。他无论何时出现，总是容光焕发，精力充沛，阳刚之气十足。而普京保持旺盛精力的秘诀就在于坚持体育锻炼。即使当选俄罗斯总统后，普京也没有放弃对体育运动的执著和热爱。每天早上起床后，他都要做 30 分钟的体操，然后游泳 20 分钟。再如李光耀的故事：他在世时，不论在家还是出国，每天雷打不动坚持长跑 20 分钟。李光耀说："我每天都做运动，如果不做，便感到懒散，我发现健身操使我感觉更好，能开胃，也睡得更好。"李光耀经常从事的运动项目除了跑步外，还有游泳和骑自行车。）

师：谢谢同学们的分享。我也想给大家分享高考状元喜欢体育锻炼的事例。安徽阜阳市高考状元、太和一中的陈雅正是个爱好广泛的男孩子。"体育很吸引我，运动会让人兴奋，也让自己很快乐。"说起业余爱好，陈雅正首选体育运动，跆拳道、羽毛球都是他的最爱。由于高三时间太紧，只能在体育课上运动一下，这让陈雅正觉得很不过瘾，他说暑假里，每天都要打羽毛球，而且要玩个尽兴。

三、全员参与，探讨体育锻炼的意义

师：故事分享后，老师想问，这些名人都热衷体育锻炼，体育锻炼给他们带来了什么？体育锻炼又能带给我们什么？请同学们以四人小组为单位进行讨论。

（四人小组进行讨论。）

师：现在我们来进行全班交流。

（预设：学生回答，体育锻炼能让自己变得强壮与健康；体育锻炼能培养毅力，锻炼意志；集体性的体育活动能增加团队精神和树立集体荣誉感；体育课上，同学们的大脑压力是最小的，能放松大脑；等等。）

师：同学们讨论得很热烈，也很深入。体育锻炼确实有很多好处。这里我想再作一个小结：

1. 体育锻炼能促进身体健康

体育锻炼可以促进身体健康，促进生长发育。体育锻炼有利于人体骨骼、肌肉的生长，增强心肺功能，改善血液循环系统、呼吸系统、消化系统的机能状况，有利于人体的生长发育，提高抗病能力，增强有机体的适应能力。体育运动能提高人体的吸氧能力，从而促进人体新陈代谢和解毒过程；体育运动可促进全身血液循环，使肌肉得到充分的营养，提高肌肉的代谢能力，使肌纤维变粗、发达、结实、匀称而有力。

2. 体育锻炼提高学习效率

长时间紧张学习，会产生头昏脑涨，注意力分散，记忆力下降，思维迟钝等疲劳感，导致学习效率下降。体育运动能增加大脑的供血，改善大脑血糖和氧的供应，促进脑细胞的新陈代谢，提高大脑皮质的活动能力。体育运动还能调节人体紧张情绪，能改善生理和心理状态，恢复体力和精力，使人精力充沛地投入学习。要记住 $7 + 1 > 8$，即 7 个小时学习加上 1 个小时的体育锻炼，效果是大于 8 小时全部来埋头学习的。

3. 体育锻炼习惯影响一生

体育锻炼不仅对中学阶段的学生有意义，养成了体育锻炼习惯，对于人的一生同样意义重大。大量研究表明，生命在于运动：体育锻炼能让人保持生理、心理健康；提升免疫，能保持关节功能良好；改善体形，帮助达到及保持适宜体重；调节人体紧张情绪，改善生理和心理状态，恢复体力和精力；可以陶冶情操，充分发挥个体的积极性、创造性和主动性。

这三点对我们高中生来说，都非常重要。

四、介绍体育锻炼方法

师：作为中学生，应该在繁重的学习之余加强体育锻炼，增强体质，增强抵抗力，为学习和以后的工作打好身体基础。那我们要如何进行体育锻炼呢？

1. 了解适合中学生的锻炼方式

（1）走和跑锻炼法。这是最简单易行、最经济和最具锻炼价值的健身运动。

走步分为：散步、步行、快步走。

健身跑：速度慢、持续时间较长的长跑。

健身跑注意事项：

①开始练习时，距离可以短些，慢慢加长距离。

②跑步可在清晨或傍晚进行，或在空闲时。

③饭后半小时以上才能跑步，跑步后半小时后再睡觉。

④跑步鞋一定要轻便合脚，最好是海绵或胶底软底运动鞋；穿透气吸汗有弹性的棉质服装。

大家一定要利用好大课间跑步的时间。现在请同学们看一看衡水二中课间跑操的视频。

（播放衡水二中课间跑操视频。视频简介：衡水二中课间跑操步伐整齐划一，气势恢宏，极具震撼力。）

师：不少同学露出了惊异的目光，现在我们请同学们谈谈感受。

（预设：学生发言，真的不简单，非常投入，我们可能做不到，等等。）

师：衡水二中课间跑操给我们的启发是很多的。其中有两点老师想说明一下，一是他们也有一个循序渐进的过程，二是他们的持之以恒。

（2）有氧操锻炼法。

师：课间操就是一种有氧操，是一种充满活力的锻炼方法，在提高心血管系统和呼吸系统的功能方面有明显作用。大家通过跳操，可以使体重得到有效控制，健美身材，愉悦身心。所以同学们在大课间做体操的时候，一定要全身心投入，动作一定要做到位。

（3）球类锻炼法。

师：除了上面的体育锻炼方法，大家还可以利用体育课和周末时间进行球类运动。足球、篮球、排球、乒乓球、羽毛球均是不错的选择，约上一帮朋友，打上一场球赛，正所谓无朋友不球赛。我就特别喜欢打篮球，欢迎同学们有空和我切磋。

（4）随时随地锻炼法。

师：当然，受场地限制和时间限制，也可以选择一些简单易行的体育锻炼，比如深蹲、仰卧起坐、俯卧撑等等。下面我就深蹲作一下讲解，请同学们跟着我做一做。

动作训练目的：锻炼下肢肌群。

动作路线：上下直线运动。

动作幅度：上至膝盖微屈，下至大腿与地面平行。

动作要领：双脚分开与肩同宽，双脚脚尖冲外，11:05方向。收腹挺胸，后背挺直，下至大腿与地面平行或膝关节稍小于90度，膝盖不要超过脚尖，上至膝关节微屈，不要超伸。

呼吸：下吸上呼。

节奏：4/4拍。

（全班同学一起跟做。）

2. 选择合理的锻炼时间和次数

师：理论上来说，早晨，肌体状态欠佳、空气质量差，不宜激烈运动；下午，肌体状态良好，空气质量较好，可作为主要体育锻炼时间；晚上，肌体状态一般，因接近睡觉时间，不宜激烈运动。再次锻炼应在上一次锻炼产生的疲劳基本消除后进行。每周至少锻炼1次，最好不少于3次。运动量大，间隔长；运动量小，则间隔短。

根据实际情况，同学们可以充分利用好体育课的时间和下午的自主课外安排时间。

五、总结全课

师：达·芬奇说，运动是一切生命的源泉；泰戈尔说，静止便是死亡，只有运动才能敲开永生的大门；爱因斯坦说，我生平喜欢步行，运动给我带来了无穷的乐趣。

是运动让你我强健，是运动让你我坚强，是运动让你我感动，是运动让你我快乐，是运动让生命更多彩！

同学们，韶华腾跃需梦想相伴啊，青春飞扬让运动承载吧！

加强与任课老师的合作

在这节课的教案中，我注意到课前准备中提到的"与体育教师商量如何加强体育锻炼"，这样的做法值得提倡。

班主任不是万事通。要上好班会课，班主任要善于借力。借力首先要向本班的任课老师借力。因为我们有共同的教育目标，有共同的教育对象，可以形成较好的教育合力。

向任课老师借力，不必局限于本班任课老师，外班的、公共科目的老师都可以，实习的老师也可以。

向任课老师借力，可以在课前，也可以在课堂进行时，我在一些学校听课时，有些主持人（班主任或学生）有意邀请听课老师发言，请任课老师参与其中，都收到了非常好的效果。

我们的责任
（责任话题）

四川省广元外国语学校　董汉坤

设计背景

　　"天下兴亡，匹夫有责"，明代思想家顾炎武振聋发聩的呼喊，激励了一代又一代的热血儿女。责任教育也成为许多学校的重要选题。

　　陶行知先生也指出："先生不应该专教书，他的责任是教人做人；学生不应该专读书，他的责任是学习人生之道。"在学生步入高二时，还会存在着一些不良的表现，如对自己学习要求不高，成就需求低，纪律意识淡薄，生活自强能力差，遇事首先考虑自己，集体意识薄弱，等等，他们的责任意识令人担忧。因此，我们要进一步培养学生的责任心，让他们勇于担当，对自己负责，进而肩负起自己对家庭、对集体、对社会的责任。

教育目标

　　·让学生懂得什么是责任。

　　·引导学生思考为什么要承担责任，该怎样承担责任。

　　·指导学生结合实际，践行承诺，担当责任。

课前准备

　　·准备关于责任的视频材料。

　　·准备关于责任方面的故事。

　　·制作课件。

一、名言导入，引发思考

师：同学们，当谈到责任的时候，我们就会想到"天下兴亡，匹夫有责""先天下之忧而忧，后天下之乐而乐""一屋不扫，何以扫天下？""为中华之崛起而读书"等名言。可是我们静静地想过没有，究竟有哪些才能称得上是责任，它究竟有多重呢？下面请同学们讨论回答：你心中的责任是什么？

（预设：学生回答，好好学习，尊敬师长，孝敬父母，遵纪守法，为祖国服务，为百姓服务，等等。）

师：同学们回答得很好。责任其实是指分内应做的事，也就是承担应当承担的任务，完成应当完成的使命，做好应当做好的工作。

二、分享故事，思考责任

师：下面分享两个故事，请大家在听的时候思考：故事中的主人公是怎样履行岗位职责的？请看故事一（出示课件）：

在大连，有一位普通的公交车驾驶员，叫黄志全，但他却被所有的大连人都记在了心里。

一次在行车途中，黄志全突然心脏病发作。在生命的最后一分钟里，他做了三件事：把车缓缓地停在马路边，用生命的最后力气拉下了手动刹车闸；把车门打开，让乘客安全地下了车；将发动机关闭，确保了车和乘客、路人的安全。

最后，他趴在方向盘上停止了呼吸。在生命的最后一分钟里，黄志全，这个平凡而普通的公交车驾驶员，把对别人的负责，看得比自己的生命还重要！

师：同学们，当你们听说这个真实的故事时，被感动了吗？黄师傅履行了他的岗位职责了吗？

（预设：学生回答，他的事迹令人感动；他用生命履职，坚守了最后一班岗，让人对他充满敬意，他的精神永垂不朽；他"把对别人的负责，看得比自己的生命还重要"，让我们难以忘怀；等等。）

师：一位平凡的公交车驾驶员，为什么那么多人记住了他的名字？这是因为他有一颗闪光的责任心！在生命最后一分钟，他没有忘记自己的岗位责任！就是这份责任心，挽救了几十个人的生命！

那么再看故事二，这是有关北京"喜隆多"商场火灾报道的视频，看看工作人员在自己的岗位上是怎样履责的。（播放"喜隆多"视频。视频简介：商场餐厅一角发生火情，火势迅速蔓延，当中控室的自动灭火系统开始报警时，明火已经燃烧起来，工作人员竟然起身按掉了报警器，继续坐下玩游戏，玩忽职守，最后让火势失控，让年轻的消防战士献出宝贵的生命，造成无法挽回的损失。）

师：同学们，当你们看到这则视频的时候，你希望当时工作人员怎样做呢？

（预设：学生回答，积极采取相应措施，报火警，通知相关工作人员，等等。）

师：由这则视频可以看出，不履责、不担责是多么的可怕。这两个故事，形成了强烈的反差，我们可以从中得出责任就是担当，就是履行岗位职责，做分内应做的事情，承担应当承担的任务，完成应当完成的使命。

三、掂量重任，明确担当

师：现在我想让同学们谈谈在不同岗位的人，比如军人、医生、老师，他们有哪些责任呢？

（预设：学生回答，军人保家卫国，听从指挥，服从命令，刻苦训练；医生治病救人，救死扶伤，为病人服务，钻研医术；老师教书育人，传道授业，忠诚教育，为人师表；等等。）

师：那么我们学生呢？

（预设：学生回答，好好学习，认真读书，考上大学，等等。）

师：说得有道理。一个成长中的高中生该承担哪些责任呢？一个人想明白自己身上的责任，做起事来就不一样。

1. 对家庭负责

师：现在请同学们看一段视频。（播放视频。这段视频邀请家长代表讲述自己的心声，表达对孩子的殷切期望。如果拍摄视频不便，也可以请家长写寄语。但事先"保密"，给学生意外的惊喜。）

师：家长真诚的话语掀起了我们心中的波澜。我看到不少同学眼角湿润了。我想请几位同学来谈谈他们的感想。

（预设：学生发言，表达对家长的感激之情。班主任邀请哪位同学先发言，心中要有数，以带动其他同学发言。）

师：听着同学们深情的诉说，我也是非常感动。"谁言寸草心，报得三春晖"，我们应时常想着父母的爱，想着父母的教诲，不厌父母的唠叨，不嫌父母的严厉，体会父母"望子成龙"的苦心，报答父母含辛茹苦的养育之恩。

有的同学要传承家庭光荣的重任，有的同学要挑起改变家庭命运的重任。我们不要忘记父母殷切的嘱咐，不要忘记父母期盼的眼光，我们要以今天的努力，为自己的家庭赢来新的明天。

2. 对集体负责

师：作为一个学生，我们生活在班级中。班级就是我们的家。这个家要想温馨，这个家要想充满欢声笑语，要想奋发向上，需要我们共同的努力，需要你我承担各自的责任。现在请班长来谈谈他一年多来做班长的感受。

（预设：班长发言，谈一年多做班长的感受——在工作中得到了锻炼，但有时也感到需要同学们更多的理解和支持。）

师：班长说得很好。班级工作能锻炼人，但班级工作也很辛苦。大家彼此支持，共同担当，很重要。

当好课代表，认真收作业，积极向老师反映同学的学习情况，这是责任；同学们认真完成作业，及时上交作业，也是责任。

帮助学习上困难的同学，是责任；随手拾起校园地上的一个纸团，是责任；及时关上用过的水龙头，是责任；积极参与班级活动，乐于提出建议，这也是责任。

其实，在我们学校，在我们年级，在我们班级，在我们身边，有着很多乐于承担责任，积极为他人、为集体、为班级服务的同学！现在我们来分享我们班的"班级成长记事"。（展示一组班级干部、同学积极为大家服务的照片。）

师：我想请同学们谈谈看了这些照片的感受。

（预设：学生发言，表示要向做得好的同学学习。）

师：听了大家的交流，我很高兴。托尔斯泰曾说过："一个人若没有热情，他将一事无成，而热情的基点正是责任心。责任心有多大，人生舞台就有多大。"在高中学习时，失去一次高分，不算失败，我们可以重新再来；遇到一次挫折，不算失败，因为机会还会再有；但如果失去责任心，失去责任担当，将会遭遇重大失败，因为失去责任就意味着失去了前进的动力与热情。

3. 对自己负责

师：其实，说对家庭负责，说对集体负责，更重要的是要对自己负责。你有幸来到人间，是吃喝玩乐，是碌碌无为，还是有所追求，有所奋斗，这是价值观、世界观、人生观的问题。高中正是我们三观形成的关键阶段。

人生在世，就应该有所作为，有所贡献，有所奋斗。俗话说，"雁过留声，人过留名"。留什么名？当然希望好的名声。怎样才能有好的名声？我想说，人人成为伟人，那是不可能的。但成为一个有责任心的人、有担当的人是必须的，也是我们经过努力，可以做到的。

少年立志，少年行动，少年奋斗，就是对自己负责。

四、勇于担当，贵在行动

师：许多名人对担当责任有精辟的论述。朗费鲁说，我们命定的目标和道路不是享乐，也不是受苦，而是行动和责任。高尔基说，天才就是善于工作，热爱工作，对工作有责任心。罗曼·罗兰说，一个人的责任感越崇高，生活就越纯洁。那么，我们应该怎样担当呢？

1. 立足当下，勇担学习责任

师：在我们的印象中，国外的孩子在读书的时候是轻松的，似乎不用努力，更不用担当什么学习责任。下面请同学们看一段视频，这段视频是美国总统奥巴马在学生开学时的演讲，看看视频中哪一句话最触动你？（观看视频。视频简介：美国总统奥巴马在孩子开学时发表演讲，他强调一个人要承担责任，对学生来讲，当下努力学习就是最好的尽责担责。）

师：现在我们来交流。

（预设：学生回答最触动自己的一句话——"不论你的生活志向是什么，我敢肯定你必须上学读书才能实现它。""你想当医生、教师或警官吗？你想当护士、建筑师、律师或军人吗？你必须接受良好的教育，才能从事上述任何一种职业。""你不能指望辍学后能碰上个好工作。"……）

师：同学们，看完视频你们应该感触到学习对于我们是多么的重要，你们应该具有"孩儿立志出乡关，学不成名誓不还"的气概，应该具有"苦心人，天不负，卧薪尝胆，三千越甲可吞吴"的信念。现在我们已到高二，已有了一年多的学习积累，我们要认真修订好计划，培养好习惯，积跬步而至千里。

2. 学习实践，乐担集体责任

师：我想和大家交流的是，今天在学校的学习，书本的学习固然重要，但学校、班级服务岗位与公益活动的参与也是必不可少的。在为班级、为同学服务的过程中，你的视野、你的认识、你的能力都将得到拓展与提高。其中最可贵的就是你的责任心得到了增强。

现在一些同学有这样的想法，认为做课代表耽误学习。我想听听大家的意见。

（预设：学生回答，做课代表确实耽误学习；做课代表看怎样做；做课代表是很好的锻炼；等等。）

师：有同学说得好，要学做课代表。做课代表如何收好作业，是要动脑筋的。应该依靠组长，依靠老师。做事要公平，谁作业没有交，要建好一本账。做课代表不是简单地收缴作业，同学有什么问题，老师有什么想法，课代表是桥梁。做课代表，更要搞好自己的学习。成绩好，乐于助人，工作也就好开展。

3. 牢记嘱托，履行家庭责任

师：今天我们听了家长的寄语，每位同学心中都不平静。对家庭负责，其实不仅是好好学习，我们已是高中生了，应该承担一些力所能及的家务事，洗洗碗，扫扫地，帮助父母做点事。有人说，高中学业紧张，但我想还是要学着做。不要认为我们现在还小，等稍大些再说。承担家庭责任从小事做起，从现在做起。

当然除了帮父母分担力所能及的家务，我们更重要的还是努力学习，用好成绩来回报父母，让他们欣慰、自豪。为此我想听听同学们的打算。

（预设：学生以"开火车"的形式谈自己的想法，比如要立刻行动，事不在多而在做，等等。）

五、总结全课，寄语前行

师：同学们，我们首先应该对自己负责，进而尽责家庭，尽责社会。让我们认真地告诉自己，"天下事情，我们的责任"，做一个有责任意识的人！

其实人的一生将承担众多的责任，一个充满责任感的人，才有机会充分展现自己的能力。责任可以改变工作态度，可以激发潜能，可以使人坚强，从某种意义上讲，责任心，已经成为人的立足之本。在这个世界上，有才华的人很多，但是既有才华又有责任感的人却不多。只有责任和能力共有的人，才是社会最需要的。重任在肩，大家要把感受到的压迫与被动转化为积极主动，享受学习和工作带来的快乐！

所以我真心地希望同学们能担责尽责，身心双健，学有所成，考上心仪的大学，回报父母，服务社会，谱写人生绚丽的篇章！

点评

提纲挈领，要点分明

主题教育课怎样让学生印象深刻，难以忘怀？有班主任提出应做到"提纲挈领，要点分明"，我很赞同这一主张。本课是这方面值得借鉴的范例。

整体分析，本课条理清楚，结构合理。作者以"我们的责任"为题，设计了五个步骤：

名言导入，引发思考；

分享故事，思考责任；

掂量重任，明确担当；

勇于担当，贵在行动；

总结全课，寄语前行。

从课的重点环节看，要点清楚，明确。如"掂量重任，明确担当"，董老师重点讲三点：对家庭负责；对集体负责；对自己负责。又如"勇于担当，贵在行动"，董老师又设计了三个要点：立足当下，勇担学习责任；学习实践，乐担集体责任；牢记嘱托，履行家庭责任。

课程思路清楚，句式整齐，铿锵有力，会给学生留下深刻的印象。

提纲挈领，要点分明，既有利于班主任的授课，也有利于学生对要点的掌握，这一经验值得分享。

青春的"悦"读
（读书话题）

山东省青岛十六中　刘海霞

设计背景

　　古人云："读书破万卷，下笔如有神"，"要知天下事，须读古人书"。我们的祖先早就生动形象地道出了关于阅读的要义。李嘉诚先生也曾这样说："读书虽然不能给我们带来更多的财富，但它可以给我们带来更多机会。"然而，当今社会浮躁喧嚣、急功近利，喜欢读书的人越来越少，中学生也是如此。《记者观察》2015 年第 2 期发表了《白岩松：为什么我们已经堕落到要推广阅读？》的文章，个中观点发人深省。

　　青少年时期尤其高中阶段，是汲取知识、开阔视野、锻造人格的重要阶段。对学生来说，多读书不仅能提高运用语言文字表情达意的能力，而且有助于习惯的培养、认识的提高、情操的陶冶、思想的升华。因此我们要引导学生开展阅读，点燃学生的阅读热情，提升学生的阅读能力，使他们养成良好的生活习惯，别让他们错过青春读书的好时光。

教育目标

　　·通过观看视频，让学生进一步认识读书的重要性。

　　·通过对学生课外阅读现状的调查和对比，使学生了解自身在课外阅读方面存在的问题。

　　·通过开展读书知识竞赛、感受文字之美等活动，让学生能够把阅读的兴趣落实到真正的行动上，养成良好的课外阅读习惯。

课前准备

　　·收集有关读书的视频材料。

·准备读书知识竞赛题。

·由团支部组织开展读书微调查，并进行统计分析。

·制作课件。

教育过程

一、开展读书知识小竞赛，导入本课话题

师：今天我们这节班会课，让我们用读书知识小竞赛来开启吧！请听题！（出示课件）

1. 我国四大名亭中的"爱晚亭"是因为谁的诗句而得名？你能背出有关的诗句吗？

（答案：我国四大名亭中的"爱晚亭"是因为唐代诗人杜牧的诗句而成名，有关的诗句为"停车坐爱枫林晚，霜叶红于二月花"。预设：学生一般能答出。）

师：答题正确。请听第二题：

2. 小说《巴黎圣母院》的作者是（　　　　），男主人公是（　　　　），女主人公是（　　　　）。

（答案：《巴黎圣母院》的作者是维克多·雨果，男主人公是卡西莫多，女主人公是艾丝美拉达。预设：这道题学生可能答不全。）

师：这道题有的同学可能答不出。雨果是大文学家，在世界文学史上享有盛誉，他的许多作品广为流传。《巴黎圣母院》这本文学巨著，建议同学们好好读一读。现在请听第三题：

3. "老人消瘦而憔悴，脖颈上有些很深的皱纹。腮帮上有些褐斑，那是太阳在热带海面上反射的光线所引起的良性皮肤癌变。褐斑从他脸的两侧一直蔓延下去，他的双手常用绳索拉大鱼，留下了刻得很深的伤疤。但是这些伤疤中没有一块是新的。它们象无鱼可打的沙漠中被侵蚀的地方一般古老。他身上的一切都显得古老，除了那双眼睛，它们象海水一般蓝，是愉快而不肯认输的。"

这段文字选自 ＿＿＿＿＿ 国作家 ＿＿＿＿＿＿＿＿ 的《＿＿＿＿＿＿＿＿＿＿＿＿》。你读过这本书吗？

（答案：这段文字选自美国作家海明威的《老人与海》。预设：有同学答不出。）

师：这是本世界名著。这本书鼓舞人们不要屈服于命运，要进行勇敢的抗争。不少同学读过，但也有同学还没读过。没有读过的建议抓紧时间读一下，会给你不少启发的。

小小的三道读书竞赛题拉开了我们今天班会的序幕。今天的班会主题是谈读书。为什么选这个话题？是因为我看了著名主持人白岩松的一篇文章引发了感慨。

他是这样说的："这几年一直在做读书的推广，我总纳闷，你见过国际上把哪个日子定为'吃饭日'吗？没有。既然国际上没有吃饭日，那为什么要有一个读书日呢？对于人们的身体、肉体来说，不吃饭活不下去，但对于我们的精神来说，不读书难道不也是跟不吃饭一样活不下去的一件事吗？为什么我们已经堕落到了要全社会去推广'阅读'？这件事情恰恰印证中国的某种悲哀和某种觉醒。"

大家听后不知内心深处是否有所触动？

（预设：学生回答，网络时代，现在的年轻人已经不习惯读书了，有时间就玩手机或电脑；不读书的原因主要是"没有时间"；由于影像的流行，人们对于文字阅读的兴趣和耐心似乎也越来越缺乏，我们首先要从发现阅读之美开始，激发我们的阅读兴趣；等等。）

二、介绍我班课外阅读的问卷调查

师：我们班的阅读情况又会怎样呢？下面依据国内某知名高中做的一次问卷调查，我来介绍一下我班团支部在班中进行问卷调查的结果。（出示课件）

1. 粗略计算，你每月阅读多少本课外书？
A. 每月不超过 1 本   B. 每月 2 本
C. 每月 3 至 4 本   D. 每月不少于 5 本
调查结果：每月不超过 1 本 69.1%，每月 2 本 23.6%，每月 3 至 4 本 5.5%，每月不少于 5 本 1.8%。

2. 你选择阅读的原因？
A. 拓展视野，增长知识   B. 没原因，就是喜欢
C. 消磨时间

调查结果："拓展视野，增长知识"50.9%，"没原因，就是喜欢"32.7%，还有 16.4% 为了"消磨时间"。

3. 选择哪些类型的书目？（可多选）

A. 武侠　　　B. 言情　　　C. 科幻

D. 文学　　　E. 传记　　　F. 推理

调查结果：喜欢武侠与言情的占多数，值得关注的是，喜欢文学的学生最少。

师：下面请同学们看一看我班与国内某知名高中同一份问卷调查的结果对比（出示课件）：

表 1　你每月平均读课外书的数量

班　级	人　数	选项人数及百分比							
		每月不超过 1 本	%	每月 2 本	%	每月 3 至 4 本	%	每月不少于 5 本	%
知名高中	55	15	27.3	18	32.7	11	20	11	20
我们班	55	38	69.1	13	23.6	3	5.5	1	1.8

表 2　你选择课外阅读的原因

班　级	人　数	选项人数及百分比					
		拓展视野，增长知识	%	没原因，就是喜欢	%	消磨时间	%
知名高中	55	39	70.9	13	23.6	3	5.5
我们班	55	28	50.9	18	32.7	9	16.4

师：从表 2 反映的情况看，某知名高中"拓展视野，增长知识"和"没原因，就是喜欢"两项合计占被调查总人数的近 95%，这表明他们对课外书所持的态度是积极的、肯定的。同时也表明阅读对学习成绩所起的重要作用。

表3 你课外经常读哪些类别的书籍？

班 级	人 数	选项学生人数（多项）					
		武侠类	言情类	科幻类	传记类	推理类	文学类
知名高中	55	18	16	11	25	23	26
我们班	55	27	31	15	20	18	12

师：从以上三个表格的对比，不难发现我们在课外阅读方面和某知名高中存在的差距。不仅如此，我们国家和其他国家也存在较大差距。2015年4月23日是第20个世界读书日，新公布的国民阅读调查数据显示：虽然这些年我国大力倡导全民读书，但2014年我国成年国民人均纸质图书阅读量为4.56本，低于美国7本，日本8本，韩国11本；从总体上看，我国国民阅读水平与发达国家还存在一定差距。

三、交流"悦"读的体会

师：同学们，凡是崇尚读书的民族，大多是生命力顽强的民族。全世界读书最多的民族是犹太民族，平均每人每年读书64本。酷爱读书使犹太人成为一个优秀的民族。现在许多发达国家的国民都是重视阅读的。古今中外热爱读书的名人比比皆是，有关读书的名人名句也举不胜举，下面让我们一起来品读一下吧。（出示课件，学生朗读。）

立身以立学为先，立学以读书为本。

——欧阳修

读一本好书，就是和许多高尚的人谈话。

——笛卡尔

生活里没有书籍，就好像没有阳光；智慧里没有书籍，就好像鸟儿没有翅膀。

——莎士比亚

书籍是青年人不可分离的生命伴侣和导师。

——高尔基

师：同学们，你们还能举出哪些读书的名人名句？交流一下吧！
（预设：学生还会举出很多，老师适时进行鼓励，评价。）
师：下面让我们一起来观看CCTV一则读书的公益广告。看的时候，请同学们用心看，用心记，看完之后，谈一下你最认同哪个主持人的观点，并举例说明。

（观看 CCTV 的读书公益广告。CCTV 的几个著名主持人分别从"阅读是什么""书中有什么""读书与什么有关""阅读的作用"等角度阐述了阅读的重要性。时长两分钟。）

师：大家看得很认真，其实从小学到初中、高中，我们也读了不少书，也有不少体会。下面我们一起来交流一下自己的观点。

（预设：学生回答，书带领自己畅游世界；书给予自己丰富的想象；书让自己懂得了许多道理；等等。）

师：确实，心灵在书中感悟，看人间是非，品人生似棋，观云卷云舒、花开花落。这就是读书的乐趣。虽然文字有时没有网络、电视等娱乐方式那么夺人眼球，但文字有它独特的美，更具有思想深度，具有更多的遐想空间。下面让我们一起欣赏著名作家林清玄《清净之莲》中的一段精美文字，进一步体会文字给我们带来的快乐！（出示课件）

在人间寻求智慧也不是那样难的，最要紧的是，使我们自己有柔软的心，柔软到我们看到一朵花中的一片花瓣落下，都使我们动容颤抖，知悉它的意义。

唯其柔软，我们才能敏感；唯其柔软，我们才能包容；唯其柔软，我们才能精致；也唯其柔软，我们才能超拔自我，在受伤的时候甚至能包容我们的伤口。

柔软心是大悲心的芽苗，柔软心也是菩提心的种子，柔软心是我们在俗世中生活，还能时时感知自我清明的泉源。

那最美的花瓣是柔软的，那最绿的草原是柔软的，那最广大的海是柔软的，那无边的天空是柔软的，那在天空自在飞翔的云，最是柔软的！

我们的心柔软，可以比花瓣更美，比草原更绿，比海洋更广，比天空更无边，比云还要自在。柔软是最有力量的，也是最恒常的。

且让我们在卑湿污泥的人间，开出柔软清净的智慧之莲吧！

师：细读之后，有什么感想？交流一下吧！

（预设：品读这段美妙的文字，学生会陶醉在优美的文字中，有感而发。）

师：当电视、网络充斥在我们周围时，我们依然愿意静下心看会儿书。因为阅读过程中体会到的快乐有许多是电视、网络所代替不了的。阅读的快乐在于同一本书，不同的人能读出不同的意味，甚至一个人在不同的时候读也能领悟到不同的韵味。

四、指导解决读书中的困难

1. 合理安排阅读时间

师：应该说，同学们还是喜欢阅读的。但高中阶段功课繁忙，各科作业堆积如山，我们有时间进行课外阅读吗？谈一谈你解决这个矛盾的办法吧。

（预设：学生回答，从学习中腾出一些时间，从课外抢占一点时间；可以和课内阅读相结合，对课文进行延伸拓展阅读，比如学习《鸿门宴》时，可拓展阅读《项羽本纪》《高祖本纪》；寒暑假是进行课外阅读的大好时机；养成随身携带图书的习惯；每晚上床睡觉之前，抽出半个小时的时间来翻几十页书；等等。）

师：同学们，这些方法都是很有效的。另外，在当今这个时代最影响注意力的东西就是网络，网络很容易消耗时间，浪费时间。想多看点书最好的办法就是离开网络，下决心每天留出半小时或 1 小时的阅读时间，关电脑，关手机，开始看书，看完书随手做些记录。胡适先生说："每天花一点钟看 10 页有用的书，每年可看 3600 多页书，30 年读 11 万页书。诸位，11万页书足以使你成为一个学者了。"同学们，时间就像海绵里的水，只要你肯挤，就总是还有的。

2. 书海浩瀚，择优而读

师：今天书海浩瀚，究竟读什么书，一直困扰着大家。我作为一个普通的数学老师，显然不能胜任这项工作；但是作为一位班主任，我便去请教朋友、同事、网络，还有我们的同学等等。一位语文老师告诉我，书海浩瀚，要择优而读。不同的国度，不同的学生，喜欢的书是不尽相同的。在他们的帮助下，我给大家推荐八本有趣又有价值的好书：

（1）思想类：《论语》；

（2）传记类：艾芙·居里《居里夫人传》；

（3）美学类：李泽厚《美的历程》；

（4）伦理类：卢梭《新爱罗伊斯》；

（5）小说类：路遥《平凡的世界》；

（6）历史类：钱穆《国史大纲》；

（7）诗歌类：普希金《普希金诗选》；

（8）戏剧类：莎士比亚《哈姆莱特》。

这八本书相对广博的人类文化，也许微不足道。但作为切入点，由此而生发的东西，是难以估量的。我希望高中时的阅读，能开拓你们的视野，增长你们的才气，陶冶你们的心灵，培养你们的习惯，夯实精神的底子，积累宝贵的精神财富。

五、布置作业

师：为了更好地推进读书活动，放假前，我们将开展"推荐一本好书"活动。请同学们将本学期读到的最有收获的一本书推荐给大家，推荐语100字左右，我们将印发给全班同学。

六、总结全课

师：相信一本好书能改变人的一生，让一个人从失败走向成功，从忧伤走向快乐，从灰心失意走向奋发图强；相信有好书就有希望，读好书就有幸福；更相信一节成功的"青春的'悦'读"主题班会能激励同学们多读书，读好书，做一个与时俱进的、有文化的新时代高中生！

点评

班主任应成为杂家

这节课是指导学生读书的。说起指导学生读书，有老师会说，那是语文老师的事。说实在话，班主任要胜任学生的"人生导师"，就应该会指导学生读书。从"人生导师"的要求考量，班主任应成为杂家。

班主任应成为杂家，班主任工作涉及的话题很丰富；对涉及的话题，班主任要努力学习，成为行家里手。比如班主任要会指导学生读书。刘老师的这节课为我们提供了很好的范例。从读书知识小竞赛题目的设计到与某知名高中读书情况的调查比较，从2015年国民读书数据的分析到读书方法的指导，从读书书目的推荐到读书意义的分析，刘老师精心思考，娓娓道来，为学生提供了丰盛的读书指导的精神大餐。

班主任应成为杂家，更应成为专家。班会课不等同于学科课，班会课更聚焦学生的精神成长。对此刘老师正视生活中的问题，在谈到电视、网络对读书的影响时，谆谆告诫："当电视、网络充斥在我们周围时，我们依然愿意静下心看会儿书。因为阅读过程中体会到的快乐有许多是电视、网络所代替不了的。阅读的快乐在于同一本书，不同的人能读出不同的意味，甚至一个人在不同的时候读也能领悟到不同的韵味。"这样的表述，对学生读书观的形成有着良好的引导。又如在谈及高中读书的作用时，刘老师指出："我希望高中时的阅读，能开拓你们的视野，增长你们的才气，陶冶你们的心灵，培养你们的习惯，夯实精神的底子，积累宝贵的精神财富。"言辞恳切，言之有理，体现了用词准确、用情深切的特点，体现了班主任的专业精神，值得借鉴。

　　写到最后，要说明的是刘老师的学科背景是数学。作为数学老师，她在读书指导方面可能一下子不能具有语文老师的专业素养，但是她虚心求教，广采众人之长。这篇教案展现的读书素养，是许多语文老师为之赞叹的。从这个意义上说，班主任成为杂家也完全有可能，有必要。我们必须加强学习。而通过不断地学习，我们也就成了班主任工作的行家里手，成为班主任工作的专家。

我的大学我的梦
（目标话题）

广东省佛山市南海区九江中学　贾高见　杨　迅

设计背景

英国有句名言："无目标的努力，有如在黑暗中远征。"俄国哲学家车尔尼雪夫斯基也说："没有目标，哪来的劲头？"可见，目标不仅让我们有方向感，更带给黑暗中的心灵以光明，带给疲倦中的人们以斗志。

高三是学生学习、成长的关键期。高三长时段、高强度、超负荷的学习对学生不仅是体力和智力上的考验，更是毅力和斗志上的考验，学生很容易出现激情消退、动力不足、无所事事甚至破罐子破摔的情况。本次主题教育课的设计，目的即是引导学生明晰目标的价值和读大学的意义，激发学生学习和成长的动力。这一课题不仅对学生的高三、高考有价值，对学生以后的专业选择和事业发展都会具有重要的意义。

教育目标

·认知目标：使学生明晰目标的价值和读大学对于个人成长的重要意义。

·情感目标：增加学生对心中美好目标的向往之情，激发学生努力学习、考上心仪大学的动力。

·行为目标：引导学生制订合理的目标和行动计划，并引导学生将计划付诸行动，实现知行合一。

课前准备

·收集各高校报考目录信息复印（摘取所在省的部分）；收集一些有代表性的招聘信息。

・视频材料：马云演讲视频。

・表格材料：目标表格每人一份、行动计划表格每人一份。

教育过程

一、聊坐公交，感知目标

师：同学们，你们回家的时候坐哪路车？为什么选这路车？

（预设：学生会从车次路线、家庭地址等方面回答，比如：我坐某路车，因为我家住在某地，这路车要经过那里，等等。）

师：同学们会说这个问题太简单了。老师今天和大家聊这个话题，是想从身边事说起。我们选择某路公交车，是因为它途经我们想要到达的地方。不同的同学，不同的目的地，选择不同的车次。这说明了生活中时时处处都有目标，目标很重要，我们应该做有目标的人。

二、分享故事，明晰目标价值

师：同学们，你们现在已经进入高三，即将参加高考。我想问：对于拟报考的大学，你们的具体目标是什么呢？

（预设：大部分学生有着朦朦胧胧的目标，但是超负荷的备考使他们信心不足，"等一模、二模再说"；少数同学目标缺失。）

师：或许大家会一直疑惑为什么我们要那么执著地去追寻自己的目标。让我们一起通过以下这个故事去感受一下目标的力量吧。（出示课件）

有一位瘦子和一位胖子在一段废弃的铁轨上比赛走枕木，看谁能走得更远。

瘦子心想：我的耐力比胖子好得多，这场比赛我一定会赢。也确实如此，瘦子走得很快，渐渐将胖子落下了一大截。

师：请问，你认为这次比赛是胖子会赢还是瘦子会赢？为什么？

（预设：有人说瘦子会赢，因为瘦子耐力更好；有人说胖子会赢，因为胖子会后发制人。）

师：很多同学都认为身躯比较轻便的瘦子能够赢得比赛，而结果却是出人意料的，继续看（出示课件）：

但走着走着，瘦子渐渐走不动了，眼睁睁地看着胖子稳健地向前，逐渐从后面追了上来，并超过了他。瘦子想继续加力，但终因精疲力竭而跌倒了。

最后，在好奇心的驱使下，瘦子想知道其中的秘诀。胖子说："你走枕木时只看着自己的脚，所以走不多远就跌倒了。而我是选择铁轨上稍远处的一个目标，朝着目标走。当接近目标时，我又会选择下一个目标，然后就走向新目标。"

随后胖子颇有点哲学意味地指出："如果你向下看自己的脚，你所能见到的只是枕木而已；而当你看到铁轨上某一段距离的目标时，你就能在心中看到目标的完成，就会有更大的动力。"

师：这是一个哲理故事。请问决定胖子和瘦子胜负最重要的原因是什么？

（预设：学生回答，瘦子总是着眼于眼前，胖子的目光一直都瞄向远方。）

师：很好，胖子的目光一直都向着远方的目标，他不断地追赶，不断地获得更大的动力，坚持走下去，达到新的目标。这不像我们的人生吗？如果没有目标，会有什么建树呢？如果有个目标，我们通过奋斗而达成它，这不就是精彩的生命吗？所以，我们也需要目标。我们不仅需要有人生目标，也需要有理想的大学目标。

三、朝向现实，了解大学的作用

1. "招聘条件大比拼"

师：之所以将人生目标和大学目标联系在一起，是因为我们大多数的人生目标都建立在自己的事业成就之上，而要成就一番事业，是需要条件的，你又要从哪里获得成就事业的条件呢？

（预设：同学们的回答大致为两种——通过攻读大学，通过社会实践。）

师：同学们，我们要成就一番事业，需要我们先有一份工作，找到工作需要哪些条件呢？课前我让大家去搜集了一些单位的招聘信息，老师也收集了一些招聘信息，我们一起来看看这些招聘都要求有哪些基本条件。

（分享交流收集到的招聘信息。）

师：看了招聘要求，我们能够看到如果现在要找到一份比较理想的工作，需要些什么呢？

（预设：学生回答，一是学历的要求，本科学历几乎成为找工作的门槛和基本资格；二是专业技能的要求，几乎所有待遇较好和有发展空间的工作都对专业技能作出了明确要求。）

2. 专业技能的价值

师：很多企业都对员工的专业技能提出了较高的要求，专业技能有什么价值呢？看下面这个案例给大家什么启示吧！（出示课件）

在深圳大学计算机系求学期间，马化腾在编写软件和研究计算机网络中体会到了乐趣，很爱"玩"的他，很快成为各种病毒的克星。马化腾的"第一桶金"就来自大学的毕业设计。1993 年毕业前夕，他设计了一个"股票分析系统"，不久有个公司看中了这个软件，给了马化腾 5 万元。马化腾在互联网世界创造的一系列奇迹，可以说与他扎实的专业功底是密不可分的。

师：同学们，我们用微信、QQ，我们都知道马化腾很成功。但是不能忽视的是马化腾成功的背后因素。这个案例给了你什么启示？

（预设：学生回答，这个案例让我明白大学四年的学习有助于掌握系统的专业知识，有助于我们为实现自己的价值打下基础，做好准备，等等。）

3. 综合素质的提升

师：上大学除了能够获得专业知识还可以获得什么呢？我们来看一个视频。

（观看视频。视频内容为马云在达沃斯论坛上讲自己的求学经历。当时他的成绩离本科线还差 5 分，但恰好本科没招满人。马云就这样"凑巧地"上了本科。进入大学后，他珍惜机遇，积极参加社团活动，凭着满腔热情和一身侠气，当选学生会主席。这为他后来的发展奠定了重要的基础。）

师：作为中国互联网商业的开拓者，马云开创了中国第一大电商阿里巴巴，想想马云的领导力是从什么时候锻炼出来的？

（预设：学生回答，非常重要的是他在大学时学生会主席职位的锻炼。）

师：没错，大学有很多学生社团，同学们在里面可以锻炼自己的综合能力，为将来做准备。综合来说，攻读大学不仅可以获得就业的基本门槛，更可以学习专业知识，获得职业技能，提升综合能力。因此，考上理想的大学对于实现人生的目标具有非常重要的意义。

也许有人会说，乔布斯没有读完大学、比尔·盖茨大学退学创业。但那是特例。他们是天才。今天成功的有效路径，或者说，更多的社会中层的成功路径，基本上是借助大学的学习，特别是心仪的大学的学习。

四、明确目标，我的大学我的梦

1. 选定目标

师：同学们，你确立的人生目标是什么？你需要考取什么大学、什么专业才更有助于你达成自己的人生目标？如果你对于大学和专业还觉得迷惘的话，这段来自华南农业大学的短片或许能够给予你们一个初步的认识。

（播放视频。视频简介：华南农业大学校园环境优美，院系众多，学生可以根据自己的爱好和理想来攻读相应专业。学校还提供诸多实践平台，如服装设计专业的时装秀、汽车工程的小型F1、建筑专业的模型搭建，有助于学生把自己的专业应用于实践。大学众多的社团如街舞社、摄影社、骑行社等更丰富了学生的课余生活。）

师：怎么样，期待大学的精彩吧？我为大家准备了各高校报考目录信息，我希望大家在期待高考到来之前，能够选定自己的目标，写在这一张目标卡上（提前发给学生目录资料，学生选定自己的目标并写在目标卡上）。

2. 拟定航线（分解目标）

师：刚刚看到同学们都很积极地不断翻页，很渴望能够找到适合的大学和专业作为自己的高考目标，但是我想说，有了目标还不够，我们应该怎样达成目标呢？来听听以下这个故事：

某天，一个心理学家做了这样一个实验：他组织三组人，让他们分别向着10公里以外的三个村子进发。

第一组的人既不知道村庄的名字，也不知道路程有多远，只告诉他们跟着向导走就行了。刚走出两三公里，就开始有人叫苦；走到一半的时候，有人几乎愤怒了，他们抱怨为什么要走这么远，何时才能走到头，有人甚至坐在路边不愿走了；越往后，他们的情绪就越低落。

第二组的人知道村庄的名字和路程有多远，但路边没有里程碑，只能凭经验来估计行程的时间和距离。走到一半的时候，大多数人想知道已经走了多远，比较有经验的人说："大概走了一半的路程。"于是，大家又簇拥着继续往前走。当走到全程的四分之三的时候，大家情绪开始低落，觉得疲惫不堪，而路程似乎还有很长。当有人说"快到了！""快到了！"，大家又振作起来，加快了行进的步伐。

第三组的人不仅知道村子的名字、路程，而且公路旁每一公里都有一块里程碑，人们边走边看里程碑，每缩短一公里大家便有一小阵的快乐。行进中他们用歌声和笑声来消除疲劳，情绪一直很高涨，所以很快就到达了目的地。

师：同学们，这个故事告诉我们什么道理？

（预设：学生回答，当人有了目标，并把目标分解成一个又一个小目标，进而清楚地知道与目标之间的距离的时候，人的动机会加强，会努力达到目标，等等。）

师：是的，伟大的目标看起来都是那么的遥远，但是如果将大目标分解成很多的小目标，完成小目标看起来总会轻易很多，简单很多。然而就是这些小目标的简单组成大成功的伟大。

人不可以一步登天，却可以一步一步登天，重要的是，我们不仅要有明确的目标，而且要学会把目标细化、具体化，每一个阶段性小目标的达成，都会成为我们达成大目标的阶梯。同学们，下面这两个表格就是你通向大学的路，我们来设定好每个阶段的目标，为落实目标制订好每一天的计划吧。

（1）拟定自己的成长航线，并把高三阶段的目标细化、具体化：

姓名：	人生目标：					高考目标：	
	语文	数学	英语	政治 / 物理	化学 / 历史	生物 / 地理	排名
期中考试							
期末考试							
一模考试							
二模考试							
期中考试							
三模考试							
高　考							

（2）拟订行动计划，把目标落实到每一天的行动中，请同学们在每天晚自修结束后在对应位置处以"打钩"或"计分"的方式对自己当天的状态作出评价。

我的行动计划表			姓名：		
学习习惯培养项目	周一	周二	周三	周四	周五
我能做到"入班即静，入座即学"，培养自己的专注力					

我的行动计划表			姓名：		
学习习惯培养项目	周一	周二	周三	周四	周五
我每天上课通过多做笔记，多开口来集中注意力					
我每天坚持弄明白做错的题目					
……					

（备注：这个表格请同学们每天晚上放学后在对应空格处"打钩"或"计分"即可，实践中完全做得到。省略号部分，老师可以根据班情补充、完善。）

五、总结全课

师：同学们，目标的作用是巨大的，所以我们的目标一定要明朗清晰。但是再美好的目标、再详尽的计划都需要持之以恒地努力才能实现。让我们明晰自己的人生目标和大学目标，并勇敢地为之努力、为之坚持吧，锁定我的大学我的梦，坚信我们的未来不是梦！

点评

班主任要成为故事大王

这节课，班主任多次讲述了故事。这种讲故事的做法对上好主题教育课有着积极作用。

美国教育家吉姆·科因认为，听故事能够打开那些直接教育无法触及的区域，无论是成人还是儿童，都可以从故事中得到启发。

班主任应该是一个会讲故事的人，故事有润滑剂的作用，让教育变得温润，使教育变得细腻、变得生动、变得诗意盎然。

实践告诉我们，班主任应该特别善于讲两类故事：

（1）人生故事。每个人的人生道路是不同的。分享人生故事，可以有许多启迪。主要分为三类：

①名人的故事。许多名人的成长都具有传奇色彩。他们以坚忍不拔的努力留给我们宝贵的精神财富。

②学生的故事。学生的故事不惊天动地，却实实在在。真真切切发生在学生身上的故事，会给学生以启发。同龄人的故事最值得思考。

③自己的故事。班主任应敞开心扉，真情实意地讲述自己的成长故事，与学生交流自己的成长感悟。

（2）哲理故事。许多故事富有哲理，比如本课提到的"胖子和瘦子走枕木的故事""心理学家的实验故事"等。

小故事，大智慧。讲故事，是一个寻找和分享智慧的过程，也是一个发现和生成智慧的过程。

班主任要做一个有心人，注意收集故事，善于讲述故事，乐于分享故事的启迪。

一个会讲故事的班主任，其实也是许多精彩教育故事的主角。在处理各种事件过程中，班主任若能充分运用教育智慧，真正关爱学生，便能在学生心目中留下难忘的故事。

向着阳光
（挫折话题）

江苏省常州中学　谢晓虹
江苏省常州三中　韩　光

设计背景

　　挫折是指一个人的目的性行为受到阻碍或中断时所感受到的情绪体验，挫折是每个人都会遇到的。挫折反应和感受是形成挫折的重要方面，个体受挫与否，是依当事人对自己的动机、目标与结果之间关系的认识、评价和感受来判断的。正如巴尔扎克所说："世上的事情，永远不是绝对的，结果完全因人而异。苦难对于天才来说是一块垫脚石，对于能干的人是一笔财富，而对于弱者是一个万丈深渊。"

　　高三是学生发展至关重要的一个阶段，它既是学业的收获时期，又是学习压力最大的时期。高三是比刻苦、比毅力、比方法、比效率、比坚持、比心理的一年。处于人生第一大转折点的高三学生哪怕是丁点失误，也会引起自身或家长的高度关注。同时他们普遍缺乏生活经验，思想处于不成熟阶段，虽然有目标，但不少学生处理问题易简单化、走极端，遇到挫折后容易情绪低落、悲观失望，因此让学生认识并学会积极对待挫折，对他们健康成长，提高生命质量，更好地适应现代竞争社会特别重要。

教育目标

　　·通过视频导入，使学生认识到人生旅途中难免遇到坎坷和挫折，应有驾驭挫折的各种能力和接受挫折的心理准备。

　　·通过活动体验，使学生正确看待挫折，能对挫折带来的影响进行比较全面的分析。

　　·通过交流分享，帮助学生树立信心，提高抗挫能力，学习正确面对挫折的办法。

· 请家长写出孩子从小到大最令其骄傲的五件事，并寻找或原创一句鼓励学生战胜挫折的话。

· 收集并剪辑视频（主要来自央视公益广告《再一次为平凡人喝彩》）。

· 制作课件。

一、直面挫折

师：紧张忙碌的学习生活，成绩的不理想，他人的讥讽，解不完的难题，亲人的叮嘱等等，压得我们透不过气来。于是，有的同学目标动摇了，斗志消沉了。面对挫折，我们该怎么办？今天我们就一起来聊聊"挫折"这个话题。首先请同学们观看视频《再一次为平凡人喝彩》。

（观看视频《再一次为平凡人喝彩》中遭遇挫折的片段。视频简介：集中展现了运动员训练、医生高原缺氧、舞蹈演员练功、滑翔机试飞等遭遇挫折的画面。片中旁白为：生活没有彩排，人生也没有彩排。总会有些时候，满心期待换来的是失望或者是不体谅。环顾四周，似乎只有你自己在徘徊。努力了好像还是看不见希望。你甚至一度认为，没有人比你更加地不如意。渐渐地，你会开始不自信不勇敢不愿向前。）

师：看过视频，请大家想一想，你曾经有过类似的体验吗？能和我们分享吗？

（预设：学生发言，月考没有发挥应有水平；××学科老是考不好；和最好的朋友闹翻了；等等。）

师：感谢大家的分享，的确挫折存在于每个人的生活中。无论是成功人士还是普通的平凡人，每个人都有自己的人生理想、奋斗目标。有志者总会不断地努力，向着自己的人生目标迈进，但在奋斗的过程中，难免会遇到这样那样的挫折，阻碍了前进的脚步。挫折既然不可避免，我们能做的就是勇敢面对。

二、体验挫折

师：下面我们来动一动，做个小游戏"生命进化"。游戏就要有游戏规则，大家能遵守吗？

（预设：学生齐声回答，能！）

师：现在请看游戏规则。（出示课件）

游戏规则：开始时，大家都是"细胞"（两手抱于胸前），然后根据就近原则，每两人为一组，进行猜拳，赢的升为"小鸟"（两手做展翅状），输的继续为"细胞"。接着，赢了的队员再两两一组，进行猜拳，赢了的升为"猴子"（两手做挠腮状），输了的仍为"细胞"，和同为细胞的队员猜拳。赢了的队员再两两一组，进行猜拳，赢了的升为"人"（两手高举摆动，做成功状），输了的仍为"细胞"。依此类推，连赢四次，经历细胞—小鸟—猴子—人的"进化四部曲"，才算胜利。

（备注：这是运用团体心理辅导技术的心理游戏，叫作进化四部曲。这个游戏内容简单，方法也很简单，但却意味深长。如果把自然的进化分作四步的话，我们开始都是平等的"细胞"，但一轮过去了，赢的变成"小鸟"，输的仍然是"细胞"。"细胞"想变成小鸟，"小鸟"想继续升级。每个人都在争取自己的下一步。在游戏中最郁闷的莫过于在"猴子"变成"人"的那一关被打回"细胞"。因为只差一步就可成功了，到最后却又得从头再来，可谓遭受重大挫折。有的人会放弃，有的人却心不甘，继续"奋战"……）

师：这游戏给我们什么启发呢？

（预设：学生发言，感受到发展的曲折、坎坷。）

师：下面请大家谈谈在游戏过程中的感受。

（预设：学生发言，成为"人"之后觉得很兴奋；虽然成"人"了，但好朋友一直没有成功；运气不好，未能成为"人"；等等。这一过程应尽可能让在游戏中处于"不同发展阶段"的学生都能有发言机会。）

三、感谢挫折

师：正如这个游戏的进化过程，很多时候，当我们付出很多努力，却不得不从头再来时，你是否依然有勇气？命运完全掌握在你手中，抱怨与嫉妒只会让你意志消沉，委靡不振；信心和勇气才会让你成功。其实，人的一生就是不断地寻找、认识、完善自我的过程。每一次挫折，都能帮助我们

找到自己独特的位置和价值。（出示课件）

英国劳埃德保险公司曾从拍卖市场买下一艘船，这艘船 1894 年下水，在大西洋上曾 138 次遭遇冰山，116 次触礁，13 次起火，207 次被风暴扭断桅杆，然而它从没有沉没过。

劳埃德保险公司基于它不可思议的经历及在保费方面带来的可观收益，最后决定把它从荷兰买回来捐给国家。现在这艘船就停泊在英国萨伦港的国家船舶博物馆里。

不过，使这艘船名扬天下的却是一名来此观光的律师。当时，他刚打输了一场官司，委托人也于不久前自杀了。尽管这不是他的第一次失败辩护，也不是他遇到的第一例自杀事件，然而，每当遇到这样的事情，他总有一种负罪感。他不知该怎样安慰这些在生意场上遭受了不幸的人。

当他在萨伦船舶博物馆看到这艘船时，忽然有一种想法，为什么不让他们来参观参观这艘船呢？于是，他就把这艘船的历史和照片一起挂在他的律师事务所里，每当商界的委托人请他辩护，无论输赢，他都建议他们去看看这艘船。

它使我们知道：在大海上航行的船没有不带伤的。

师：有竞争就有失败，我们正是在不断的挫折中成长、进步。人生中有许多进进退退，我们虽然哭着来到世上，但应该用微笑面对人生，给生命一个坚强、勇敢、自信的笑脸，创造一个独一无二的精彩人生。

现在，我们一起看一下你们的爸爸妈妈写给你们的关于战胜挫折的真知灼见。

每一种挫折或不利的突变，是带着同样或较大的有利的种子。

——爱默生

顺境使精力闲散无用，使我们感觉不到自己的力量，但是障碍却唤醒这种力量而加以运用。

——休谟

被克服的困难就是胜利的契机。

——丘吉尔

卓越的人一大优点是：在不利与艰难的遭遇里百折不挠。

——贝多芬

苦难不是永久的，征服苦难才是永恒的。

——家长 Z

世界上从来没有绝境，只是缺少另辟蹊径的信念。

——家长 C

师：这些真知灼见有的是名人的，有的是家长的人生思考，都是家长分享的，可以给我们很多的启发。我们一起来诵读，来思考父母的良苦用心。

（集体诵读。）

四、共同应对

师：挫折本身不是财富，战胜挫折才是财富，所以，面对挫折，我们应该怎么办？现在我们以四人小组为单位进行讨论，请每组把本组同学在学习生活中总结的抗挫方法提炼一下，形成本组最经典的三句话，每句话不超过 15 个字。然后组长发言交流，全班分享小组应对挫折的三句话。

（预设：学生发言，我是最棒的；我能行，我能赢；我们一定笑到最后；没有什么不可能；微笑，一如昨日；××大学，你值得拥有；跌倒了，爬起来；生活是公平的；和恶劣情绪交朋友；一切都会过去；没关系，再试一次；你不是一个人在战斗；等等。）

师：同学们说得都非常好。根据刚才大家分享的小组"抗挫三句话"，我归纳出班级的"抗挫三句话"，送给大家，可以尝试积极的自我心理暗示。（出示课件）

抗挫三句话
第一句，太好啦！
第二句，我能行！
第三句，我来帮助你。

师：太好啦！在我们遇到挫折时，心态非常重要。对自己首先说一声"太好啦！"，就是以积极的心态对待挫折。把挫折视为锻炼成长的机遇，视为上苍赐给我们的"礼物"。我们一起来大声地说一下。

（预设：学生大声说"太好啦！"）

师：我能行！面对挫折，不仅要有好的心态，还要积极动脑筋，想办法。我们也一起来练一下。

（预设：学生大声说"我能行！"）

师：我来帮助你。我来帮助你，是一种乐观的互助情绪。在社会生活中，人是需要抱团取暖的。众人拾柴火焰高，众人划桨开大船。乐观的情绪在集体中形成，就会增强感染力，形成战斗力。我们互相来说说。

（预设：同学们互相说"我来帮助你"。）

师：怎么运用好这三句话呢？请大家结合自己和身边同学的实际，用接龙造句的方式来试试吧。

（预设：学生发言，这次考试我没有考好，太好了，下次我就是进步最大的了；这次数学最后三题很难，我能行，我一定能得到我该得的分数；小明你状态不佳，英语成绩好像遇到了瓶颈，没关系，我来帮助你；等等。）

师：感谢大家的坚定，也为我平添许多信心。最后，让我们把视频《再一次为平凡人喝彩》看完吧。

（视频简介：面对挫折，运动员、医生、舞蹈演员、滑翔机试飞员等不屈不挠，改进方法，探索新路，取得了成功。片中旁白：然而，每当这个时候，你都能在心中听到一个声音，清晰而坚定——再来一次。当生活的哨声响起，再一次，选择责任与担当；再一次，为成长积蓄力量；再一次，只为追逐的梦想更近些；再一次，为了更多人能分享阳光；再一次，相爱在通往年轻的路上；再一次，坚守心中的完美。这一刻，每个平凡人，旧的自我离开，新的自我诞生。成功与否并不重要，因为这不仅仅是为了自己。我们总会在逆境中汇聚起再一次的能量，这个民族只会越挫越强，这个世界永远欣赏每一个敢于再来一次的人。再一次，为平凡人喝彩！）

五、总结全课，布置作业

师：我们的人生确实不可能是一条平坦大道，在我们高三逐梦的道路上，更需要拥有积极乐观的心态，拥有披荆斩棘的勇气，拥有永不放弃的精神，当我们最终到达胜利的彼岸时，我们会感谢这一路的挫折，因为这些，我们体验了成长，收获了成功。

让我们一起昂首面对生活，笑着完成每一次作业，笑着面对每一次考试，笑着度过高中生活最后阶段的每一天，当挫折成为你成长的阶梯，挫折就会为你更为精彩的人生喝彩！

课后请大家对照着你们爸妈写的他们最为你骄傲的五件事，写出你自己觉得最感动的五件事，然后与爸爸妈妈一起分享哦！

重视发挥家长的作用

要做好班级工作，有人提出建设三个集体的主张，那就是要建设班集体、建设教师集体、建设家长集体。我非常赞同这一主张。

但在实践中，老师们比较重视班集体和教师集体的建设，对家长集体的建设不够重视。其实，要搞好家长集体建设并不难。只要做好五件事就可以了。（1）搭台子。班主任要帮助组建家长委员会，让家长有自己的组织，有自己的头。（2）订计划。班主任为家长委员会开展哪些活动出谋划策。订好计划，就有了行动方案。（3）开好会。家长委员会应定期召开会议（见面或网上均可），研究工作。（4）搞活动。活动不要很多，要细水长流。（5）作总结。工作要有始有终，总结时要表扬先进。

对于家长搞活动，班主任要积极支持。开展的活动，不要太难。班会课是很好的活动载体。本课老师设计的请家长写出孩子最令其骄傲的五件事，并寻找或原创一句鼓励学生战胜挫折的话，这两个任务都简单易行，具有可操作性。而结尾的作业"课后请大家对照着你们爸妈写的他们最为你骄傲的五件事，写出你自己觉得最感动的五件事，然后与爸爸妈妈一起分享"是呼应，也是升华。

当然如果邀请家长代表走进教室，直接参加这节课，也许效果会更好。总之，这节课对加强学校与家庭的协同教育，对建设家长集体也是很好的思路启迪。

26 我的情绪我做主
（心理调适话题）

湖南省岳阳一中 郭玉良

设计背景

中国少年儿童新闻出版总社首席教育专家、著名的"知心姐姐"卢勤在她的《给知心少年》一书中说："有一句话叫'境由心生'。很多时候，人的痛苦与快乐并不是由客观环境优劣决定的，而是由自己的心态、情绪决定的。你看路边的小草，被人踩来踩去，可它还是活下来了，它拼命地站起来，接受大自然给予的阳光、雨露，所以，它比温室里的花朵更有生命力。"情绪对人的身体、心理、行为甚至智力影响很大，良好的心态比一百种智慧更有力量。

高三学生的情绪尤其值得关注，因为高考不仅是一场成绩的竞争，更是能力的较量和心理的角逐。积极的心态能够使高三学生始终保持良好的学习状态，营造良好的迎考复习氛围；积极情绪可以缓解心理压力，排除或控制那些让他们忧虑、烦躁的信息刺激。在心情平静、愉快的时候，学习的效率是最高的，效果也是最好的。所以积极乐观的情绪，平和、简单、快乐的心情，是高三学生高考成功制胜的一项法宝。班主任应注意观察班情，及时通过主题教育课对学生进行有效的心理辅导。

教育目标

·通过教师引导，让学生正确对待高考压力，科学地认识考试焦虑，调整不合理的认知，增强自信心。

·通过活动体验，让学生适度调节消极焦虑情绪，体验积极、快乐情绪，学会乐观面对高三学习生活。

·通过方法训练，帮助学生掌握克服焦虑、消极情绪的基本方法，学会呵护自己的心情，努力让自己成为情绪的主人。

·召开班委会，开展与学生的交流活动，对班级学生情绪状态进行调查，了解近期学生的情绪。

·准备放松指导语、多媒体课件、音乐《内心和平曲》、纸笔若干。

·准备黄豆粒若干，给每个学生准备一个气球。

教育过程

一、热身游戏："把烦恼吹跑"

师：同学们，这段时间学习累不累？

（预设：学生回答，累。）

师：我们今天来放松放松，做一个游戏，好不好？

（预设：学生回答，好，太好了！可能还会欢呼，鼓掌。）

师：我们以小组为单位围成一圈坐好，班长和团支书负责给每一位同学发放一个气球。

（班长和团支书发气球。）

师：同学们回想一下近期有哪些烦恼焦虑的事，逐一把它吹进气球，直到把气球吹爆为止。

（预设：学生一边吹气球，一边笑着、叫着，气氛特别活跃，教室里"加油"声此起彼伏。等到大多数气球吹爆以后——）

师：感觉怎么样？

（预设：学生回答，感觉真爽，好舒服，好久没这么开心了，等等。）

二、体验活动：跳舞的小黄豆

师：刚才我们做了一个游戏，把我们近期的紧张、烦恼、焦虑放进气球里，吹爆了、释放了。但烦恼和焦虑不可能永远消失，有时不经意间，它们就来打扰你，扰乱你的心理。来，我们再做个活动。活动要求请看课件（出示课件）：

活动要求：

1. 请同学们在座位上坐稳，双脚踏地。
2. 跟随节奏，双脚用力进行踏步运动。
3. 与此同时，用力拍手。
4. 双脚的动作：左左、右右、前前、后后、前前。
5. 根据老师指令做动作，音乐停止时，动作停。

师：现在开始。（音乐声起）

（预设：学生跟随老师的指令，配上欢快的音乐进行体验活动，学生的动作由不熟练到熟练，拍手声和踏步声渐渐整齐，师生共同感受快乐和谐。音乐停止，学生活动停止，学生们很兴奋。）

师：刚才的活动有什么感受？

（预设：学生回答，刚开始脚和手不太协调，担心自己跟不上节拍，有点着急，后来熟练了，就好了；把心情放松，情绪放开，跟着大家一起做，很快就跟上了节拍，做活动时特别开心；等等。）

师：同学们这么开心，那我们继续。接下来，每人领到四粒小黄豆，将这四粒小黄豆放入鞋里，左右各两粒，让小黄豆参与我们的活动体验。（班干部负责给每人发放四粒小黄豆。）

（预设：活动开始前，学生们很好奇，很快将小黄豆按要求放入鞋中。可能有同学将四粒黄豆同时放入一只鞋中，老师也不必特意提醒。学生在这一环节开始时都很兴奋，有的同学叫着"哈哈，我踩上小黄豆了"，但活动开始大约 30 秒钟后，就有学生皱紧眉头，有的发出"哎哟"的声音，有的开始跟不上节奏了，有的停下来了。）

师：这次活动你们又有什么感受？

（预设：学生回答，小黄豆在脚底下很不舒服，脚板很痛；小黄豆变成了大障碍，踏步活动继续不下去啦；我努力想摆脱小黄豆对我的困扰，但还是摆脱不了，它不仅影响我的踏步运动，还影响我的心情，真是烦人的小黄豆；等等。）

师：四粒黄豆体积很小，但它的加入和存在却在干扰着我们的活动体验，让我们刺痛、讨厌、烦躁。那么此时我们要找回第一次的快乐体验，怎么办？

（预设：学生回答，把豆子拿掉就好了。）

师：对，同学们，感到不舒服就把鞋里的黄豆拿掉。四粒小黄豆让我们痛苦、烦恼、焦虑，我们可以立刻把它们拿掉。那么我们高三学习生活中的烦恼和焦虑情绪，该如何把它们拿掉呢？

三、叩问心灵："我的情绪 A、B、C"

师：同学们，我给大家介绍一个有关情绪的理论。美国心理学家埃利斯创建了一个"情绪ABC"理论：A——事件、B——想法、C——结果，人们通常认为"某件事情使我产生了某种情绪"，其实影响人们情绪的不是事件本身，而是人们对事情的看法，对同一件事情，不同人会有许多不同的想法，即使同一个人也会对同一件事有不同的想法，不同的想法则引起不同的情绪。

这个理论听起来有点绕。我来举个例子说明：如这几天我最好的朋友冷落我，我感到自己被忽视，心里很郁闷，写了个纸条责备了他几句。这里"最好的朋友冷落我"就是事件（A），"我感到自己被忽视"就是想法（B），"心里很郁闷，写了个纸条责备了他几句"就是情绪和情绪所导致的行为结果（C）。

同学们，"我心里郁闷"的原因是什么？大家讨论讨论：

（学生讨论，老师注意倾听。）

师：现在我们来交流一下。

（预设：学生回答，原因是"最好的朋友冷落我"；不对，应该是"我"感到被忽视了，心里才郁闷的；两个方面都有，应该是连锁反应，首先是因为"朋友冷落我"，然后"我感到自己被忽视"才"心里很郁闷"，于是"我"写纸条责备他；等等。）

师：同学们思维很活跃。我也来发表一下我的看法，好吗？"最好的朋友冷落我"这是一个事件，"我"可以有三种想法：第一种，"可能朋友自己有什么心事，不计较他"；第二种，"这个朋友冷落我，我不在乎，我还有别的朋友"；第三种，"好朋友冷落我，我感到自己被忽视，很郁闷"。同学们想想，让"我"产生郁闷情绪的是事件本身，还是对这件事的看法呢？

（预设：学生回答，好像应该是对事情的看法。）

师：同学们的思路打开了。那我们来对自己作个调查吧！我设计了一个表格，大家先仿照刚才的假设事例来填写这个表格。我们写出高三以来让自己郁闷、紧张、焦虑的事件（A）和当时的想法（B）与情绪或所导致的行为结果（C）。

	事件（A）	想法（B）	情绪或行为结果（C）
例	最好的朋友冷落我	我感到自己被忽视	郁闷或责备同学
（1）			
（2）			
（3）			

（预设：学生在回忆、思考、填写，教师走动观察学生的活动，并帮助学生归纳整理。）

师：根据归纳整理的结果，发现同学们呈现的令大家紧张焦虑的事件集中在三个方面：高三学习时间紧、内容多、任务重、压力大导致情绪焦虑紧张；周考、月考成绩不理想，挫败感强，导致情绪焦虑不安；担心高考结果不理想导致心绪焦虑。

四、调整认知：适度压力和焦虑是有意义的

师：同学们，我们人在高三，处于紧张复习迎考阶段，每一个人或多或少会有一些压力，也会有一些紧张焦虑情绪，这是很正常的。我给大家讲一个故事《老船长的智慧》（多媒体展示配有画面的文字）：

有一位经验丰富的老船长，当他的货轮卸货后返航时，突然遭遇到了可怕的风暴。水手们惊慌失措，老船长果断地命令水手们立刻打开货舱，往里面灌水。"船长是不是疯了！往船舱里灌水只会增加船的压力，这不是自寻死路吗？"一个年轻的水手嘟囔。

看着船长严厉的脸色，水手们还是照做了。随着货舱里的水位越来越高，随着船一寸一寸地下沉，依旧猛烈的狂风巨浪对船的威胁一点一点地减少，货轮渐渐平稳了。

船长运用的是"压力效应"。从心理学的角度来看，压力与学习效率的关系是呈倒"U"形的。在适度的心理压力下，我们能够保持较好的觉醒状态，智力活动处于较高的水平，可以更好地处理生活中的各种事件。保持斗志与韧性的最佳方法就是让自己时刻处于一种适当的压力当中。相反：得过且过，做一天和尚撞一天钟，人就会像风暴中没有载货的船，往往一场人生的狂风巨浪便会把我们打翻。

把高考看成是一种挑战，会激发自己迅速进入状态；把它看成一种锻炼，会以平和的心态投入；把它看成一次机会，会以积极的心态迎接。高考

是人生的重要一步，但绝不会重要到决定你的一生，当你把高考放到人生的长河中来看时，你就能把过重的压力作适当的调整。良好的心态将使你最大限度地发挥潜能。

五、应对方法：我的情绪我做主

师：适当的压力和焦虑有利于提高学习效率与考场发挥，但过度的紧张和焦虑会让我们坐卧不宁、烦躁不安、无心学习。高考不仅仅是文化知识的较量，更是心理素质的考量，我们要想轻松备考、正常发挥，就要掌握一些缓解紧张焦虑情绪的方法。同学们知道有什么方法吗？

（预设：学生回答，可以找人倾诉、写日记、大声唱歌呐喊、参加体育运动、做做游戏等等。）

师：大家知道的方法还真多啊，这些方法不能仅仅收藏，要在需要时合理使用。老师还想介绍几种方法（课件呈现）：

1. 积极的心理暗示方法

（1）用积极的语言暗示。

每天跟自己说："我一定行！""我可以做得到！""将高三进行到底！""咱老百姓啊，真呀真高兴。""太棒了！今天我又做了几道题，今天我又解决了几个问题。"……

现在让我们站起来，齐声说"我一定行！""我可以做到！""太棒了，今天我又解决了几个问题。"

（预设：全班学生站起来，大声齐声说"我一定行"等，声音激昂，充满力量。）

（2）用积极的行为暗示。

要经常微笑，走路挺胸抬头，闲时把双臂往上伸展（教师边说边示范）。

（3）跟积极的人在一起。

消极情绪是可以传染的，积极情绪是可以传播的，我们要追随积极的人，他们会不断地给你带来新的希望；远离消极的人，他们会偷走你的梦想。你们说对不对？

（预设：学生回答，对。）

2. 联想法（三维电影法）

师：找个安静的、环境优雅的地方，以你最舒服的姿势坐下，轻轻地闭上眼睛，开始深呼吸，速度尽量慢些，注意力集中在"呼"与"吸"上。让头部有意识放松，逐步到面部、颈部、双肩、胸部、腹部、双腿……逐渐有意识地让自己进入重新塑造自己的氛围：让想象的三维屏幕中出现一个阳光的、充满自信的、积极向上的"我"的形象，越来越清晰，感觉棒极了。

这个训练方法要连续多次进行，养成习惯，就会使自己放松、心情愉悦。

3. "鸣天鼓"法（清醒头脑法）

师：同学们，我再介绍一种清醒头脑法，这一方法也称为"鸣天鼓"法。我先做示范，然后同学们跟着做。

两个胳膊肘支在桌子上，头稍微低下，闭上眼睛，用双手掌心紧紧捂住两个耳孔，然后用双手中间的三个指头，轻轻敲击耳朵后面的枕骨，耳朵中随即可以听到"咚咚"的好像击鼓的响声。敲击要有节奏，每次敲击二三十下。这一方法对清醒头脑、缓解焦虑、镇定情绪有很好的效果。来，大家一起做。

（预设：全体学生按照示范做。）

师：感觉怎么样？

（预设：学生回答，很有效，头脑果然清醒多了。）

六、情绪放松训练：想象法排除消极情绪

师：同学们，前面我介绍了几种减轻压力、清醒头脑的方法，以后遇到压力过大、精神紧张的时候，我们可以自我练习，我们要按照自己的方法来解决自己的情绪问题。下面我们来做一个情绪放松训练，同学们选择一个自己觉得舒服的姿势在座位上坐好，双眼微微合上，呼吸放松，什么都不要想，思想随着老师的指导语流动。（多媒体播放轻音乐《内心和平曲》，教师语气轻轻的、语速慢慢的。）

现在开始深呼吸，先深深地吸一口气，感到气吸进肚子里，停顿3~5秒；再慢慢呼气，把所有的紧张焦虑情绪都随着呼出的气一起通过鼻孔排出体外；现在再调整一下姿势，让自己更舒服些，微合双眼，仍保持刚才的呼吸方式；将注意力集中在头顶，想象头顶正有一股白色的来自森林最清新的空气聚集；清新的气流从头顶流过额头，带走额头残留的黑色紧张，现在额头放松了；清新的气流继续往下走，流过眼睛、鼻子和嘴巴，带走了残留的紧张，现在我的头部都放松了；气流继续往下走，经过身躯和双臂，带走残留的紧张，现在我的上肢都放松了，看看白色的气流变得有点浑浊；气流还在往下走，经过双腿，带走双腿的紧张，现在我的小腿及以上都放松了，看看气流变得更浑浊了；气流现在流到双脚，带走脚掌中的紧张，脚掌放松

了，这时气流已变成黑色，从我的脚掌流入地里；现在我的全身很清爽，很轻松，我不再紧张了，我能够轻松自主地认真备考，应对高考了，我相信好好准备一定能取得满意的成绩。（教师停留 10 秒钟，然后提高音量，语调欢快）好，请慢慢睁开眼睛。哦，外面阳光灿烂，好美啊！（音乐音量慢慢调低）

（预设：学生睁开眼睛，轻松喜悦地微笑，伸开自己的胳膊，情绪很放松。）

七、结束语：营造积极向上的团队氛围

师：同学们，下课时间就要到了，我们来谈谈这节课的感受吧。

（预设：学生回答，时间过得太快了，不，是快乐的时间过得太快了，我都不想下课啊；进入高三以来，我一直压力很大，心里好像塞了什么东西轻松不起来，今天终于把包袱放下了；通过今天的活动，我们知道了人要有积极阳光的心态，才能保持乐观的情绪、抵制消极的情绪；今天对情绪有了新的认识，以后就不会那么纠结了，有了问题就想办法解决问题，不必弄得自己不开心，身边人也不快乐；等等。）

师：今天同学们积极参与活动，感悟很多，相信大家以后会做得更好。我们不仅自己要积极阳光，还要让周围人开心快乐，因为消极情绪是可以传染的，积极情绪是可以传播的。"赠人玫瑰，手有余香"，"大家好才是真的好！"

高三迎考复习是一项艰苦而长期的劳动，需要具备平和的心理、积极的心态、坚韧的意志力和不放弃的执著精神，需要我们全班同学互相关爱、互相激励，形成合力，形成班级轻松愉快的迎考复习氛围，这样才能达到最好的学习效果。高考并没有我们想象中的那么可怕，只需顺其自然认真复习即可，积极良好的心态会给我们带来意外的收获。"不经历风雨怎能见彩虹，没有人能够随随便便成功。"让我们手拉着手唱响《真心英雄》。

（随着《真心英雄》的音乐响起，全班同学起立，手拉手一起齐声歌唱，在激昂而愉快的气氛中结束本次主题教育课。）

点评

要紧扣学情

班会课怎样有实效？紧扣学情很重要。郭老师这节课就注意紧扣学情。高考前夕，许多班主任都认识到心理调适的必要。但怎样开展心理调

适的指导活动呢？郭老师的课可以给我们不少启发。

首先，在课前，郭老师召开了班委会，开展与学生的交流活动，对班级学生情绪状态进行调查。这三件事聚焦一个点：了解学生近期的情绪。

其次，在课上组织开展对话交流和全班讨论。真诚的交流和广泛的讨论有助于随机地、针对性开展工作。

最后，对问题的解决，采取学生先说教师再补充、提高的方法。如怎样有效解决焦虑情绪，郭老师让学生先交流，估计学生会提出找人倾诉、写日记、大声唱歌呐喊、参加体育运动、做做游戏等方法，然后再提出专业的方法，如积极暗示法、联想法（三维电影法）、"鸣天鼓"法（清醒头脑法），并开展当场训练。让学生有收获，有提高。

这种对学情的充分把握，表现在事先认真的调查、课上随机的灵动和课前充分的预设上。这样的做法将保证主题教育课的有效推进。

行百里者半九十

（高三坚持话题）

广东省中山市实验中学　黄文继

设计背景

古语云"行百里者半九十"，意思是走一百里路，走了九十里才算是走了一半。比喻做事越接近成功愈困难，越要认真对待。西方国家也有所谓的最后一公里（last kilometer）之说，原意指完成长途跋涉的最后一段里程，后被引申为完成一件事情最后的而且是关键性的步骤（通常还说明此步骤充满困难）。

随着高考的临近，高三学子紧张程度加剧，在经历了大半年的高强度备考之后，不少同学会出现各种各样的问题。如心理的焦虑，一些同学甚至进入了"高原期"；有的同学成绩起伏不定，与自己的期望值相距甚远，产生了焦躁的情绪；还有的同学因为各种原因，成绩始终不理想，萌生了放弃的念头。以上种种，是高三学子在最后冲刺阶段易呈现的"常态"。成功学研究表明，人们在做一件事时，往往前期百分之八十的努力只能换来百分之二十的成效，而后阶段百分之二十的努力将影响最后的百分之八十的归属。如何走好通向高考的最后一公里？我们要让同学们坚定信念、放下包袱、调整心态、全力以赴，毕其功于一役！

教育目标

· 通过活动体验，领会坚持的意义。
· 开展讨论思考，明确坚持的方法。
· 分享实践感悟，激励坚持的行动。

·制作《最初的梦想》视频，收集同学们高中阶段学习、生活、成长的精彩瞬间。

·发动同学们准备赠言，互相激励。

一、重温最初梦想，冷静看待现状

师：同学们！今天的班会课比较特别，因为距离高考只有 60 天了。不久前，我们刚刚进行了二模考试，不管成绩如何，我相信同学们都尽力了。我也感到很骄傲，因为同学们都是好样的！此刻，让我们暂时把目光收回。哲人告诉我们，一个人不仅要向前看，还要懂得回头看。接下来，我们一起来观看同学们亲手制作的视频《最初的梦想》。

（观看《最初的梦想》。《最初的梦想》简介：本视频由三个板块构成，首先是起航篇，搜集同学们入学时的影像记录，如第一次开学典礼、第一次军训、第一次上"我的梦想"班会课等；其次是成长篇，侧重于回顾文化学习、社团活动、社会实践及校园生活等画面，突出同学们成长的过程；最后是成果篇，着重表现班集体取得的成绩，唤起同学们共同的温馨回忆。）

师：同学们，不知道你有没有在影像中找到自己，那个曾经青涩的"我"，或在专心致志地学习，或在激情澎湃地参加社团活动，或在略显羞涩地、紧张地演讲，还有更令人难忘的班集体活动，咱们一起去担任志愿者，一同去郊游，以及在教室畅谈未来等等，我相信无论时光怎么流逝，这点点滴滴都将镌刻在我们的记忆深处！是啊，人最可贵的就是有梦想，就如这最初的梦想，也许张狂，也许懵懂，但至真至纯！我看到有些同学已经眼泛泪花了，没关系，这是甜蜜的、开心的回忆！当然，人不能总是活在过去。让我们稍稍平复一下心情，回到现实中来，想想咱们一路走来，带着自己当初的梦想，如今的你过得怎样呢？老师想听听大家的心里话。

（预设：学生回答，看了这个视频，我挺感动的，为自己也为大家，还有我们这个班级，我觉得我们都是好样的；我觉得自己现在很迷惘，每天就是三点一线，好像有点浑浑噩噩，都忘记了自己最初的梦想了；我想起了高一入学军训时，我告诉自己一定要考进重点大学，可是现在我越来越没有信心了；是的，我也有相同的感受，每考一次，我的信心就减少了一分；我越来越怕考试，怕考不好，我觉得压力好大；梦想可以激励人心，但现实却挺残酷；我觉得自己挺没用的，为什么总是考不好，我甚至都想过放弃了；其实我一直都跟自己说一定要坚持，可是感觉自己已经麻木了，很无力；等等。）

二、聆听精彩演讲，感悟坚持的意义

师：听了大家的诉说，老师感同身受。我想告诉大家的是，这些都是高三最后冲刺阶段的常态，当年老师读高三时也有过类似的体验。作家托尔斯泰说过："幸福的家庭都是相似的，不幸的家庭各有各的不幸。"许多成功登顶的学子都有着类似的经验，最终未能如愿的同学原因却各不相同。但就目前冲刺这个阶段来说，我们发现有一个共同的现象，那就是有点难以坚持了。其实，不光是我们，很多成功的企业家在当初创业的阶段都有过这样的经历，甚至比常人承受了更多的考验和煎熬，比如大家都熟悉的著名企业家马云。下面我们一起来听一段马云的演讲。（播放视频。视频简介：在团结香港基金主办的"马云与青年有约：从梦想到成功创业"交流会上马云的演讲。他演讲的第三点就是如何坚持。）

师：同学们，听完这段演讲后，能否用几个关键词加以概括？

（预设：学生回答，煎熬、放下、冷静、思考、坚持等等。）

师：说得非常好！古人云："骐骥一跃，不能十步；驽马十驾，功在不舍。"河蚌忍受了沙砾的磨砺，坚持不懈，终于孕育出绝美的珍珠；顽铁忍受烈火的赤炼，坚持不懈，终于铸成了锋利的宝剑。一切豪言壮语皆是虚幻，唯有坚持的行动才是踏向成功的基石。如果你真能忍一般人忍不了的痛，吃一般人吃不了的苦，做一般人想不到的事，坚持一般人坚持不了的信念，你总有一天会实现目标。我想这就是坚持的意义！

三、指导正确应对，习得怎样坚持

师：同学们，古语有云："纸上得来终觉浅，绝知此事要躬行！"老师从大家的脸上看到了激动和振奋，但光有激情是不够的，我们还需要冷静的分析、有效的行动。

1. 调整心态，冷静分析

师：其实凡事都有利弊，就如同学们所说的压力大，它也是利弊兼有。由于高考压力过大而表现出了对学习高度的紧张和焦虑，其成因一般有以下三个方面（出示课件）：

（1）对考试有过高的期望，超过了自身的实际水平。

（2）把高考作为自己唯一的出路和目标，这种压力超过了自身的承受能力。

（3）复习的广度和深度逐渐扩展，并且复习时间有限而紧张。

人们一直生活在两种压力中：一是作用于躯体的物理压力，如大气压、心脏压力等，这些压力维持生命形式；二是内在的精神压力，如生存竞争的压力、对危险与死亡的恐惧的压力、人际压力、情绪与情感的压力等，这些压力保持人的警觉（清醒状态）和合适的行为模式。当我们集中心智工作太久，或者长期处在竞争的状态里，可通过机体的放松来释放内在的压力。而当我们懈怠太久，无所事事的时候，可通过机体的运动来保持精神的活力。要保持积极心态，良好的心态可增加人们应对压力的能力，不良的心态本身就像一团乱麻，干扰人的内心。

当然，更主要的是要对压力有正确的认识。压力并不可怕，可怕的是我们对压力有不恰当的认识与反应。越怕压力就越会生活在压力的恐惧中，喜欢压力的人在任何压力面前都会游刃有余。如果学会管理压力，就可把压力变成实实在在的动力：行为有效、感情丰富、精力充沛……

我这里想和大家分享古希腊哲学家苏格拉底的一个故事（出示课件）：

苏格拉底原先和几个朋友住在一间只有七八平方米的房子，友人认为他居住的条件太差了，他说："朋友们住在一起，随时可以和他们交流感情，是值得高兴的事啊！"几年后，他一个人住，又有人说他太寂寞了，他说："我有很多书啊，一本书就是一个老师，我和那么多老师在一起，怎么不高兴呢？"之后，他住楼房的一楼，友人认为一楼的环境差，他说："你不知道，一楼方便啊，进门就到家，朋友来方便，还可以在空地上种花，种菜什么的。"

我想听听同学们听了这则故事的感想。

（预设：学生发言，心态非常重要，要调整心态，等等。）

师：同学们，我们都生活在压力中，有人从中获得动力，有人却被它压垮，其实外部环境都一样，不同的是各人的心态。乐观的人在压力中看到了希望，而悲观的人面对压力却想到了放弃。

2. 对症下药，寻找最佳增长点

师：我还想说，心态很重要，方法也很重要。我们班有位同学，高一时成绩并不突出，但文理分科以来，她的成绩一直保持进步。升入高三后，有一段时间她的状态不理想，成绩有所下降，不过她并不气馁，在老师的帮助下冷静分析，很快就调整过来。之后她的状态始终保持得很好，成绩稳居前列，这就是我班的××同学。下面请她和大家一起分享她的学习心得。

（预设：××同学介绍学习经验。）

师：感谢××同学的精彩讲述。我们再重温一下她的学习经验：（1）客观分析自己，制订合理目标；（2）保持乐观心态，寻找最佳"增长点"；（3）善于发现问题，及时查漏补缺；（4）适时调整状态，提高学习效率。我认为在最后有限的时间内，寻找最佳增长点，是切实而有效的。或是进一步扬长，或是转变思路补短，因人而异。

3. 不畏挫折，负重前进

师：也许有同学说，我也调整了心态，也改进了方法，但效果还不是很好。这时我特别想提醒你，意志、毅力有时真的非常重要。这时，你最大的对手不是别人，而是你自己。

发明大王爱迪生在研制白炽灯时，尝试了1600多种材料，均告失败。有人嘲笑他说："你永远不会成功。"爱迪生不为所动，不抛弃，不放弃，废寝忘食地坚持研究。终于，他成功研制出世界第一盏有实用价值的电灯，带给了世界光明。同学们，越是临近终点的时候，越不能掉以轻心，越考验我们的智慧和毅力！因为胜利就在"再坚持一下的努力之中"。

四、互赠坚持留言，坚定行动方向

师：同学们，在经过观看、讨论和思考后，我相信大家对于今天的主题"坚持"一定有了更为清晰的认识。

在关键时刻，来自同学的鼓励其实是非常重要的，我提议同桌之间互赠留言，互相鼓励，一起坚持，一起奋斗，好吗？

（在优美抒情的音乐中，同学们相互写下坚持赠言。老师走近同学，注意选择介绍赠言的同学。）

师：我想请几位同学来读出给同学的鼓励。

（老师请同学读赠言。）

师：听了同学的赠言，我也写了一段话送给大家：感谢我们班这个大家庭的每一位成员，是你们让我有幸见证了你们的成长，也丰富了我的教育体验。青春是最美的歌，愿大家都唱响属于你的最动人的旋律！

五、开展游戏活动，分享思考心得

师：谢谢各位同学，让我们暂时把这份期待留到高考之后，相信那时会别有一番感受！最后，我想和大家做一个小游戏，这个游戏很简单，我这里准备了一个大瓶子和一些物品，我要把这些东西一一放进去，看看这个瓶子能装多少。我先请一位同学帮老师把这几个高尔夫球放进去。（学生上台操作。）大家看看，装满没有？（学生有说满的，也有说不满的。）好，再请一位同学上来。（老师拿出小石粒，学生操作。）现在满了没有呢？（学生安静观察，个别人说没满。）请那位发言的同学上来。（老师拿出细沙，学生操作。）嗯，好像很满了是吗？还可以装吗？（学生回答，可以。）好，请同学告诉我还可以装什么。（学生短暂思考，纷纷说"装水"。）太棒了，你们想的和老师一样！（老师从讲台下取出水，将水倒入瓶中。）这个游戏并不复杂，可是我觉得它很有启发意义，大家想到什么没有？

（预设：学生回答，每个人都有潜力；奇迹就在努力之中；"山重水复疑无路，柳暗花明又一村"；换个角度看问题，会有不同的收获；不要轻易下结论，不要轻言放弃；坚持到最后；不要害怕挫折，那可能是另一个机会；要用头脑思考，分清轻重缓急；等等。）

六、总结全课

师：同学们说得非常好，也给予我很多的启示。

古人云，"行百里者半九十"，意思是说走一百里路，走了九十里才算是走了一半。比喻做事越接近成功越困难，越要认真对待。古往今来，多少人就是在临近终点的时候停下了跋涉的步伐，而痛失了登顶的机会。而那些最终获得成功的人莫不是因为能排除杂念，不懈努力，坚持到底。

成功靠的是坚持，但坚持不是硬拼，不是蛮干，需要智慧，需要巧劲。我们相信，只要坚持不懈，永不停止，成功必会到来！

今天的班会课到此结束，课后请每位同学根据自身的实际情况，拟出一个冲刺座右铭，我们将贴在教室前的张贴板上，让我们互相鼓劲，奋力前进！

拟好课题

这节课的课题很有趣：行百里者半九十。

在确定了主题教育课的话题后，我们需要拟出一个课题。人们常说，"题好一半文"。好的课题，是教案的眼睛，可以传教案之神采，展教师之智慧。

好的课题的特点是准确、新颖、生动形象、上口易记，给学生以启发，给学生以力量。有老师总结出"借用名言""化用歌词""反弹琵琶""开门见山""巧改成语""设置悬念"等拟课题的方法。本课用的是"借用名言"法。

但课题拟得好，还只是开头。这节课黄老师紧扣课题，通过重温最初梦想，指导学生冷静看待现状，接着聆听精彩演讲，引导学生感悟坚持的意义，随后指导正确应对，习得怎样坚持，互赠坚持留言，坚定行动方向，开展游戏活动，分享思考心得，最后总结全课，勉励学生奋力坚持前行。其中在"指导正确应对，习得怎样坚持"环节，黄老师提出"调整心态，冷静分析""对症下药，寻找最佳增长点""不畏挫折，负重前进"三个对策，从心态、方法、毅力方面予以具体指导，可谓用心良苦，给读者以启发。

好的题目，反映了老师认真深入的思考。研究从"头"开始，从题目开始。

决战高考
（高考动员话题）

上海市少云中学 李金财

设计背景

柳青在《创业史》中说："人生的道路虽然漫长，但紧要处常常只有几步，特别是当人年轻的时候。"电视剧《亮剑》主人公李云龙的"亮剑"精神曾经激励了无数观众，他说："狭路相逢，勇者胜。亮剑精神就是我们这支军队的军魂。剑锋所指，所向披靡！"高考就是人生的"紧要处"。这时是否具有"亮剑"精神，走好"紧要处"，非常重要。

高考前夕，学生一直处在艰苦紧张的学习生活中，不论生理还是心理，都会进入非常疲惫的阶段。对成绩优秀的学生来说，精神压力相对不大，但容易骄傲自满，麻痹大意。对成绩较差的学生来说，不论主客观原因，都会承受多方面的巨大压力，往往身心俱疲，容易失去信心，放弃努力。而对于大多数处于中游的学生来说，他们已经付出了巨大的努力，也面临着身心的疲劳，面临着精神的困顿、成绩的"高原"。基于以上种种情况，在高考即将到来之际，在最后的关键时刻，班主任要给学生凝神醒脑、强心壮胆，鼓励学生奋勇前行，指导学生调整状态，全力以赴，迎战高考。

教育目标

· 通过音乐、视频激发学生斗志，提振精神。
· 通过活动体验，让学生懂得稳定心态，镇定应考才能取得佳绩。
· 通过具体指导，帮助学生明确高考前、高考时的注意事项。

课前准备

· 收集《爱拼才会赢》MV 和《想成功，少睡觉》《震撼人心的瞬间》

《相信自己》等视频。

·制作课件。

一、聆听《爱拼才会赢》，导入话题

师：同学们，最近复习很辛苦吧？现在我们先来听一首歌。（播放 MV《爱拼才会赢》）这是一首曾广为传唱的粤语歌，你们听过吗？

（预设：学生回答，听过。可能还会有学生轻声哼唱。）

师：我们为了高考，已经准备了三年，拼搏了三年，现在距离高考的日子屈指可数了，你们准备好了吗？

（预设：学生回答，准备好了，或者还没准备好。）

师：不论我们准备好了，还是没准备好，高考就在那里等着我们。关键是，我们要以怎样的状态去迎接它。今天这节课，我们就一起做好最后的准备工作。

二、观看励志小视频

师：现在我们来看一个视频《想成功，少睡觉》，感受这个视频给我们带来的冲击。

（观看视频《想成功，少睡觉》。视频简介：这是艾瑞克·托马斯的一段励志演讲。艾瑞克·托马斯是一个拳击手，他之所以能成功，缘自他对成功的强烈渴望，缘自他超越常人的艰辛付出。他的名言是"要成功，你就不要睡觉"。）

师：刚才我们都看了这个小视频，我发现大家都看得特别认真，虽然是英文版的，但是我相信绝大多数同学能看懂，即使英文差一点的同学，也可以看字幕嘛。

（预设：学生笑。）

师：下面，我们就请我们班级里最刻苦、最努力的学霸同学结合他自己的高三学习体会，谈一谈自己的观后感。大家掌声欢迎。（学生鼓掌）

（预设：学霸同学发言。感谢这个发言的机会，看了视频，有一种想哭的感觉，更有一种热血沸腾的感觉。想哭，是因为的确非常想睡觉。从进入高三开始，几乎没有在十二点之前上过床。早上五点准时起床，每天的睡眠最多五个小时，白天能在课间稍微趴一会儿，都觉得特别幸福。坚持了这么久，取得了一定的成绩，就像刚才视频里的拳击手说的那样，想成功，你必须不睡觉，你必须比别人付出更多的努力。付出未必有回报，但是不付出，就一定没有回报！视频里拳击手高亢急促的语调和他的拼搏精神深深地激励了我，我也要像他那样，在高考的最后时刻，仍然充满斗志，充满激情，勇敢地迎接高考的挑战。）

（预设：学生报以热烈的掌声。）

师：学霸同学讲得真好。他的拼搏经历也深深地打动了我，我相信，每一个像他一样刻苦努力，坚持不懈的同学，都能在高考中考出优异的成绩。还没有进入冲刺状态的同学，看了这个视频，听了同学的发言，相信你一定也会在最后的关头少睡点觉，最后猛冲一把，让自己的复习再上一个新台阶。

三、活动体验：身心平衡挑战

师：刚才我们看了一段振奋人心的视频，相信每一个同学都很受鼓舞，对接下来的最后冲刺更有信心了。也许有人今天晚上回去就要熬一个通宵了吧？也许有人回去要下决心每天只睡三四个小时了吧？

（预设：学生有人点头赞同，有人摇头不赞同。）

师：看来大家意见不一致啊。那么，接下来我们一起来活动一下，做一个心理体验活动。大家说好不好？

（预设：学生回答，好。）

师：那么我来说一下活动要求。其实非常简单，也许有同学曾经做过。这是一个身体平衡的小测试。请大家起立，找一个能伸展双臂的空间，可以前后错开，注意一会儿不要打到身边的同学。（学生起立，寻找合适位置。）下面，请大家平伸双臂，单脚站立，抬起的一只脚轻轻放在另一只脚的脚背上，然后慢慢闭上眼睛。坚持单脚站立一分钟。注意：手可以适度摆动保持平衡，但是必须基本保持平伸。脚落地即为失败。失败也没关系，可以再次尝试一下。好，现在开始计时——

（预设：学生在体验过程中会出现稳定、摇晃、失败、坚持等不同情况。）

师：时间到。有多少人坚持了一分钟没有掉下来？请高举双手。

（预设：坚持了一分钟没有掉下来的同学举手。）

师：大家给他们热烈的掌声。

（预设：学生鼓掌。）

师：现在我们请一位胜利者谈谈他的心得体会。

（预设：胜利者说他的平衡能力比较好。但是闭上眼睛以后，还是会有失去平衡的感觉，这时候要借助双臂来保持平衡。但是最重要的是要平稳呼吸，身体保持适度的紧张和适度的放松，太紧张了容易失去平衡，太放松了也会失去平衡。）

师：他说得真好。我们给他掌声。

（预设：学生鼓掌。）

师：我们再请一位很努力，但是失败了的同学谈谈感受。

（预设：失败的同学说他是太紧张了。平衡能力差，开始很用力地保持平衡，但是闭上眼睛以后，越是用力保持平衡，感觉越要失去平衡，尝试了几次都是这样。）

师：他虽然失败了，但是反思得非常好。我们也给他鼓掌。

（预设：学生鼓掌。）

师：刚才我看到一位同学几乎就成功了，结果在最后时刻失败，他现在很懊恼，请这位同学跟大家分享一下自己的感受。

（预设：学生分享感受。以前玩过这个游戏，因此开始很放松，但是放松过头，身体也会失去平衡，然后又拼命用力控制自己，结果没能坚持到最后。本来以为一分钟时间很短，没想到这么累。）

师：同学们，别小看这一分钟，在心理学上，这个游戏能坚持一分半钟，就可以得满分了。有人平衡不好，连十秒都坚持不住。你们绝大多数人都很认真地去做，甚至尽了全力。但是有人做得好，有人做不好。这是因为先天的平衡能力人与人是不同的。但是我们通过刚才同学的发言，也会发现，不同的学生的方法、心态也都不同。也就是说，不但要先天的平衡能力好，还要有恰当的方法，还需要平稳的心态。

我要大家做这样一个体验活动，就是要告诉大家：虽然我们需要在高考前的最后时刻做最后的拼搏，但是不能盲目、盲从、蛮干。既要发扬临阵磨枪的拼搏精神，也要根据个人的实际情况，量力而行，讲求方法，不能看人家怎么干，自己也盲目模仿。首先要考虑自己的体力情况，不能过度消耗。其次要讲求方法，选择最适合自己的复习策略。再次，要调整好心态，平稳的心态有助于科学复习。最后是要坚持，坚持到底才能取得胜利，谁笑到最后，才笑得最美。

四、观看励志小视频：《震撼人心的瞬间》

师：现在我们再来观看视频《震撼人心的瞬间》。（观看视频《震撼人心的瞬间》。视频简介：视频展现了许多极限运动的精彩瞬间，每一个都令人惊心动魄。）

师：我看到大家观看这段视频时都十分惊叹。这些极限运动的高难度动作是怎么做出来的啊！太神奇了，真是奇迹啊！对不对？

（预设：学生回答，是的，太牛了！）

师：那你们有没有想过，要成功地完成这些高难度的动作，他们背后要付出多么艰辛的努力？他们要承受多少次失败的痛苦？我经常告诉你们，罗马不是一天建成的，雷峰塔也不是一天倒掉的。我们往往只看到结果，看不到结果背后的过程。实际上，我们的高考也是这样。它只是一个结果。成也好，败也罢，不过是人生中一个驿站。成功的人，我们会羡慕他的荣耀；但失败的人，如果付出了艰辛的努力，这个努力的过程一样有意义，也为人生积累了宝贵的财富。你们现在要做的，就是像视频中的运动员一样，完成那关键的一下。就像前几年热播的电视剧《亮剑》里主人公李云龙说的那样：决战时刻，敢于亮剑。即使不敌，倒在对手脚下，也虽败犹荣……狭路相逢，勇者胜。剑锋所指，所向披靡。

五、考前的建议

师：那么，在高考来临之前，我们要注意哪些事项呢？下面是老师给大家的建议（出示课件）：

考前——

调整好心态，切莫再纠结具体的细微的知识点，要学习武林高手决战前的状态，放空自己，心里无招胜有招，相信自己三年的积累已经足够应付考试。可以和家人在小区中散散心，与亲密的朋友聊聊天等。

调整好生物钟，提前一周把作息时间调整到考试模式，不要熬夜，即使睡不着，也要上床眯着，早上定时起床，定时吃早饭（宜清淡而有营养，平时模式）。中午可以小憩30分钟，午睡后最好慢步15分钟，让自己的生理状态恢复到最佳状态。

考时——

老师送你们24个字：全力以赴，全神贯注，心无杂念，分秒必争，合理安排，决战高考。

师：我们一起来诵读。

（全班诵读。）

师：当然还做到"六冷静"——

"一冷静"，试卷发到手时，要冷静。通观试卷，心中有数。

"二冷静"，遇到容易题时，要冷静。提醒自己，切莫大意。

"三冷静"，遇到中等题时，要冷静。仔细审题，认真作答。

"四冷静"，遇到高难题时，要冷静。"我难人也难"，切莫轻易放弃。

"五冷静"，检查时，要冷静。"有的放矢"，切莫走马观花。

"六冷静"，修改时，要冷静。谋定而后动，切莫反复迟疑。

考试中，我过去一直叮嘱大家"考一科，放一科"，不为前一科考试的某些失误而自责，更无须自生无端的猜疑，影响下一场的正常发挥。

我还要叮嘱大家交卷后，不要急于对答案。考试结束后有的是时间。

六、总结寄语

师：这是一首 CBA 篮球比赛的宣传歌曲，歌词和旋律却特别像专门为我们高三学子量身定做的一样。让我们用心倾听，也可以跟着学唱——

多少次挥汗如雨，伤痛曾填满记忆。只因为始终相信，去拼搏才能胜利！总是在鼓舞自己，要成功就得努力。热血在赛场沸腾，巨人在东方升起！

多少次挥汗如雨，伤痛曾填满记忆。只因为始终相信，去拼搏才能胜利！总是在鼓舞自己，要成功就得努力。热血在赛场沸腾，巨人在东方升起！

相信自己，你将赢得胜利，创造奇迹！

相信自己，梦想在你手中，这是你的天地。

相信自己，你将超越极限，超越自己！

相信自己，当这一切过去，你们将是第一。

相信自己，你将超越极限，超越自己！

相信自己，当这一切过去，你们将是第一。

相信自己，你将超越极限，超越自己！

相信自己，当这一切过去，你们将是第一。

相信自己！

（音乐声音逐渐转弱。）

师：多少次挥汗如雨，拼搏才能赢得胜利。我们一起奋战了多少日日夜夜，痛苦的煎熬并未将我们击倒，高考的号角只会把我们的斗志激起。

相信自己，决战高考。高考的战场是我们大显身手的天地。12年寒窗的努力，1000个日夜的拼搏，100天的冲刺，家长的期盼，老师的希冀，自己的理想！热血已经沸腾，梦想就在前方。

当然，上不了理想的大学，并不等于没有前程。但是上大学是许多有志青年的成才之路。为上大学的高考奋斗历程，将是你人生宝贵的历练。

决战高考，超越自己，你将创造属于你自己的奇迹。

决战高考，为你的人生留下浓墨重彩的一笔！

这是我对你们的考前指导，也是我对你们的人生叮嘱。

我为你们壮行，我永远和你们在一起！

点评

让班会课充满魅力

读罢《决战高考》，热血沸腾。老师的殷切寄语，响在耳畔，老师的谆谆教诲，沁入心田，老师的举手投足，尽在眼前。

本文也是本书的最后一篇点评。心头一阵喜欢，终于可以杀青了。但心头也掠过一丝不安，老师们还有什么需要解决的问题？我们还要做哪些努力？

"打造魅力班会课"，"让班会课更有魅力"，一直是我们的行动口号和实践。今后我们要在"更有魅力"上多下功夫。

怎样让班会课更有魅力？班会课的魅力首先来自班主任的专业魅力。

我们认识到，精心选题，直击学生心灵、关注学生成长的主题使班会课有魅力。理想追求、班级纪律、学习方法、学习经验、青春期早恋、网络文明、同学友谊、人际交往，许多选题值得我们关注。点燃理想火炬，聚焦文化学习，着眼素质发展，一节节班会课在学生成长的路上留下印记。

我们认识到，形式多样、生动活泼、易于操作、学生积极参加的活动使班会课富有魅力。激情飞扬的歌唱、抑扬顿挫的演讲、唇枪舌剑的辩论、感动心灵的汇报，学生学习锻炼，在班会课中成长。这样的班会课也展示了班主任"背后"的智慧。

我们认识到，班级例会上班主任入情入理的分析，主题活动中班主任细心的观察、激情的投入、精彩的点评，主题教育课上班主任智慧的讲述，使学生难以忘怀。这样的班会课也彰显了班主任"台前"的风采。

我们认识到，班会课是师生共同的舞台。方案，一起设计；难题，共同讨论。教室布置、节目准备、讲稿考虑、细节推敲，每一节班会课都凝聚着师生共同的心血、共同的努力。

我们认识到，班主任是班会课的总策划。在班主任专业化发展的大背景下，班主任要成为学生成长的人生导师，应精心设计、积极实施每一节班会课。

怎样让班会课更有魅力？班会课的魅力还来自班主任集体智慧的魅力。

在"集体智慧"的助力下，我将继续以工作室研修为主体，举办面向全国的班会课研讨活动。或小学、或中学，或本班、或借班，或主题活动、或主题教育，或基本选题、或随机选题。磨课、开课、说课、研课，和全国各地的班主任集思广益，打造出更多的精彩课例。

同时，我将在华东师范大学出版社的支持下，对已出版的《魅力班会课》(小学卷、初中卷、高中卷)、《打造魅力班会课》、《班会课 100 问》、《小学主题教育 36 课》、《初中主题教育 36 课》、《高中主题教育 28 课》适时进行修改，使之更适应发展的形势。

怎样让班会课更有魅力？班会课的魅力更在于班主任的人格魅力。

许多班主任满怀对教育理想的坚定追求，对学生成长的热忱期盼，对班会课进行了深入的研究。他们有的坚守寂寞，静心研究；有的反复推敲，几易教案；有的不顾飞机晚点的疲劳，又激情上课。他们的实践将鼓励我和更多的班主任在实现教育理想的路上，一起追寻班会研究梦。

追求无止境。我坚信，在全国班主任的共同努力下，班会课一定会更有魅力！